KB036094

미디어
경영론
5.0

한국미디어경영학회 미디어경영총서 3

MEDIA

미디어
경영론
5.0

박주연·장병희·이상우·이상원·홍성철·이문행·
곽규태·김성철·정윤혁·모정훈·김민기·송지희 지음

MANAGEMENT

5.0

한울
아카데미

차례

머리말

    디지털의 영향으로 글로벌 미디어 산업 환경이 크게 변화되었다. 변화는 모바일 기기의 확산, 5G 인터넷의 보급뿐 아니라 인공지능, 빅데이터, 자동화 등의 4차 산업혁명 기술과 맞물려 더욱 가속화되었다. 미디어 경영 환경 역시 다양한 디지털 기술, AR, VR, 메타버스, 인공지능, 로봇 등의 영향으로 큰 변화를 겪고 있는 상황이다. 디지털 트랜스포메이션의 흐름이 가속화되어 미디어 산업 간경계 구분의 의미가 없어지고 융합되며 새로운 단계로 진입하고 있다. 미디어 시장을 중심으로 OTT 서비스들이 경쟁 우위를 얻으며 콘텐츠 IP경쟁도 치열하다. 글로벌 차원에서 ESG(환경·사회·지배구조)가 부상하며 지속가능 경영을 위한 미디어 기업의 사회적 책임도 새롭게 정의되고 있다.

    한국미디어경영학회는 격변하는 미디어 환경에서 생존과 성장을 고민하는 미디어 경영자에게 필요한 경영이론과 사례를 체계적으로 제공하고자 총서 시리즈를 시작했다. 디지털 기술과 글로벌 미디어 경쟁이 미디어 산업에 빠른 속도의 변화를 초래하면서 한국미디어경영학회는 총서 1권 『스마트 생태계와 미디어 경영 2.0』으로 대응했다. 이어진 미디어경영총서 2권 『미디어 경영론』은 미디어 생태계 대응 작업을 미디어 경영 분야의 교과서로 체계화하고 완성한 책이었다. '완전히 새로운 세상을 경험하고 있는' 미디어 기업들과 관련 분야에 체계적인 미디어 경영 이론과 사례를 제공하기 위한 작업이었다.

    한국미디어경영학회의 세 번째 총서 『미디어 경영론 5.0』을 새로 발간하는 것은 지난 『미디어 경영론』이 발간된 지 10년도 되지 않는 기간에 미디어 산업의 강산이 크게 변했기 때문이다. 『미디어 경영론 5.0』은 미디어 경영 환경 변화에 대한 미디어 경영 연구자들의 대응이며, 사실 이러한 대응 작업은 한국미디어경영학회의 의무라고 할 수 있다. 변화에 대한 응전의 연장선에서 미디어 경영학 분야의 새로운 작업의 결과물이 세 번째 총서 『미디어 경영론 5.0』이다. 국내 최초로 미디어 경영 교과서를 집필한 본 학회의 정신을 계승한다는 점에서 '미디어 경영론' 명칭은 이어가되, 더 나아가 5.0 개념을 추가했다. 『미디어 경영론 5.0』은 이번 총서가 디지털 트랜스포메이션으로 촉발된 미디어 경영 논의에서 디지털 기술이 미디어 산업과 경영에 미치는 영향뿐 아니라 인간중심의 지속가능한 미디어 경영 환경과 가치까지 포괄한다는 의미이다. 이런 움직임은 이미 미디어 및 경영학 분야에서 산업혁명 5.0 Industrial Revolution 5.0, 마켓 5.0 Market 5.0 개념으로 제시되고 있다.

　『미디어 경영론 5.0』이 변화된 미디어 환경에서 미디어 경영을 이해하는 새로운 교과서로서 기여할 수 있기를 기대한다. 『미디어 경영론 5.0』은 미디어 경영의 핵심 이론과 최신의 미디어 환경 변화와 사례를 균형 있게 제공하고 있다. 미디어 경영과 관련된 핵심 영역을 중심으로 미디어 기술 경영과 커머스 등 새로운 주제를 추가했고, 디지털 전환과 글로벌화와 관련된 미디어 기업 사례들을 적극적으로 반영했다.

『미디어 경영론 5.0』은 총 3부로 구성하여 기초부터 각론까지 12장으로 구성되었다. 제1부에서는 미디어 경영 환경을 이해하기 위한 기초적인 지식을 제공한다. 연세대학교 정보대학원 이상우 교수가 미디어 산업과 경영에 대한 개괄을 제시하고, 경희대학교 미디어학과 이상원 교수가 미디어 시장의 융합과 경쟁에 대해 설명한다. 미디어 상품과 서비스에 대해서는 경기대학교 미디어영상학과 홍성철 교수가, 미디어 경영의 경제학적 기초에 대해서는 성균관대학교 미디어커뮤니케이션학과 장병희 교수가 담당했다. 제1부를 통해 기초적인 이해와 지식을 습득했다면, 제2부에서는 미디어 경영의 방향성을 다루는 경영 전략에 대해 학습한다. 수원대학교 미디어커뮤니케이션학과 이문행 교수가 미디어 기업의 사업 전략에 대해 설명하고, 한국외국어대학교 미디어커뮤니케이션학부 박주연 교수가 미디어 기업의 인수·합병과 글로벌화를 다룬다. 독자들은 제2부의 학습을 통해 미디어 기업의 전략에 대한 큰 그림을 이해할 수 있을 것이다. 제3부에서는 미디어 기업이 수행하는 세부적인 기능들을 하나씩 설명한다. 미디어 기업의 조직 및 인적자원 관리에 대해 순천향대학교 글로벌문화산업학과 곽규태 교수가 소개하며, 미디어 기업의 재무관리에 대해 고려대학교 미디어학부 김성철 교수가 설명한다. 미디어 기업의 마케팅 관리에 대해 고려대학교 미디어학부 정윤혁 교수가 정리하며, 연세대학교 산업공학과 모정훈 교수가 미디어 기업의 새로운 기술 경영과 관련된 이슈들을 설명한다. 디지털 전환과 커머스 간 연계에 대해 KAIST 경영대학 김민기 교수가 소개하며, ESG를 기반으로 미디어 기업의 지속가능 경영의 내용을 서울시립대학교 경영대학 송지희 교수가 제시한다.

미디어의 융복합 현상에 대해 사회적으로 학문적으로 많은 관심을 가지고 있지만, 사실 한국미디어경영학회는 방향과 구성이 처음부터 융복합적이었다. 본 저서 역시 내용적으로 미디어학과 경영학 간의 조화를 추구했으며, 참여 필진들의 학문적 배경 역시 다채롭다. 12명의 저자들은 모두 자신들이 저술을 담당한 분야에서 열정적으로 연구와 교육을 수행하며 비전을 제시하고 있는 기라성 같은 학자들이며 전문가들이다. 다양한 학문적 배경에도 불구하고 한 팀으로서 조화롭게 이번 저술 프로젝트가 진행될 수 있었던 것은 저자들이 모두 한국미디어경영학회의 소중한 임원으로서 학회에 대한 따뜻한 애정이 있기 때문이다. 이 책에 참여한 12명 저자들의 열정과 노력에 경의를 표한다. 이 책이 나오기까지 이번 총서의 기획과 챕터 편집, 저자 커뮤니케이션 등 모든 과정의 순조로운 진행과 책임을 맡아 애써준 성균관대학교 장병희 교수께 진심으로 감사를 전한다. 또한, 이번 한국미디어경영학회의 총서 발간을 지원해주신 프리드리히 나우만 재단Friedrich Naumann Stiftung 한국사무소 크리스티안 탁스Dr. Christian Taaks 대표께 감사의 인사를 드린다. 또한, 한국미디어경영학회의 활동을 변함없이 격려하고 후원해 주신 SK텔레콤의 이상헌 정책개발실장께 진심으로 감사의 말씀을 드린다.

미디어 경영을 둘러싼 환경은 계속 변화할 것이다. 이러한 변화의 속도는 더욱 빨라질 것이다. 한국미디어경영학회의 새로운 총서 『미디어 경영론 5.0』이 미디어 기업 현장에서 또한 미디어 경영 교육에서 관련 변화에 빠르게 그리고 체계적으로 응전하는 길을 준비해 주길 기대한다.

2021년 11월
필자들을 대표하여
한국미디어경영학회 제13대 학회장 한국외국어대학교 박주연
기획이사 성균관대학교 장병희

01 미디어 산업과 미디어 경영의 이해

이상우

신문, 라디오, TV 등 대중을 상대로 정보를 전달하는 미디어 기업은 일정한 규모 이상의 자본을 확보해야 하지만 이용자 수가 증가할수록 미디어 기업의 한계생산비용은 감소하게 되므로 규모의 경제를 실현할 수 있다. 문제는 미디어 사업을 하려면 일반적으로 정부의 허가가 필요하기 때문에 미디어 사업자들의 영업 행위에는 제약이 따를 수밖에 없고, 따라서 미디어 사업을 위한 진입 장벽이 높다. 흥미로운 점은 일단 미디어 사업에 진입한 사업자들은 안정적인 이윤 확보가 가능하다. 과거 지상파방송 사업자들은 제한된 경쟁 체제하에서 초과이윤을 확보하면서 안정적으로 미디어 기업을 운영할 수 있었던 것이다. 그러나 기술의 발달은 미디어의 개념과 범위, 그리고 미디어 사업자들의 수익 실현 방식을 변화시켰다. 이 장에서는 미디어의 범위를 어디까지 포함시켜야 할지에 대해 논의해 보고, 미디어 시장의 특성들을 정치적·사회적, 문화적, 기술적 관점에서 살펴보고, 미디어 시장에 대한 규제 근거와 역사, 그리고 규제 논거의 적절성을 살펴볼 것이다. 이를 통해, 글로벌 미디어 환경하에서 미디어 기업의 경영 전략과 정책 당국의 규제 방향이 어떻게 변화되어야 할 것인가에 대해 논의해 보고자 한다.

신문, 라디오, TV 등 대중을 상대로 정보를 전달하는 매스미디어 기업은 일반적으로 일정한 규모 이상의 자본을 확보해야 한다. 신문사는 신문을 인쇄할 수 있는 윤전기와 기사를 취재하고 작성할 수 있는 기자들을 확보해야 했고, 지상파방송 서비스를 제공하려는 기업은 정부로부터 주파수를 할당받고 주파수를 송출하기 위한 방송국 시설을 갖추어야 했다. 케이블TV 서비스를 제공하기 위해서는 케이블TV 서비스 지역에 네트워크를 설치해야 했고, 위성방송 서비스를 제공하기 위해서는 위성을 소유하거나 임대해야 했다. 매스미디어 서비스 사업자들에게 요구되는 고정비용fixed cost은 높았지만, 매스미디어 이용자의 수가 증가할수록 사업자들의 한계생산비용은 감소하게 되므로 규모의 경제를 실현할 수 있었다.

그러나 미디어 사업을 하려면 일반적으로 정부의 허가가 필요하기 때문에 미디어 사업자들의 영업 행위에는 제약이 따를 수밖에 없고, 따라서 미디어 사업을 위한 진입 장벽이 높다고 볼 수 있다. 미디어 사업을 위한 진입 장벽이 높다는 것은 일단 진입한 사업자들에게 안정적 이윤 확보가 가능하다는 것을 의미한다. 방송 사업과 같이 특권을 부여받은 사업자들은 규제 기관의 말만 잘 들으면 오히려 초과 이윤의 확보가 가능하다. 과거 지상파방송 사업자들은 제한된 경쟁 체제하에서 초과 이윤을 확보하면서 안정적으로 미디어 기업을 운영할 수 있었던 것이다. 그러나 기술의 발달은 미디어의 개념과 미디어 사업자들의 수익 실현 방식을 변화시켰다. 과거의 미디어가 대중을 상대로 일방적으로 뿌려주는 서비스였다면, 최근의 미디어는 소비자가 원하는 콘텐츠를 시간과 공간의 제약 없이 스스로 선택해서 이용할 수 있도록 해주고, 콘텐츠를 보면서 시청자들끼리 대화를 나눌 수도 있게 해주며, 누구나 콘텐츠를 제작해서 대중들과 쉽게 공유할 수도 있게 해준다. 넷플릭스 이용자들은 언제 어디서나 원하는 콘텐츠를 자유롭게 시청할 수 있고, 유튜브 이용자들은 매 순간 쉼 없이 제작되는 다양한 콘텐츠들을 즐기고 있다. 미디어 소비의 방식이 과거의 일방적으로 뿌려주는 서비스를 즐기는 방식에서 벗어나, 나를 포함한 다른 사람들이 만들어낸 엄청난 양의 콘텐츠를 함께 즐기고 공유하는 방식으로 변한 것이다. 광고가 주 수익 실현의 방식이었던 매스미디어 시대에서 광고나 구독 등 다양한 방식으로 수익 실현이 가능해진 뉴미디어 시대로 바뀐 것이다. 미디어의 범위가 확장된 것이다.

그렇다면 어디까지를 미디어의 범위에 포함시킬 수 있을까? 미디어의 범위를 어디까지 포함시켜야 할 것인가에 대한 논의가 중요한 이유는 미디어로 간주되는 순간 규제 문제에서 자유로울 수 없기 때문이다. 미디어를 규제해야 한다는 논리는 미디어 산업이 다른 산업과 차별화되는 특성들에 기인하므로 미디어 산업의 범주에 포함되는 산업은 일반 산업처럼 효율성이나 수익성만을 목표로 운영하기가 쉽지 않게 된다. 매스미디어는 주파수에 대한 특허권 부여, 독점적 이윤 추구, 초과 이윤 확보 등으로 정책 당국의 규제 조치를 따라야 했다. 문제는 전통 미디어 사업자들이 여전히 서비스 제공을 위한 규제를 받아야 하지만, 경쟁의 심화로 미디어 사업자들의 수익이 과거에 비해 급격히 줄어들고 있다는 것이다. 반면, 뉴미디어 사업자들은 미디어 사업을 위한 특허권에서 자유로워졌고 새로운 형태의 미디어 서비스들이 급격히 증가하고 있다.

여기서 전통 미디어와 신규 미디어(이하 뉴미디어라 지칭함) 간의 규제 갈등이 생겨나기 시작했다. 전통 미디어와 뉴미디어를 하나의 범주로 통합시키고 새롭게 생겨나는 미디어를 하나의 틀 안에서 규제하려는 움직임이 나타난 것이다. 그러나 미디어의 범위를 정해 규제를 적용하는 순간부터, 미디어 시장의 성장이 더뎌질 것을 우려하지 않을 수 없다. 특히, 글로벌 미디어 환경에서는 어떤 국가가 도입한 규제 정책의 강도에 따라 자국 미디어 사업자와 글로벌 미디어 사업자 간의 경쟁력에 심각한 차이가 날 수도 있다. 이런 이유로 미디어의 범위를 어디까지로 획정하는가에 대한 문제는 많은 이해당사자들의 관심사일 수밖에 없다.

그렇다면 무엇이 미디어를 다른 산업과 구분 짓는가? 미디어를 다른 산업과 차별화하는 가장 큰 특성은 미디어의 사회문화적 영향력에 있다. 과거 라디오 서비스가 도입되었을 때, 라디오 사업자들에게 희소한 자원을 무료로 사용하는 대가로 공공 수탁자로서의 의무를 부여했던 것도 방송이라는 매체가 가지고 있는 사회문화적 영향력 때문이다. 미디어가 갖는 사회문화적 영향력은 미디어를 일반 산업과는 다른 차원에서 바라보아야 한다는 논리와 연결되고 이는 곧 정부 규제의 근거가 되는 것이다. 한편, 경제학에서 소위 '외부성'이라는 특성이 잘 나타나는 산업 또한 미디어 산업이다. 미디어의 소비로 인해 발생하는 긍정적 외부성도 있겠지만, 미디어 소비로 인해 부정적 외부성도 나타나기 마련이다. 외부성이 있는 산업의 가장 큰 특성은 좋은 재화는 사회적으로 바람직한 수준에 비해 과소 생산되는 반면, 나쁜 재화는 사회적으로 바람직한 수준에 비해 과대 생산된다는 것이다. 여기서 시장실패가 나타나고 이를 치유하기 위한 정책 당국의 개입이 정당화된다.

미디어 기업의 입장에서도 미디어가 사회·문화에 미치는 영향을 고려해 볼 때 일반 기업과는 분명 다른 차원에서의 경영 전략을 추구해야 한다는 부담을 갖게 될 것이고, 소비자들과 정책 당국은 사회적 책임, 공익성, 다양성 등의 이름으로 미디어 기업의 경영에 간섭하게 될 것이다. 미디어가 가지고 있는 이러한 특성들 때문에 기업들은 미디어 기업의 범위를 획정하는 데 상당한 부담을 가지고 있다. 미디어 기업으로 분류되는 것이 생각하기에 따라 좋을 수도, 나쁠 수도 있다. 자신이 살고 있는 사회에 커다란 영향력을 미칠 수 있다는 점에서 미디어 기업의 수장은 부러움의 대상이 될 수도 있지만 동시에 경계의 대상이 될 수도 있다.

타 산업과 다른 미디어 산업의 특성 때문에 미디어 기업은 늘 정부와 시민들의 눈치를 볼 수밖에 없었고, 이는 곧 미디어 산업에서 시장 논리가 제대로 작동하지 못하는 문제를 발생시켰다. 이는 미디어 경영이나 미디어 경제학과 같은 학문 분야가 국내에서 아직까지도 소외되어 왔던 이유와 무관하지 않다. 최근 들어서 미국을 중심으로 미디어 경영학이나 미디어 경제학이라는 학문 분야가 생겨났고, 국내에서도 이를 공부하는 학자들의 수가 증가하고 있다는 사실은 그만큼 미디어 산업에서도 경영학이나 경제학적 관점이 중요해지고 있음을 의미한다.

그렇다면, 미디어의 사회문화적 영향력을 고려하면서 미디어 시장에서의 시장실패라는 문제를 치유하기 위한 정부 정책은 어디까지가 적정선일까? 미디어 시장에서 정부 규제가 정당화되는 범위는 어디까지이고 시장 논리가 허용되는 범위는 어디까지인가? 다양한 기술을 바탕으로 시장 진입이 활발히 이루어지고 있는 최근의 미디어 시장을 고려해 본다면, 미디어 시장에 대한 정책 당국의 개입이 과연 적절한가에 대한 의문마저 든다.

이 장에서는 미디어의 범위를 어디까지 포함시켜야 할지에 대해 논의해 보고, 미디어 시장의 특성들을 정치적·사회적, 문화적, 기술적 관점에서 살펴보고, 미디어 시장에 대한 규제 근거와 역사, 그리고 규제 논거의 적절성을 살펴볼 것이다. 이를 통해, 글로벌 미디어 환경하에서 미디어 기업의 경영 전략과 정책 당국의 규제 방향이 어떻게 변화되어야 할 것인가에 대해 논의해 보고자 한다.

미디어 산업의 범위

미디어 산업의 범위를 살펴보기 위해서는 미디어 산업의 정의에 대해 명확히 해 둘 필요가 있다. 우선, 미디어란 "메시지를 담아서 수용자들에게 보내는 용기 message vehicle"라고 정의된다(차배근·김우룡·이기홍, 1993). 산업이란 "인간의 생활을 경제적으로 풍요롭게 하기 위해 재화나 서비스를 창출하는 생산적 기업이나 조직"으로 정의된다(국립국어연구원, 1999). 이를 종합해 보면, 미디어 산업이란 인간의 생활을 경제적으로 풍요롭게 하기 위해 미디어 서비스를 창출하는 기업이나 조직이라고 할 수 있다(정용찬, 2013).

그렇다면 미디어 산업의 범위는 어디까지 포함되는가? 어느 유명한 미디어 경영학자의 분류 방식에 따르면, 방송(라디오와 TV), 인쇄(신문, 잡지, 출판), 그리고 영화와 음반 산업을 미디어 산업에 포함시키고 있다(Albarran, Chan-Olmsted, and Wirth, 2006). 각 국가의 정부는 미디어 관련 기업의 매출 규모는 어느 정도인지, 종사자 수와 수출 규모는 얼마나 되는지 등과 같은 미디어 산업과 관련된

대분류	중분류	세부 분류	항목명
C			제조업
	26		전자 부품, 컴퓨터, 영상, 음향 및 통신 장비 제조업
		264	통신 및 방송 장비 제조업
		265	영상 및 음향기기 제조업
J			정보통신업
	58		출판업
	59		영상 및 오디오 기록물 제작, 배급업
	60		방송업
	61		우편 및 통신업
		612	전기 통신업
	62		컴퓨터 프로그래밍, 시스템 통합 및 관리업
	63		정보 서비스업
M			전문, 과학 및 기술 서비스업
	71		전문 서비스업
		713	광고업

〈표 1-1〉 한국표준산업분류 10차 개정안의 미디어 관련 산업
자료: 통계청(2017).

통계를 만들고 발표하고 있다. 국가 통계를 총괄하고 있는 통계청의 '한국표준
산업분류'에 따르면,1) 미디어 산업은 출판업, 영상 및 오디오 기록물 제작배급
업, 방송업, 통신업, 광고업 등을 포괄한다(통계청, 2017). 통계청의 분류 기준은
UN의 국제표준산업분류의 큰 틀을 유지하면서 국내의 특수성을 반영한 것으로
평가된다. 주목할 점은 대분류 영역 J에서 출판, 영상, 방송, 통신 및 정보 서비스
라는 명목하에 출판, 영상 및 오디오 기록물 제작/배급, 방송, 통신, 컴퓨터 프로
그래밍, 정보 서비스 등을 포괄하면서 미디어 산업의 융합 추세를 반영하고 있
다는 것이다(〈표 1-1〉 참고).

---

1) 한국표준산업분류는 사업체가 주로 수행하는 산업 활동을 그 유사성에 따라 체계적으로 유형
화한 것으로 산업 관련 통계자료를 정확하게 생산하고 서로 비교하기 위해 만들었다(정용찬,
2013).

한편, 정용찬(2013)은 생산하고 있는 주체에 따라서 미디어 산업을 방송 산업, 광고 산업, 콘텐츠 산업, 정보통신 산업으로 구분했다. 방송 산업은 지상파방송, 유선방송, 위성방송, IPTV, 방송채널 사용 사업 등으로 구분된다. 방송통신위원회는 매년 방송 산업의 분야별 경영 현황을 파악할 수 있는 「방송 산업 실태조사 보고서」와 방송 사업자의 재무제표를 종합한 「재산상황 공표집」을 발간하고 있다. 광고 산업은 미디어 산업에서 중요한 재원 조달 역할을 담당하고 있는데, 한국방송광고진흥공사는 광고주와 광고회사, 광고물 제작업체, 매체사 등 광고 산업을 구성하고 있는 사업 주체의 실태를 파악할 수 있도록 '방송통신광고 통계 시스템'을 구축해 제공하고 있다. 제일기획도 매체별 광고 시장 규모를 산출해서 『광고연감』을 매년 발간하고 있다. 콘텐츠 산업은 출판, 만화, 음악, 게임, 영화, 애니메이션, 광고, 방송, 캐릭터, 지식정보, 콘텐츠솔루션, 공연 산업을 포괄하는 광의의 개념이다. 문화체육관광부는 「콘텐츠 산업 통계조사 보고서」를 매년 발간함으로써 콘텐츠 산업의 현황을 한눈에 보여주고 있다.[2] 한국정보통신진흥협회와 한국전자정보통신산업진흥회는 공동으로 「ICT 실태조사」를 발표함으로써 전자적 네트워크를 통한 정보의 유통을 담당하는 산업의 현황이 어떻게 변화하고 있는지를 보여주고 있다. 과거 미디어의 범위에 포함되지 않았던 SNS, OTT Over-the-Top 등은 엄연히 미디어의 한 종류로서 분류되었고, 미디어 생태계 내에서 전통 미디어와 경쟁하고 있다(허필선·석왕헌·김성민, 2019). 요약해 보면, 미디어 산업은 신문, 잡지, 도서, 라디오, TV, DMB 등 전통적인 미디어부터 OTT, 가상현실 VR, 증강현실 AR 등 기술의 발전으로 쉴 새 없이 나타나고 있는 새로운 형태의 미디어에 이르기까지 그 범위가 지속적으로 확장되고 있다.

---

[2] 한국언론진흥재단은 「언론산업 실태조사」를 통해 종이 신문과 인터넷 신문의 현황에 대한 세부 정보를 제공하고 있고, 영화진흥위원회는 「한국 영화산업 실태 조사」를 통해 영화 산업의 현황을 자세히 소개하고 있는 등 세부 콘텐츠 산업별로 특정 기관에 의해 보다 자세한 산업 현황이 발표되고 있다.

변화하는 미디어 산업

　미디어는 전통적으로 라디오, TV, 신문, 잡지, 영화 등과 같은 매스미디어를 지칭하는 용어로 사용되었다. 그러다가 뉴미디어라는 용어가 등장하게 되었는데, 뉴미디어는 말 그대로 기존 미디어와는 다른 새로운 형태의 미디어를 지칭하는 데 사용되었다. 전통적 미디어의 가장 큰 특성은 정보를 제공하는 미디어 기업이 소비자를 대상으로 일방적으로 정보를 뿌려주는 것이었다. 반면 뉴미디어는 뉴스를 온라인으로 시청한다거나 영화나 TV 드라마를 시청자가 원하는 시간에 원하는 장소에서 시청할 수 있다거나, 미디어 기업뿐만 아니라 누구나 자신들이 전달하고자 하는 정보를 사람들과 공유할 수 있게 해주는 특성을 가지고 있다. 결국, 뉴미디어는 양방향적 속성과 시청자 참여가 가능하다는 것이 가장 큰 특징인데, 유튜브, 페이스북, 트위치, 넷플릭스 등이 모두 뉴미디어에 해당한다고 하겠다.

　여러 뉴미디어 서비스 중에서 OTT 서비스 시장의 폭발적 성장이 두드러진다. OTT 서비스란 인터넷망을 통해 소비자에게 스트리밍streaming 방식으로 동영상 콘텐츠를 제공하는 서비스를 의미한다. OTT 서비스는 특정 망에 종속되지 않고 범용 인터넷망을 사용하기 때문에 기존 미디어 사업자들처럼 스스로 망을 구축할 필요가 없다. 따라서 OTT 서비스 사업은 기존 미디어 사업에 비해 진입 장벽이 낮은 반면, 콘텐츠 확보, 서비스 이용의 편리성 및 소비자 관리 능력 등이 보유된 OTT 사업자만이 미디어 시장에서 경쟁력을 갖출 수 있다. 사실, 인터넷으로 동영상을 볼 수 있는 서비스는 예전부터 존재해 왔다. 예를 들어, 유튜브나 판도라TV 등이 이에 해당되는데, 이들은 UGCuser generated content 중심의 콘텐츠를 중점적으로 제공했음에 반해 현재의 OTT 서비스는 영화나 TV 프로그램 같은 프리미엄 콘텐츠를 제공한다는 점에서 차이가 있다. 또한 과거의 인터넷 동영상 서비스는 PC라는 하나의 단말기에 국한되어 서비스 제공이 이루어졌음에 반해 현재의 온라인 동영상 서비스는 스마트폰이나 태블릿PC, 그리고 스마트

TV와 같은 여러 단말기에서 이용 가능한 서비스로 발전해 나가고 있다.

미디어 산업의 범위가 넓어지고 있는 것은 기술의 변화와 밀접한 관련이 있다. 과거 아날로그 기술에 의존하던 미디어 시장은 디지털 기술의 발달로 인해 급격한 변화를 경험하게 되었다. 라디오, TV, 출판, 영화에 이르기까지 디지털화는 거의 모든 미디어 분야에 혁신을 가져왔다. 사람들은 기존의 라디오 방송을 여전히 즐겨 듣지만, 애플뮤직Apple Music, 스포티파이Spotify, 판도라와 같은 스트리밍 라디오 서비스에 대해서도 강한 수요를 보여주고 있다. 전통적 TV 시청 방식도 여전히 선호되지만, 넷플릭스, 훌루Hulu와 같은 OTT 서비스는 전통적 TV 시청 방식의 변화를 이끌고 있다.

미디어 기술의 혁신과 융합이 이루어지면서 구글, 애플, 페이스북 등 기존 미디어 시장에 존재하지 않았던 기업들이 미디어 시장의 핵심 기업으로 등장하게 되었다는 점도 흥미롭다. 애플은 스마트폰과 아이패드를 가지고 음악/앱/비디오 등 다양한 시장에서 가장 영향력 있는 기업으로 성장했다. 구글은 온라인 검색의 힘으로 기존 미디어들을 제치고 광고 시장에서 가장 영향력 있는 기업으로 우뚝 섰다. 페이스북, 인스타그램은 수십억 명의 소셜네트워크 이용자들을 기반으로 광고와 콘텐츠 전송 플랫폼으로서의 위치를 다져가고 있다. 넷플릭스, 왓챠Watcha는 기존 방송사들이 만들어 내고 있는 콘텐츠에 견줄 만한 고품질의 콘텐츠를 제작해서 제공하고 있다.

소비자들의 미디어 이용 행태도 변화하고 있다. 최근에는 거실에 온 가족이 모여 TV를 시청하는 광경이 낯설게 느껴진다. 가족 구성원들은 자신들이 선호하는 기기나 플랫폼을 통해 자신들이 원하는 시간에 원하는 프로그램을 선택적으로 골라서 시청하고 있는 것이다. 또한 TV 없는 가구가 증가하면서 TV를 더이상 방송프로그램 시청을 위해 사용하지 않는 추세가 감지되고 있다. 이제는 방송프로그램을 시청할 때 스마트폰, 태블릿PC, PC 등의 스마트 기기로 방송프로그램을 시청하는 시대가 도래한 것이다. 우리나라의 경우에도 젊은 시청자들을 중심으로 다양한 스마트기기를 이용해 방송프로그램을 시청하는 현상이 두

드러지게 나타나고 있다. 젊은 시청자들의 또 다른 특성은 TV를 시청하면서 여러 가지 일을 동시에 한다는 것이다. 실시간으로 TV 시청을 하는 동시에 스마트폰으로 이메일을 체크하는가 하면, 인스타그램이나 카카오톡 등의 소셜미디어를 이용하기도 한다. 인터넷 검색, 온라인 쇼핑 등도 시청자들이 TV 시청 중에 자주 하는 행동들이다. 이는 TV가 더 이상 사람들의 주목을 독점하는 스크린이 아님을 의미한다. 요약해 보면, 동영상 콘텐츠에 대한 소비자들의 이용 행태가 TV에서 다양한 스마트 기기로, 실시간에서 비실시간으로, TV만의 시청에서 미디어 다중 이용 방식으로 변화하고 있다.

미디어 산업의 특성

미디어 시장을 규제하는 가장 중요한 정책 논거는 공익이념에 근거한다. 1924년 미국의 제3차 연례무선커뮤니케이션회의Third Annual National Radio Conference에서 최초로 사용되고, 1927년 무선커뮤니케이션법Radio Act에 "공공의 이익, 편의 및 필요성public interest, convenience and necessity"이라는 표현이 기재되면서 방송 시장에서 공공의 이익(이하, 공익)이라는 개념이 도입되었다(이상우·배선영, 2011). 방송 사업자들은 희소한 주파수를 무료로 사용할 권한을 부여받았기 때문에 공익에 기여할 의무가 발생하게 되는데, 공익의 의무는 질 높은 콘텐츠를 제작하고 방송하는 것으로 이행되는 것이다. 흥미로운 점은 방송 사업자가 제공하는 방송 프로그램은 사회적으로 막대한 영향력을 발휘할 수 있기 때문에 방송 사업

미디어 산업의 특성	규제 논거
주파수의 희소성	희소한 주파수를 사용하는 대가로 공익에 기여해야 함
사회적 영향력/공론장 이론	소수 사업자에 의해 제공되는 미디어는 사회적 영향력이 막강함 / 미디어는 사회구성원 모두의 공론장으로서의 역할을 수행해야 함
자연독점성	미디어 산업은 자연독점적 특성이 있으므로 시장실패의 위험이 있음
공공재	수요 공급의 시장원리가 작동하지 않아 시장실패의 위험이 있음

〈표 1-2〉 미디어 산업의 특성과 규제 논거

자가 제공하는 방송 내용에 대해 정책 당국의 규제가 정당화될 수 있다는 논거가 등장하게 되었다는 것이다. 결국, 방송 사업자는 특정한 사익에 지배되지 않고 공공의 이익에 기여하는 방송 프로그램을 제공해야 하고, 방송 사업자가 공공의 이익에 제대로 기여하고 있는지를 정책 당국이 규제할 수 있다는 것이다. 여기에 미디어 산업 특유의 자연독점성과 공공재적 특성이 정책 당국의 규제 논거를 강화시켜 주었다(〈표 1-2〉 참고).

주파수의 희소성

방송 시장에서 규제 논거로 삼고 있는 공익 이념은 주파수의 희소성에 근거한다. 주파수는 희소한 공공자원인데, 방송사는 희소한 자원을 무료로 사용할 수 있는 권리를 부여받은 대가로 공공 수탁자public trustee로서의 의무가 부과되는 것이다. 공공 수탁자로 선정되기 위해서는 엄격하고 높은 수준의 공익 기준을 충족시킬 수 있어야 하는데, 정책 당국이 공익 기준의 충족 정도를 판단하게 된다. 희소한 자원인 주파수를 배분하는 방식은 경매를 비롯한 여러 가지 방식이 고려될 수 있었겠지만, 정책 당국은 방송 사업자에게 무료로 주파수를 제공해 주는 대가로 공익적 프로그램을 제공하도록 강제하는 방식을 택한 것이다(이상우·배선영, 2011).

방송사가 시청률이 보장되지 않는 공익적 프로그램을 자유롭게 제작할 수 있으려면 경쟁으로부터 보호받아야 했는데, 이를 위해 정책 당국은 방송 시장에 일정 수 이상의 사업자가 진입할 수 없도록 했다. 즉, 방송 사업자는 정부에 의해 구축된 강력한 진입 장벽하에 경제적 지대와 독점이윤을 확보할 수 있었고, 바로 이러한 경제적 지대는 방송사가 공익적 프로그램을 제공할 수 있도록 지원해 주는 보조금의 역할을 담당하게 되었다. 이윤창출이 있어야 하는 사기업으로서 방송 기업이 공익 기준을 충족시키기 위해서는 초과이윤의 안정적 확보가 보장되어야 하는데, 방송 시장에 경쟁이 치열해지게 되면 방송사들의 초과이윤 달성은 어려워지게 되므로 방송 시장에서 경쟁을 제한하고 초과이윤이 달성될 수 있도록 방송 사업자들의 수를 제한해야 한다는 논거가 지지되었던 것이다. 이러한 이유로 정책 당국은 방송 사업자들의 진입을 일일이 규제할 수 있게 되었고, 우리나라에서도 지상파방송, 케이블TV, IPTV, 위성방송 등 모든 방송 사업자들에 대한 진입 규제가 적용되고 있다. 방송 사업자들은 진입이 이루어진 이후에도 일정 기간에 걸쳐서 공익에 기여했는지를 평가받고 있다.

결국, '공공의 이익, 편의, 필요성'이라는 모호한 기준으로 방송사가 제공하는 프로그램에 대한 정책 당국의 내용 규제가 정당화되어 온 것이다. 그러나 방송 프로그램의 내용에 대한 규제는 표현의 자유라는 인간의 기본적 권리와 자주 충돌했고, 지상파방송 이후 케이블TV, 위성방송, IPTV 등 다양한 매체의 등장으로 방송 시장에서의 주파수 희소성 논거는 점차 그 정당성을 잃어가고 있다. 다매체, 다채널 시대가 도래하면서 특정 방송 사업자들은 더 이상 과거와 같이 강력한 영향력을 발휘하지 못하게 되면서 주파수의 희소성에 근거한 방송 규제 논거는 점차 그 정당성을 잃어가고 있다.

사회적 영향력/공론장 이론

주파수의 희소성 논거는 방송 서비스의 사회적 영향력이나 공론장 이론과 연결되어 방송 산업에 대한 규제 논거를 강화시켜 주었다. 과거부터 희소한 자원인 주파수를 할당받아 서비스를 제공하는 방송 사업자의 수는 제한적이었고, 소수의 사업자들만이 제공하는 방송 서비스의 영향력은 높을 수밖에 없었다. 아직 책을 읽지도 못하는 어린이들도 집에서 TV만 켜면 무방비로 방송 서비스에 노출되기 때문에 방송 서비스의 영향력과 침투성은 타 매체에 비해 높다고 할 수 있다. 또한 방송은 가장 기초적이면서도 중요한 사회적 커뮤니케이션 채널이기 때문에 방송이 갖는 사회적·정치적 영향력을 바람직한 방향으로 유도해야 하는데, 이를 위해 방송 서비스를 공론장, 참여 민주주의의 장으로 유도해야 한다(윤석민, 2005). 특히 방송은 다른 매체에 비해 누구에게나 즉각적인 접근과 이용이 가능하기 때문에 방송 매체가 공론장으로서의 역할을 담당해야 한다는 논리는 보다 설득력을 얻을 수 있다.

그러나 방송 매체가 다양화되면서 방송의 사회적 영향력이나 공론장으로서의 역할론은 그 정당성을 잃어가고 있다. 방송의 디지털화 및 광대역화, 신규 미디어 기술의 등장으로 인해 다양한 방송 서비스 제공이 가능해지면서 공론장이나 참여 민주주의 등의 역할은 특정 방송 사업자만 담당해야 하는 것이 아니라 수많은 대안 매체들도 담당할 수 있게 된 것이다.

자연독점성

방송 산업은 자연독점적 성격이 강하기 때문에 여러 사업자가 경쟁적으로 서비스를 제공하기보다는 하나의 사업자가 독점적으로 서비스를 제공하고 독점 사업자에 대한 정책 당국의 규제가 적절하다는 이론도 과거부터 방송 규제를 정당화해 온 중요한 논거였다. 일반적으로 자연독점적 산업은 생산량이 증가하면서 규모의 경제가 발생하기 때문에 재화의 가격이 낮아진다. 따라서 해당 재화의 생산효율성 측면에서 가장 우월한 사업자에 의해 자연스럽게 독점화가 일어나게 된다. 문제는 독점적 지위를 보유한 기업이 지위를 남용하고 사회적 비용을 증가시킬 수 있기 때문에 독점화에 따른 생산의 효율성을 확보함과 동시에 독점적 지위의 남용을 방지하기 위해 정책 당국에 의한 강력한 규제가 요구된다.

실제로 방송 산업은 시청자당 소요되는 평균 비용이 시청자의 수가 증가함에 따라 지속적으로 감소하는 규모의 경제적 특성을 가지고 있고, 주파수가 희소하다는 논리에 의해 소수의 사업자들에게만 진입을 허용했고, 소수의 독점 사업자들에 대한 강력한 규제가 정당화되었다. 그러나 1990년대 이후 선진국들을 중심으로 민영화, 탈규제화가 진행되면서 방송 산업에 대한 자연독점적 논거 적용도 점차 그 정당성을 잃고 있다(윤석민, 2005). 즉, 규모의 경제를 바탕으로 한 자연독점적 산업으로 인식되어 온 방송 산업에 기술이 진보하고 시장 수요가 증가하면서 자유로운 시장 기능에 의한 공급이 효율적이라는 인식이 높아지고 있고 방송 산업에 대한 민영화 및 규제 완화가 추진되고 있다. 기술의 발전에 따라 방송 서비스의 제작 및 신호 전송에 규모의 경제성이 약화되고 전송 수단의 회소성이 감소하고 있고, 이를 반영하듯 방송 서비스 제공 사업자들이 경쟁적으로 서비스를 제공하고 있다. 이러한 상황에서 자연독점성에 근거한 방송 규제 논거는 점차 약화되고 있다.

공공재

방송 서비스는 비배제적이고 비경합적 성격을 가지고 있는 공공재public goods 적 특성을 가지고 있다. 따라서 수요와 공급의 시장 원리가 제대로 작동하지 못해 재화의 생산과 공급이 공적 주체에 의해 이루어지는 것이 효율적이라는 논거가 등장한다. 만일 공공재가 시장 원리에 의해 거래되면 과다 공급 또는 과소 공급과 같은 시장실패가 나타나게 되고 이를 해결하기 위해 정책 당국에 의한 시장 개입이 필요하게 된다.

그러나 최근 들어 방송 서비스에 있어서 양방향적 특성이 가미되고 요금을 지불하지 않은 사람들을 시청에서 배제시키는 방식이 일반화되면서 방송 서비스도 일반적 재화의 특성이 강화되고 있다(윤석민·송종현, 1997). 즉, 기술 발전에 따라 방송 재화가 공공재에서 일반적인 사유재로 변화하고 있다. 이는 과거 방송 재화가 공공재적 성격이 강하기 때문에 공익 차원의 규제가 불가피하다는 주장의 논거가 약해지고 있음을 의미한다.

미디어 산업과 규제

미디어 시장의 여러 특성들로 인해 미디어 산업은 과거부터 정부에 의한 엄격한 규제와 간섭이 정당화되어 왔다. 특히, 규모의 경제, 자연독점성, 공익성 보장 등의 논거는 방송 규제의 중요한 정책 목표로 간주되어 왔고, 이러한 목표를 달성하기 위한 여러 정책들이 수립되어 왔다. 예를 들어, 국내 유료 방송 시장은 규모의 경제가 작용하는 자연독점적 산업으로 간주되어 정부에 의한 진입 규제와 가격 규제가 정당화되었다. 케이블TV 산업의 경우, 네트워크 등을 구축하는 데 많은 고정비용이 소요되기 때문에 어느 특정한 사업자에게 지역적으로 의미 있는 크기의 시장 권역에 대해 독점적으로 서비스를 제공할 권리를 주고 규모의 경제를 추구할 수 있도록 하는 것이 가장 효율적이라고 판단했던 것이다. 문제는 독점 사업권을 부여하는 방식이다. 만일 유료 방송 사업에 대한 독점 사업자를 경매에 의해 선정하게 되면, 유료 방송 서비스를 가장 효율적으로 제공할 수 있는 사업자에게 독점 사업권이 부여될 것이다. 이때의 서비스 가격은 마치 경쟁시장에서 기업의 평균 비용과 일치하는 가격이 될 것이므로 정부는 유료 방송 사업자에 대한 가격 규제를 할 필요가 없고, 다만 독점 사업권을 가진 사업자가 처음에 약속한 서비스의 질과 가격을 공급하는가를 감시하기만 하면 된다. 유료 방송 사업자의 입장에서도 정부에 의해 진입 규제가 이루어지기 때문에 안심하고 투자를 하고, 약속한 서비스를 제공하면 문제가 없을 것이다. 그러나 독점 사업권을 한 사업자에게 영구적으로 부여할 경우, 다른 잠재적 사업자의 시장 진입을 원천적으로 봉쇄하는 것이기 때문에 독점 사업권을 부여할 때에는 일정한 기간을 정하는 것이 일반적이다.

그러나 우리나라에서는 경매제를 택하지 않고, 정책 당국이 정해 놓은 심사 제도에 의해 선정된 사업자가 독점적으로 서비스를 제공하는 방안을 선택했다. 위성방송과 IPTV의 경우에도 정부에 의한 진입 제한 규제를 통해 소수의 사업자들만이 서비스를 제공할 수 있도록 했다. 그 이유는 무엇인가?

첫째, 유료 방송 산업은 네트워크 설치와 같은 매몰비용이 높아 자연독점적 산업의 특성을 가지고 있기 때문에 애초부터 정부에 의해 소수 사업자들에게만 사업권을 부여하는 것이 적절하다는 것이다. 자연독점적 산업이란 해당 산업의 비용과 수요 구조로 인해 하나의 사업자가 가장 낮은 가격으로 전 시장을 서비스할 수 있고, 타 사업자의 진입 유인을 상쇄시킬 만큼 매몰비용[3])이 높은 경우에 해당한다. 둘째, 시장에 진입한 유료 방송 사업자를 경쟁으로부터 보호해 줌으로써 유료 방송 사업자가 직면하게 되는 위험(비용)을 줄여주고, 이렇게 줄어든 비용은 가격 규제를 통해 소비자의 이익에 기여할 수 있다는 것이다. 셋째, 경쟁으로부터 보호된 사업자들은 공익성 있는 프로그램을 제공함으로써 공익에 기여할 수 있다는 것이다. 공익성 높은 프로그램은 광고주로부터 외면당할 가능성이 높으므로 시장에서 제공되기 어려우나, 정부에 의한 진입 규제로 소수의 사업자들만이 서비스를 제공하게 되면 소수의 사업자들은 서로 경쟁할 필요가 없게 된다. 결국 사업자들은 초과이윤을 달성할 가능성이 높아지고, 이렇게 달성된 초과이윤은 공익적 프로그램 제공으로 이어지게 될 것이다. 이러한 이유로 인해 국내 유료 방송 시장은 정책 당국에 의해 철저히 진입이 통제되어 왔던 것이다.

정책 당국에 의해 진입이 허가된 사업자들도 공익성과 다양성 보장을 위해 추가적인 규제를 받았다. 소유 규제와 내용 규제가 대표적이다. 소유 규제는 대기업 및 외국인들의 미디어 시장 진입을 제한하거나, 미디어 기업 간의 교차 소유를 금지하거나, 한 사업자가 전체 시장에서 차지하는 점유율을 규제하거나, 1인이 소유할 수 있는 미디어 기업의 지분을 제한하는 규제 등을 의미한다. 이들 규제 중에서 한 사업자가 전체 시장에서 차지하는 점유율을 제한하는 규제를 살펴보자.

케이블TV 시장에서는 독립 SO들을 매입하면서 MSO를 형성하려는 유인이 높은데, 이는 케이블TV 산업이 갖는 규모의 경제라는 본질적인 특성 때문이다. MSO를 형성하게 되면 생산설비의 통합관리를 통한 생산비의 절감이 가능하고, 규모 증대에 따른 노동 등 자원의 전문화와 생산성 증대를 도모할 수 있으며, 판

---

3) 매몰비용이란 기업이 시장 퇴출을 결정하는 경우에도 쉽게 회복될 수 없는 비용이다.

매 및 영업 조직의 통합·공동 활용에 기초한 영업비용의 감소가 가능하게 된다. 또한 시장 규모 확대에 따른 다양한 서비스 제공 등도 가능하다.

정책 당국에 의해 허가된 방송 사업자들은 허가의 대가로 공익에 기여하겠다는 약속을 하고, 이를 어길 경우 제재를 받거나 심할 경우에는 재허가 심사에서 탈락할 수 있다. 공익에 기여하겠다는 것만큼 모호한 개념도 없기 때문에 공익에 기여했는지를 판단하는 것 또한 쉽지 않다. 방송 사업자가 제공하는 프로그램의 내용을 심의하는 것은 그야말로 자의적 판단이 들어가지 않을 수 없다. 그러나 방송 사업자가 제공하는 프로그램의 내용을 정책 당국이 심의할 수 있다는 사실만으로도 방송 사업자는 사업의 자율권이 위축될 수밖에 없다. 국내 제작물 쿼터, 오락 프로그램의 비율 제한, 외주 제작물 제도 등과 같이 방송 사업자가 제공하는 프로그램의 자율성을 기계적으로 제한하는 규제도 내용 규제에 해당된다.

그러나 전 세계적인 규제 완화 추세 속에서 우리나라에서도 미디어 산업에 대한 소유 규제가 점차 완화되어 왔다. 특히 2009년 방송 사업의 소유 제한 완화 이후, 신문과 대기업의 방송 진입에 따른 여론 독과점 우려를 해소하고, 방송의 여론 다양성 보장을 위하여 다양성위원회 제도를 도입했다. 2010년부터 신문 구독율의 시청점유율 환산 작업을 시행하고 있고, 2012년에는 매체 간 합산 영향력 지수를 개발해 미디어 산업에 다양성을 보장하려는 노력을 기울이고 있다.

문제는 다양성을 어떻게 보장할 것인가에 대한 논의는 많았으나 정작 다양성이 무엇인가에 대한 논의는 상대적으로 부족한 편이다. '미디어다양성위원회'를 통한 여론의 독과점을 방지하는 규제 프레임워크를 마련하고 있으나 이는 미디어 다양성의 여러 측면들 중 극히 제한적인 부분에 치중하고 있다는 비판에 직면할 수 있다. 더욱이 국내에 미디어 다양성 개념에 대한 합의가 이루어지지 않은 상황에서 단지 신문사업자의 시장 지배력을 방송 시장 지배력으로 환산해서 그 허가 여부를 결정하는 방식에 초점을 맞추는 것은 미디어 다양성에 대한 근본적 개념 정립이나 합리적 측정 방법은 뒤로 하고, 종편사업자의 선정이라는 목적에만 부합하게 되는 것이다. 따라서 미디어 다양성이 무엇인가에 대한 보다 체계적 연구가 필요한 실정이다.

디지털 기술과 인터넷 기술의 혁신으로 다양한 형태의 미디어 서비스가 제공되면서 신규 기술을 바탕으로 서비스를 제공하는 사업자들에 대한 규제 논의가 지속되었다. OTT 서비스가 기존 방송 사업자와 동일한 서비스를 제공하므로, 이를 방송법에 편입시켜 방송 사업자로 간주해야 한다는 주장도 있었다(오지현, 2020.8.31). 그러나 스마트 미디어 환경 속에서 미디어 사업자에 대한 정책 당국의 간섭과 규제는 국내 미디어 산업의 성장을 지체시킬 수 있다. 이에 대한 우려 때문인지, 과학기술정보통신부는 OTT를 특수 유형의 부가통신사업자로 분류하여 새로운 법적 지위를 부여할 것을 제안했다(국회입법조사처, 2021). 이는 OTT 서비스에 대한 규제를 최소화하고 국내 OTT 시장의 진흥에 관심을 두겠다는 의미이다(오지현, 2020.8.31). 과거보다 OTT에 대한 규제 논의는 자유로운 규제 쪽으로 기울었으나, 여전히 규제와 관련해 논쟁거리가 남아 있다. 예컨대, 지속적으로 역차별 논란이 불거진 망 사용료 지불 의무, 저작권 침해에 대한 법적 책임, 저작권료 징수 규정 등이다. 국내 사업자는 국내법의 제약을 받는 반면 글로벌 사업자는 국내법으로부터 자유로운 편이다. 글로벌 미디어 사업자들이 국내 시장에 자유롭게 진입하고 있고, 인터넷을 통한 미디어 시청 행위가 일반화되고 있는 실정에서 국내 사업자 한정의 강력한 규제는 국내 OTT 서비스의 혁신에 걸림돌로 작용할 수 있다. 국내 미디어 사업자가 역차별에 대한 불만을 토로하고 있는 현재, 정책 당국은 글로벌 사업자와 국내 사업자에 대한 균형적인 정책을 고민해 볼 때이다.

미디어 기업 경영의 고려 사항들

미디어 기업은 일반적 기업과는 달리 수익성 추구라는 기업 본연의 목적보다는 공공의 이익이라는 더 높은 이상에 의해 지배되어 왔다. 사람들도 미디어 기

미디어 기업 경영의 고려 사항들	기업 경영의 방향
창의성	단기적 성과보다는 창의적 기업 환경 보장
규모의 경제	자국 시장에서 벗어나 아시아 시장으로 확대
유통 창구의 중요성	다양한 유통 창구의 개발
공익성과 수익성의 조화	공익성을 유지하면서 효율성에 기반한 기업 혁신 장려
기술 변화에 대응한 소비자 수요 파악	기술 변화를 이해하고, 소비자 수요를 예측하고, 새로운 소비자 수요를 창출

〈표 1-3〉 미디어 기업 경영의 중요 고려 사항들

업은 일반 기업과 달라야 한다고 생각했고, 미디어 기업도 스스로를 일반 기업과는 다르다고 생각해 왔던 게 사실이다. 정책 당국도 미디어 시장에 대한 보호를 통해 안정적 수익을 보장해 주었기 때문에 미디어 기업은 생존에서 살아남기 위해 무엇을 해야 할 것인가를 고민하기보다는 정책 당국과의 좋은 관계를 유지하면서 사회 권력으로서의 위상을 높여갈 수 있도록 정책 방안을 제시해 나갔다.

그러나 미디어 환경은 급속히 변화하고 있다. 기술의 발전으로 인터넷을 기반으로 하는 신규 미디어 기업들이 자유롭게 진입하고 있고, 글로벌 미디어 기업들의 진입도 더 이상 막을 수 없는 환경에 처한 것이다. 소위 스마트 미디어 서비스를 제공하는 신규 미디어 기업들의 진입을 전통적 잣대로 규제하기에는 논리도 부족하고, 기술적으로 막기에도 불가능하게 된 것이다. 결국 미디어 기업들도 생존 경쟁에서 살아남기 위해 시장 논리를 이해해야 하고, 기업의 생산성을 높이기 위해 뼈를 깎는 노력을 해야 하는 시기에 직면한 것이다. 이를 위해 미디어 기업들은 창의성, 규모의 경제, 유통 창구의 중요성을 이해해야 하고, 공익성과 수익성을 어떻게 조화시킬 것인가에 대해 고민해 보아야 할 것이며, 급격히 변화하고 있는 기술 환경에서 소비자들의 수요를 파악할 수 있어야 할 것이다(〈표 1-3〉 참고).

창의성, 규모의 경제, 유통 환경의 변화

미디어는 창조 산업에 해당한다. 끼가 있는 스타와 창의적 재능과 감각을 겸비한 제작자, 예측할 수 없는 소비자들의 기호를 이해할 수 있는 미디어 사업자가 콘텐츠의 성공 여부에 지대한 영향을 미친다. 스타를 존중하고 창의성을 발휘할 수 있는 환경은 기업의 자유분방한 문화에서 비롯될 수밖에 없다. 미디어 기업의 경쟁력은 창의적 콘텐츠를 보유하고 있느냐에 달려 있기 때문에, 단기간의 수익성을 높이기 위해 쥐어 짜내는 경영 방식보다는 장기적 성과를 높이기 위해 단기간의 손해를 감수하고서라도 창의적 기업 환경을 보장해 줄 수 있는 너그러운 기업 문화가 필요하다.

문제는 콘텐츠 산업이 규모의 경제가 존재하는 특성이 있기 때문에 시장 규모가 어느 정도 확보되어야 콘텐츠 제작에 대한 유인이 발생한다는 것이다. 그러나 우리나라의 경우 국내 시장의 규모가 협소하기 때문에 국내 시장만을 대상으로 콘텐츠에 대한 대규모 투자를 하기에 위험한 측면이 있다. 거대한 국내 시장을 확보하고 있을 뿐만 아니라 전 세계 시장을 대상으로 콘텐츠를 제작하는 미국은 콘텐츠 제작에 막대한 돈을 투자할 유인이 충분하다. 특히 미국은 콘텐츠를 유통할 수 있는 창구가 일찍부터 자국 내에 발달해 있었고, 각 창구로부터 거두어들이는 수입도 다른 국가들에 비해 상당히 높았기에 콘텐츠에 대한 투자 유인이 높을 수밖에 없었다. 거대한 국내 시장과 해외시장을 목표로 제작된 질 높은 콘텐츠는 국내 시장은 물론 해외시장에서 경쟁력을 갖추게 되었고, 이는 다시 막대한 자금을 콘텐츠 제작에 투자할 수 있는 유인을 제공했다. 그러나 우리나라는 협소한 국내 시장 규모와 불법 유통 콘텐츠 시장에 대한 정책 당국의 감시가 소홀했기 때문에 콘텐츠 제작에 큰돈을 투자할 유인이 상대적으로 적을 수밖에 없었다. 이러한 문제로 인해 소비자들은 국내 콘텐츠를 저질로 인식하게 되었고, 국내 소비자들의 콘텐츠에 대한 지불 의사 역시 낮을 수밖에 없었다.

그러나 최근 들어 국내 콘텐츠의 경쟁력은 몰라볼 정도로 높아졌다. 우리나라 콘텐츠에 대한 수요는 자국 시장은 물론 아시아 시장으로 확대되고 있다. 영화, 드라마, 예능, 음악 등 다양한 콘텐츠 장르에 걸쳐서 국내 콘텐츠는 단연 아시아 시장에서 손꼽힐 정도로 성장했다. 한때 일부 아시아 국가에서 반한 감정이 일어나기도 하면서 주춤거리기도 했지만, 최근 들어 한국 콘텐츠에 대한 아시아 시장의 수요는 꾸준히 높아지고 있는 것이 사실이다. 미국이 자국 시장은 물론 전 세계 시장을 대상으로 콘텐츠를 판매하듯이, 우리나라도 자국 시장을 포함해서 아시아 국가들로부터의 콘텐츠 수요가 높아지게 된다면 콘텐츠에 대한 투자 유인은 지금보다 훨씬 증가할 것이고, 이는 지금보다 경쟁력 높은 콘텐츠에 대한 제작으로 이어질 것이다.

이러한 점들을 고려해 볼 때, 미디어 기업이 고려해야 할 것은 콘텐츠 제작에 대한 꾸준한 투자가 지속되어야 한다는 것이다. 단기적 성과는 높지 않더라도 콘텐츠에 대한 꾸준한 투자는 장기적으로 미디어 기업에 엄청난 수익을 가져다 줄 것이다. 과거에 콘텐츠 제작에 전혀 경험이 없었던 통신사들이 야심 차게 콘텐츠 제작에 뛰어들었다가 단기적 손실을 감당하지 못하고 성급히 물러섰던 사례를 더 이상 반복하지 말아야 한다. 콘텐츠 산업은 통신산업과 같이 단기적 성과가 가시적으로 보이는 산업이 아니다. 인내심을 가지고 꾸준한 투자가 지속된다면, 장기적으로 콘텐츠 시장이 가져올 수익성은 일반 산업에 비해 엄청나게 높을 것이다. 콘텐츠 하나를 제대로 만들어놓기만 한다면 추가적인 비용 없이 다양한 창구들로부터 거두어들이는 수익은 막대할 것이다. 이를 위해 국내의 콘텐츠 유통 창구를 개발해야 함은 물론 해외에서도 콘텐츠 수익을 극대화할 수 있는 유통 창구 개발에 힘쓰는 것이 중요할 것이다.

공익성과 수익성의 조화

치열한 경쟁 환경하에서 미디어 기업의 목표들 중의 하나는 수익성을 높이는 것이다. 그러나 수익성 창출을 위한 미디어 기업 간의 경쟁은 미디어 시장이 전통적으로 추구해 왔던 가치, 즉 공익성 확보라는 가치를 훼손시킬 수 있다는 지적이 제기되고 있다. 그러나 미디어 기업이 수익성을 추구한다는 게 반드시 공익성을 훼손시킨다는 것과 직결되는 것은 아니다. 미디어 기업은 합리적 기업경영을 추구하면서 시장이 미디어 기업에 기대하는 가치도 충족시킬 수 있는 방법을 찾아야 한다. 미디어 경영의 핵심 과제는 효율적인 기업 경영과 미디어 산업의 특수성을 적절히 조화할 수 있는 방법을 찾는 것이다.

그러나 우리나라에서 미디어 기업의 경영과 관련한 논의는 최근 들어서야 주목을 받기 시작했다. 그만큼 미디어 시장에서는 공익성이라는 가치가 무엇보다 중요했던 것이다. 문화적 특수성이 지나치게 강조되어 왔던 미디어 기업에 일반 경영학적 이론과 방법론을 적용해 미디어 기업의 경영 방향을 제시하는 것이 쉽지 않았기 때문에 미디어 경영이론이나 미디어 경영방법론을 연구한다는 것이 어렵게 느껴졌던 것이다. 그러나 기술의 발전으로 다양한 형태의 미디어 기업들의 등장이 가시화되면서 미디어 기업에 과거의 공익적 가치만 강요하는 것은 적절하지 않다. 더구나 글로벌 미디어 유통이 일반화되고 있는 시장 환경에서 공익적 가치의 강조는 자칫 국내 미디어 기업에 대한 역차별로 작용할 수 있다. 따라서 미디어 기업은 미디어 시장이 추구해야 할 최소한의 가치는 유지하면서 치열한 글로벌 환경에 대응할 수 있는 미디어 기업에 특화된 경영 방식을 발전시켜 나아가야 한다.

공익성과 효율성을 동시에 추구해 나아갈 수 있는 시장 환경을 조성하기 위해서는 정책 당국의 역할이 그 어느 때보다 중요해졌다고 볼 수 있다. 우리나라는 전 세계 어느 국가들보다 미디어 시장에 대한 규제가 강하다. 군사정권 시절부터 답습해 온 공익에 기반한 규제 논리가 여전히 시장을 지배하고 있다. 공익이라는 모호한 논리는 미디어 시장을 정책 당국의 입맛에 맞게 요리할 수 있는 더없이 좋은 논거가 되어왔다. 그러나 정책 당국이 미디어에 대한 전문성이 없는 다양한 이해 집단들의 주장에 이리 저리 휘둘리게 된다면 기업이 아무리 혁신하고 노력한다 해도 미디어 시장의 발전은 지체될 수밖에 없을 것이다. 미디어 시장을 관할하는 정책 당국의 전문성이 과거 어느 때보다 중요해지고 있는 시점에서 미디어 시장을 이해할 수 있고 글로벌 미디어 기업으로 도약할 수 있도록 규제 환경의 과감한 개선이 필요할 것이다. 우스갯소리로 정책 당국의 규제만 없으면 우리나라의 미디어 시장은 지금보다 더 발전할 것이라는 말은 이미 오래전부터 회자되고 있다. 미디어 시장에 대한 이해도 부족하면서 미디어 시장에 대한 규제 권한을 놓지 않으려는 정부의 비전문적 정책/규제 방안들을 비꼬는 말이다. 미디어 시장에 대한 정부의 간섭은 최소화하되 기업의 혁신은 장려해 주는 정책 당국의 성숙한 모습이 필요한 시점이다.

기술 변화와 소비자

인터넷과 디지털 기술의 혁신은 미디어 기업의 경영 방식에 커다란 변화를 가져왔다. 과거 아날로그 전송 방식하에서 미디어 플랫폼의 수는 극히 제한될 수밖에 없었다. 지상파방송과 케이블TV를 통하지 않고서는 동영상 콘텐츠를 전송하기가 어려웠던 것이 불과 20여 년 전 한국의 모습이었으나, 이제는 다양한 플랫폼을 통해 동영상 콘텐츠가 소비자들에게 전달될 수 있다. 위성방송과 IPTV와 같은 실시간 동영상 콘텐츠 전송 플랫폼 이외에도 넷플릭스, 훌루, 카카오TV, 유튜브, 트위치 등과 같은 인터넷을 기반으로 하는 플랫폼들의 등장이 가능해진 것은 모두 인터넷과 디지털 기술의 혁명에 기인한다. 인터넷과 디지털 기술의 혁명이 비단 동영상 콘텐츠 시장에만 영향을 미친 것은 아니다. 과거 음반 시장이 지배했던 음악 시장은 온라인 스트리밍과 음원 다운로드 시장에 자리를 내주었다. 과거 극장 수입에 전적으로 의존했던 영화배급사는 IPTV의 VOD시장, OTT 시장과 같은 인터넷을 통한 영화배급 창구의 수입이 증가하면서 영화의 배급 순서를 어떻게 구성할 것인가를 고민하게 되었다. 이 또한 디지털 기술과 인터넷의 발전으로 인해 가능해진 것이다.

기술의 변화는 소비자들의 콘텐츠 수요를 미리 예측할 수 있게 해주었다는 점에서도 긍정적 측면이 있다. 변덕스러운 소비자들의 기호는 미디어 상품에 대한 성공 가능성 예측을 어렵게 한다. 소위 '경험재'적 특성을 가지고 있는 콘텐츠는 성공 가능성에 대한 예측이 쉽지 않기 때문에 투자 대비 리스크가 상당히 높다. 많은 제작비, 스타 배우와 스타 감독, 액션 및 오락장르 등은 영화의 성공을 예측할 수 있는 중요한 요소들이라고 알려져 있으나, 그렇지 않은 사례들이 자주 나타난다. 이는 개별 콘텐츠들이 각각의 독특한 특성을 가지고 있어 어떤 콘텐츠들도 서로 동일하지 않기 때문이다. 높은 제작비가 투자된 영화들이 모두 성공하지 못하는 이유는 그 영화들이 개별적으로 다른 특성을 가지고 있고, 소비자들도 저마다 서로 다른 선호도를 가지고 있기 때문이다. 따라서 어떤 콘텐츠가 성공할지 미리 예측하기가 생각보다 쉽지 않다.

그러나 미디어 기업으로서 성공하기 위해서는 콘텐츠 투자에 대한 위험은 감수해야 할 부분이다. 따라서 미디어 기업들은 과거의 경험과 연구에 기반해서 콘텐츠 성공의 예측 변인들로 밝혀진 요인들을 가능한 많이 반영해서 콘텐츠를 제작해 왔다. 특히, 인스타그램, 틱톡, 페이스북 등의 다양한 소셜미디어를 통해 소비자들의 수요를 미리 예측하고 대비할 수 있는 환경이 예전보다 훨씬 잘 마련되어 있기 때문에 과거에 비해 콘텐츠의 성공 가능성을 예측하기는 상대적으로 쉬워진 측면이 있다. 넷플릭스의 사례는 콘텐츠의 성공 가능성을 높이기 위해 방대한 기존 자료들을 사용해서 성공한 대표적 사례로 꼽힌다. 넷플릭스는 빅데이터 분석을 통해 많은 데이터를 수집하고 분석해서 가입자의 인적 상황, 시청 패턴, 각각의 인구집단이 어떤 콘텐츠를 소비하는지를 알아냈다. 또한 시청률 조사업체인 닐슨Nielsen, 기타 시장조사업체들이 제공하는 메타데이터, SNS인 페이스북, 트위터로부터 수집한 소셜 데이터에 이르기까지 모두 수집·분석해 시청자 성향 파악에 활용했다. 그 결과, 데이비드 핀처의 영화들, 케빈 스페이시 출연작, 영국에서 방영된 〈하우스 오브 카드 House of Card〉의 원작 등이 시청자들에게 큰 매력으로 다가올 것임을 예측했고 〈하우스 오브 카드〉 제작에 엄청난 제작비를 투자한 것이다. 물론 빅데이터 분석만으로 〈하우스 오브 카드〉

가 제작된 것은 아니지만 빅데이터 분석을 통한 결과와 넷플릭스 실무자들의 판단이 중요한 역할을 했음은 널리 알려진 사실이다(Wu, 2015.1.27).

라이브 스트리밍 서비스 역시 시청자들의 콘텐츠 시청 경험을 향상시켜 콘텐츠의 성공 가능성을 높여줄 수 있다. 시청자들은 라이브 스트리밍 서비스를 통해 실시간 콘텐츠를 시청하면서 스트리머Streamer, 다른 시청자들 간의 동시적 커뮤니케이션Synchronous communication을 할 수 있다(Wan et al., 2017). 시청자들은 댓글 창에 댓글을 달아 질문하거나 의견을 표할 수 있고, 이에 대해 스트리머는 대화나 행동으로 반응할 수 있다. 아마존 트위치, 네이버 V LIVE 등 라이브 스트리밍 서비스 사업자들은 콘텐츠 차별화 전략을 취해 소비자를 유인하고 있다. 예컨대, 아마존 트위치는 게임 콘텐츠에 특화된 반면, 네이버 V LIVE는 케이팝 연예인 콘텐츠를 독점적으로 제공한다. 특히 후자의 경우, 지금과 같은 비대면 시대에 콘서트, 축제 등 오프라인 행사의 공백을 메울 수 있는 대안책으로도 여겨지며(GlobalwebIndex, 2020), 온라인 생중계를 통해 막대한 수익 창출을 이뤄내기도 했다(유재혁, 2020.8.5).

이렇듯 지속적으로 변화하고 있는 기술 환경을 이해하고 이를 활용하는 전략은 소비자들에게 만족도를 높여줌은 물론, 콘텐츠 제작의 실패 위험을 감소시킬 수 있기 때문에 미디어 기업들은 꾸준히 기술 트렌드를 이해하고 이를 콘텐츠 제작 및 유통에 활용하는 방안을 강구해야 할 것이다.

글로벌 미디어 환경에서 미디어 기업의 경영과 정부 규제

미디어 산업에서 디지털 혁신은 미디어 제공 방식 자체를 바꾸어놓고 있다. 과거 미디어 기업에 의해 일방적으로 뿌려지던 방식에서 소비자들이 원하는 콘텐츠를 적극적으로 선택하거나 심지어 스스로 콘텐츠를 제작해 공유하는 형태로 바뀌어가고 있다. 미디어 기업이 정해 놓은 시간에 맞추어 수동적으로 TV 시청을 하던 방식에서 소비자들은 자신이 원하는 시간에 원하는 프로그램을 선택해서 즐길 수 있는 시대로 변화하고 있다. 전통적 미디어 기업의 힘은 약화되고 있고, 기술의 변화를 이해하고 이를 소비자들의 기호에 맞추어줄 수 있는 새로운 미디어 기업들이 시장을 장악해 나아가고 있는 것이다. 우리나라에서는 여전히 전통 미디어 기업들의 힘이 강하지만, 미디어 시장이 가장 발달되어 있다는 미국에서는 이미 전통 미디어 사업자들의 힘이 약화되고 있고 새로운 기술을 바탕으로 새로운 서비스 제공 방식으로 진입한 소위 스마트미디어 기업들의 경쟁력이 상당하다. 넷플릭스, 아마존, 애플 등은 과거에 미디어 기업에 속하지 않는 기업들이었지만 최근 미국의 미디어 시장을 지배하고 있는 기업들로 성장했다. 소비자들의 미디어 이용 행위를 간파하고 소비자들에게 소구될 수 있는 미디어 유통 방식을 꾸준히 고민해 온 결과이다.

이에 대응하기 위한 전통 미디어 사업자들의 움직임도 바빠지고 있다. 예를 들어, 미국의 전통적 유료 방송 사업자인 디즈니와 HBOHome Box Office는 자체 OTT 서비스인 디즈니플러스, HBO맥스를 각각 출시했다. 미국의 지상파방송 사업자들 중 하나인 CBS도 2015년에 첫 OTT 서비스인 CBS 올액세스All Access를 출시했고, 2021년에 파라마운트플러스Paramount+로 탈바꿈해 재출시했다. 이 사업자들은 기존에 보유하고 있던 양질의 콘텐츠를 자체 OTT를 통해 독점적으로 제공하고, 기존 콘텐츠의 IP를 활용해 또 다른 오리지널 콘텐츠를 제작하는 등 콘텐츠 경쟁력을 확보할 것으로 전망된다. 전통 미디어 사업자들의 OTT 시장 진출은 소비자가 TV 이외의 다른 경로를 통해 언제, 어디서나 양질의 동영상 콘텐츠를 즐길 수 있는 환경을 마련해 준다. 즉, 양질의 콘텐츠를 확보하고 있는 전통 미디어 사업자들은 자신들이 보유한 콘텐츠를 TV뿐만 아니라 PC나 모바일 기기에서도 이어서 볼 수 있도록 하는 서비스를 부가적으로 제공함으로써 치열한 경쟁 환경에 대응해 나아가고 있는 것이다.

이제는 장소에 구애받지 않고 원하는 시간에 원하는 방식으로 서비스를 이용할 수 있는 스마트 미디어 환경을 누가 잘 구현하는가에 의해 미디어 기업의 성패가 좌우될 것이다. 최근 조사된 분석 결과에 의하면, 국내 미디어 이용자들은

OTT 서비스를 주중과 주말 모두 가정(집)에서 이용하고 있는 것으로 나타났다(방송통신위원회, 2020). 가정(집) 이외에는 학교/직장, 이동 중인 교통수단 등에서도 일부 이용하고 있었으나, 가정(집)에서의 이용이 전체의 74.6%(주중), 91.6%(주말)에 이르렀다(방송통신위원회, 2020). OTT 서비스가 주로 가정에서 이용되고 있는 이유들 중의 하나는 국내 인터넷 네트워크 환경이 아직 이용자가 다양한 장소에서 OTT 서비스를 안정적으로 즐길 수 있을 만큼 마련되어 있지 않기 때문이다. 현재 국내에서 어디서나 원활한 OTT 서비스를 이용하기 위해서는 이동통신사의 무선 인터넷 서비스(4G, 5G, 와이브로)를 이용하는 방법이 있으나, 동영상 시청으로 인한 데이터 사용량에 따라 높은 데이터 요금을 지불해야 하기 때문에 부담 없이 동영상 서비스를 시청하기가 어렵다. 반면, 네트워크 용량의 확보에 강점을 보유하고 있는 통신사업자들은 이용자들이 일정한 요금을 지불하면 OTT 서비스를 거의 무제한으로 이용할 수 있는 상품을 제공하고 있다. LG유플러스는 4만 6000원대 이상의 LTE 요금제 가입자와 5G 요금제 가입자에 대해 U+tv 모바일 서비스를 무료로 제공하고 있다. SKT는 지상파방송사와 합작해 만든 OTT 서비스인 '웨이브wavve'를, KT는 올레tv모바일을 새롭게 브랜딩한 '시즌'을 요금제 가입자들에 한정해 부가서비스로 제공하고 있다.

주목할 점은, 콘텐츠 사업자와 네트워크 사업자가 서로의 강점을 공유해 국내 OTT 서비스를 출시했다는 것이다. 지상파방송사와 이동통신사 SKT는 콘텐츠와 네트워크라는 각자의 재원을 공유해 웨이브를 출시했다. 그간 경쟁 구도를 형성했던 사업자들이 국내 OTT 시장의 발전을 위해 협업을 했다는 것만으로도, 국내 OTT 서비스 시장이 새로운 활로를 찾게 되었다고 볼 수 있다.

글로벌 OTT 서비스가 확산되며 미디어 생태계에 구조 변동을 이끌고 있다. 앞서 논의된 바와 같이, 과거에는 상상하지 못했던 콘텐츠 사업자와 네트워크 사업자의 협업이 그 예이다. 국내 사업자들의 노력에 더불어, 정책 당국도 국내 OTT 시장의 발전을 위해 입법적, 정책적 차원의 대안들을 제시한 상태이다. 입법적 차원에서 OTT 서비스는 방송 사업자가 아닌 부가통신사업자로 분류되어 세제 혜택 등의 지원을 받을 수 있는 법적 근거가 마련될 예정이다(국회입법조사처, 2021). 정책적 차원에서 정책 당국은 OTT 콘텐츠 제작 및 해외 유통과 관련해 기금을 조성해 사업자에 대한 금융 지원 정책을 고려하고 있다(국회입법조사처, 2021). 이러한 정책 당국의 대책 또한 모두 국내 OTT 시장을 부흥하기 위한 전략으로 볼 수 있다.

그럼에도 불구하고 글로벌 사업자와 국내 사업자 간에 아직 해소되지 않은 몇 가지 갈등이 있다. 첫째, 망 사용료 갈등이다. 지난 몇 년 간 OTT 서비스가 보편화되면서 이동통신사의 통신망 이용량이 증가했고, 이 비용을 감당하기 어려워진 이동통신사가 많은 트래픽을 유발시키는 콘텐츠 사업자에게 망 사용 대가를 요구한 것이다. 일례로, 페이스북은 SK브로드밴드와의 오랜 대립 끝에 망 사용료를 지불하기로 결정했으며, 넷플릭스는 아직까지 망 사용료 대가 지급 의무가 없다는 입장을 고수하고 있다. 글로벌 사업자가 국내 사업자보다 훨씬 많은 양의 트래픽을 유발하고 있으나, 국내 사업자만 이동통신사에 망 사용료를 의무적으로 지불하고 있어 형평성에 어긋난다는 불만이 높다. 둘째, 인앱 결제 갈등이다. 인앱 결제는 구글 플레이스토어 등 앱마켓 사업자의 자체 결제 시스템으로만 유료 앱 및 콘텐츠를 결제하도록 강제하는 것이다. 구글은 그동안 게임 앱에만 적용하던 인앱 결제를 2020년 10월부터 모든 앱과 콘텐츠로 확대하고, 결제 수수료율을 15%에서 30%로 높이는 정책을 추진하고 있다. 그동안 네이버, 카카오 등 국내 사업자는 자체 결제시스템을 구축하고 있으므로 구글에 결제수수료를 따로 지불하지 않았다. 그러나 구글의 인앱 결제 강제화로 인해 국내 사업자의 비용적 부담이 커지고, 결과적으로 소비자에게 경제적 부담이 전가될 우려가 높다(홍성용, 2020.10.8). 셋째, OTT 서비스 규제로 인한 갈등이다. OTT 서비스가 방송 시장에서 지상파, 유료 방송 등과 경쟁하고 있으므로 OTT 서비스를 방송 사업자와 동일하게 규제해야 한다는 의견이 있다. 그러나 2021년 현재 정책 당국은 OTT 서비스를 특수 유형의 부가통신사업자로 분류해 법적 근거를 마련할 것으로 보인다. 다만 정책 당국이 OTT 서비스의 법적 지위를 확정하여 규제 근거를 만든다고 하더라도 과연 규제 대상에 국내외 사업자를 모두 포괄할 것인 지에 대한 의문은 여전하다. 예를 들어, OTT 서비스는 경쟁력 있는 콘텐츠 확보 가 중요한데, 국내 사업자는 문화체육관광부로부터 영상물 등급 심의를 받아야 해서 콘텐츠 수급에 더 오랜 시간이 소요된다. 반면, 글로벌 사업자는 심의로부 터 자유롭기 때문에 인기 콘텐츠를 국내 사업자보다 먼저 수급해 콘텐츠 경쟁력 을 확보할 수 있다. 국내 OTT 사업자는 글로벌 사업자와의 동등한 경쟁력 확보 를 위해 최소한의 규제만을 해달라는 입장이며, 웨이브, 티빙, 왓챠 등 국내 OTT 사업자는 '한국OTT협의회'를 발족하여 역차별 문제 해소에 노력하고 있다.

국내 사업자와 글로벌 사업자 간 공정한 경쟁 환경을 마련하기 위해서 정책 당국의 노력이 무엇보다 필요한 때이다. 망 사용료 갈등의 경우, 넷플릭스는 SK 브로드밴드와의 소송에서 패소하여 향후 망 사용료를 지급할 가능성이 높아지 고 있다. 인앱 결제의 경우, 국회위원들은 구글의 일방적인 앱 마켓 수수료 정책 변경을 방지하는 '인앱결제방지법(전기통신사업법 개정안)'을 발의했고, 이러한 국회의 적극적인 움직임으로 인해 구글은 수수료율을 30%에서 15%로 낮추는 방안을 고려 중이기도 하다(최민영, 2021.6.23). 과학기술정보통신부는 OTT 서 비스에 대한 세금 공제 및 해외 유통 지원 등으로 국내 사업자들의 경쟁력 제고 에 노력 중이다. 글로벌 미디어 환경의 도래로 그 어느 때보다 정책 당국의 역할 이 중요해지고 있다. 글로벌 사업자와 달리 국내 미디어 사업자들에게만 적용되 는 역차별 규제가 있다면 이를 찾아내 국내외 모든 사업자들이 동등한 환경에서 경쟁할 수 있는 환경 마련에 힘써야 할 때이다.

SUMMARY

미디어 산업에 요구되는 공공의 이익과 다양성 확보 논거는 미디어 기업의 자유로운 시장 행 위를 오랜 동안 제약해 왔다. 그러나 급격한 기술 진화로 인해 다양한 형태의 미디어 기업들 이 등장하게 되면서 미디어 시장도 치열한 경쟁 환경에 직면하게 되었다. 미디어 시장은 기술의 변화를 이해하고 소비자들의 미디어 이용 행위를 간파하면서 소비자들에게 소구될 수 있는 미디어 유통 방식을 꾸준히 고민해 온 미디어 기업들에 의해 장악되고 있다. 글로벌 미디어 환경에서 소비자들은 장소에 구애받지 않고 원하는 시간에 원하는 방식으로 미디어 서비스를 제공해 주는 미디어 기업을 선호한다. 정책 당국은 글로벌 미디어 환경에서 국내외 사업자들이 대등하게 경쟁할 수 있는 환경 마련에 힘써야 하고, 미디어 기업들은 기술 트렌드를 이해하고 창의적인 콘텐츠 제작 및 유통에 활용할 수 있도록 노력해야 한다. 이 장에서는 미디어의 범위, 미디어 시장의 특성, 그리고 미디어 규제의 역사를 살펴보고, 변화하는 글로벌 미디어 환경하에서 미디어 기업이 추구해야 할 경영 전략과 정책 당국의 규제 방향에 대해 논한다.

생각해 볼 문제

1. 미디어의 범위는 어떻게 변화하고 있는가?
2. 미디어 산업이 다른 산업과 구분되는 특성은 무엇인가?
3. 미디어 기업이 공익성과 수익성을 동시에 추구하는 것이 가능한가?
4. 미디어 기업은 변화하는 기술 환경에 어떻게 대응해 나가야 하는가?
5. 글로벌 미디어 환경에서 정부의 역할은 무엇인가?

참 고 문 헌

국립국어연구원. 1999. 『표준국어대사전』. 두산동아.
국회입법조사처. 2021.5.27. 「글로벌 OTT의 진입에 대응한 국내 미디어산업 발전 과제」. ≪이슈와 논점≫, 제1840호.
방송통신위원회. 2020. "방통위 2019 지능정보사회 이용자 패널조사 결과발표". 방송통신위원회 보도자료(2020년 5월 28일).
윤석민. 2005. 『커뮤니케이션정책 연구』. 커뮤니케이션북스.
윤석민·송종현. 1997. 「다채널화의 진전에 따른 TV 서비스 제공방식의 변화」. ≪한국언론학보≫, 42권 2호, 261~298쪽.
오지현. 2020.8.31. "OTT 정책 주도권 싸움에 과기부 '선빵' ... "OTT는 특수 부가통신사업"". ≪서울경제≫. https://www.sedaily.com/NewsVIew/1Z6SJO04U2
유재혁. 2020.8.5. "코로나 이후 K팝 온라인 콘서트·팬미팅 매출 12배". ≪한국경제≫ https://www.hankyung.com/life/article/2020080568611
이상우·배선영. 2011. 『미디어 다양성』. 커뮤니케이션북스.
정용찬. 2013. 『미디어 산업통계』. 커뮤니케이션북스.

차배근·김우룡·이기홍. 1993. 『매스컴 대사전』. 한국언론연구원.

최민영. 2021.6.23. "구글, 인앱결제 수수료 30%→15% 인하 검토". ≪한겨레≫. https://www. hani.co.kr/arti/economy/it/1000642.html

통계청. 2017. 「한국표준산업분류 10차 개정안」.

허필선·석왕헌·김성민. 2019. 『방송미디어 산업의 주요 이슈와 핵심 가치』. 한국전자통신연구원 미래전략연구소.

홍성용. 2020.10.8. "[단독] "구글 인앱 결제 강제정책, 소비자 가격 부담 키울 것". ≪매일경제≫. https://www.mk.co.kr/news/it/view/2020/10/1033240/

Albarran, A., S. Chan-Olmsted, and M. Wirth, 2006. *Handbook of Media management and Economics*. Routledge.

Wu, T. 2015.1.27. "Netflix's secret special algorithm is a human." *The New Yorker*. www. newyorker.com/business/currency/hollywoods-big-data-big-deal

Wan, J., Y. Lu, , B. Wang, and L. Zhao. 2017. "How attachment influences users' willingness to donate to content creators in social media: A socio-technical systems perspective." *Information & Management*, 54, pp.837~850.

GlobalwebIndex. 2020. "Live streaming: 2020 trends." https://www.globalwebindex.com/ reports/live-streaming

02 미디어 시장의 융합과 경쟁

이상원

2장에서는 최근 미디어 경영 분야의 이해를 위해 필수적인 미디어 시장의 융합과 융합으로 인한 시장 경쟁 상황의 변화를 다룬다. 구체적으로 융합이론을 간단히 소개하고 융합으로 인한 최근 미디어 시장 변화를 간단히 살펴본다. 이와 함께 미디어 시장 융합의 환경적 동인을 고찰하고, 방송통신 융합과 유료 방송 서비스 시장 변화를 살펴보고, 최근 동영상 OTT 서비스 시장 성장과 미디어 시장의 변화를 살펴본다.

융합과 미디어 시장의 변화

미디어와 미디어 산업을 이해하기 위해 하나의 현상으로서의 '융합convergence'
은 필수적인 요소가 되었다. 미디어와 ICT 관련 산업에서 그동안 융합은 상당히
오랜 기간 동안 많은 연구자들에게 관심의 대상이었지만 여전히 융합의 개념은
다의적이다.

기술적인 측면에서 보았을 때 2000년 초중반 이후 광대역 초고속 인터넷
broadband의 전 세계적인 확산은 미디어 융합의 주요 동인 중 하나로 이해되고 있
다. 광대역 초고속 인터넷은 방송과 통신의 융합 및 서로 다른 브로드밴드 플랫
폼 간의 경쟁을 격화시켰으며 음성, 영상, 데이터 서비스가 하나의 플랫폼에서
구현되는 융합적 브로드밴드 기반 서비스를 가능하게 했다.

이러한 미디어 관련 융합 현상을 젠킨스(Jenkins, 2001)는 ① 기술적 융합(모든
미디어 콘텐츠의 디지털화), ② 경제적 융합(엔터테인먼트 산업의 수평 통합), ③ 사
회적 또는 유기체적 융합(새로운 정보 환경을 항해하기 위한 소비자의 다중 작업 전
략), ④ 문화적 융합(복수 채널을 가로지르는 콘텐츠의 발전), ⑤ 세계적 융합(미디어
콘텐츠의 국제적 순환으로부터 기인한 문화적 혼합)과 같은 다섯 가지의 상이한 미
디어 융합 과정으로 설명했다.

이와 같은 젠킨스의 융합 현상에 대한 분석은 매우 폭넓고 다양한 융합 현상
을 포괄적으로 설명하고 있다고 판단되지만 미디어 산업적 측면에서는 조금 더
구체적이며 유용하고 산업에 적합한 관점이 필요하다. 워스(Wirth, 2006)는 미디
어 경영 및 경제 분야에서 연구해 온 융합 관련 연구를 토대로 대체적 또는 보완
적 융합에 대한 논의가 미디어 산업과 관련된 주요 관심 중 하나임을 제시했다.

'대체적 융합substitutional convergence'은 미디어 관련 이용자가 과거에는 연관이
없던 두 상품을 경쟁적 관계로 인식하는 시장 상황과 관련된다. 즉, 두 상품 또
는 기술의 기능이 기능적인 측면에서 서로 대체적이면서 경쟁 관계에 있다면 이
는 대체적 융합에 해당될 수 있으며(즉, 1+1=1), 다울링(Dowling et al., 1998) 등이

제시한 경쟁적competitive 융합과 유사한 개념으로 볼 수 있다.

반면에 두 상품 또는 기술의 기능이 서로 시너지 효과를 창출할 수 있다면 이는 '보완적complementary 융합'에 해당된다(즉, 1+1=3)(Greestein & Khanna, 1997; Wirth, 2006). 예를 들어 유료 방송 시장에서 기존의 대표적인 플랫폼은 케이블, 위성방송, IPTV 등을 들 수 있으며, 이와 같은 서로 다른 유료 방송 플랫폼 간의 서비스 대체는 대체적 융합 또는 경쟁적 융합으로 볼 수 있다. 한편 광대역 초고속 인터넷을 통해 음성, 영상, 데이터 서비스가 이용자에게 결합상품을 통해 판매되는 것은 보완적 융합이라고 볼 수 있다.

이와 같은 미디어 융합 현상은 기존 미디어 산업에 도전과 기회를 제공하는 측면이 있다. 예를 들어 미디어 융합은 시장 지배적 미디어 사업자들의 소유지배 구조 확대, 미디어 기업 간의 수평적 또는 수직적 결합 및 독과점의 문제와 같은 산업정책 및 규제 측면에서의 문제를 가져오기도 하지만 미디어 기업들은 기업 전략 측면에서 융합을 추진함으로써 창의적인 미디어 상품을 생산하고 소비자에게 제공함으로써 경쟁력을 강화할 수도 있다. 예를 들어 최근 동영상 OTT 시장에서 글로벌 사업자인 넷플릭스 및 유튜브의 시장점유율 확대는 각 나라에서 동영상 OTT 규제 측면에서의 정책 문제를 제기했지만, 다른 한편 기존 미디어 사업자들은 수직적 통합을 통해 동영상 OTT 플랫폼 서비스를 제공함으로써 시장에서 생존하고 경쟁 우위를 확보하려는 전략을 이용하고 있다.

미디어 융합은 미디어 산업 생태계에서의 변화도 초래하고 있다. 미디어 시장에서의 융합 현상은 콘텐츠와 플랫폼, 콘텐츠 생산과 소비 등의 경계를 모호하게 만들고 있으며, 이에 따라 미디어 산업 내 가치 사슬value chain 요소들도 결합될 가능성이 커지고 있다(한국콘텐츠진흥원, 2017). 예를 들어 동영상 OTT 사업자인 넷플릭스는 플랫폼 사업자로 출발했지만, 오리지널 콘텐츠 전략을 구사하면서 현재는 전 세계에서 콘텐츠 제작비를 가장 많이 투자하는 콘텐츠 제작자이기도 하다. 반면 디즈니는 콘텐츠 사업자로 출발했지만 현재는 디즈니플러스, 훌루, ESPN 플러스와 같은 OTT 플랫폼 서비스를 제공하고 있다.

이와 같이 융합은 미디어 산업에 상당한 변화를 초래하고 있으며, 미디어 경영 분야의 심도 있는 이해를 위해서는 미디어 융합의 동인, 관련 시장 사례 및 융합이 미디어 산업에 가져오는 변화에 대한 의미 등을 고찰할 필요가 있다.

미디어 시장 융합을 촉진하는 요인들

그렇다면 미디어 시장에서 그동안 융합을 촉진해 온 요인들 무엇일까? 워스(Wirth, 2006)는 인터넷과 디지털 혁명과 같은 기술 혁신, 통신 및 미디어의 민영화를 포함한 규제 철폐, 소비자 취향의 변화, 시너지의 추구(즉, 1+1=3), 글로벌 미디어 및 통신기업 간의 인수·합병 등을 미디어 융합의 동인으로 보았다. 이와 같은 요인들을 조금 더 넓은 범위의 요인으로 생각해서 분류해 보면 놀Noll 이 제시한 미디어 서비스의 미래를 결정하는 환경적 요소와 연관된다. 놀(Noll, 2006)은 새로운 미디어 서비스의 환경적 요소를 분석하면서 기술적 요인, 재정 및 경제적 요인, 소비자적 요인, 관리와 경영적 요인 및 정책과 규제적 요인 등 다섯 가지의 요인을 새로운 미디어 상품 또는 서비스의 미래를 결정하는 요소로 제시했다.

이와 같은 분석 프레임워크를 수정·적용해 미디어 시장에서 융합을 촉진하는 요인들을 기술적 요인, 소비자 요인, 산업적 요인 및 정책적 요인 등으로 나누어 설명하면 다음과 같다.

첫째, 기술적 요인이다. 기술적 요인 중 주목할 부분은 인터넷 기술의 발전과 디지털 트랜스포메이션Digital Transformation 이다. 2000년 이후 현재까지의 미디어 시장의 융합과 진화는 인터넷 기술 혁신이 없었더라면 불가능했을 것이다. 이와 같은 논의에서 기본적으로 가장 중요한 요인 중 하나는 광대역 초고속 인터넷 서비스의 성장과 확산이다. 최근 기존의 유료 방송 시장을 대체하기 시작하고 있는 넷플릭스나 유튜브의 동영상 OTT 서비스와 같은 미디어 융합 서비스는 광대역 초고속 인터넷 네트워크의 성장과 확산 없이 결코 성공적이지 못했을 것이기 때문이다.

고정형fixed 또는 이동형mobile 광대역 초고속 인터넷 서비스는 1999년경 시작
되고 2000년대 중반에는 대부분의 OECD 국가에서 제공되기 시작했다. 2020년
6월 기준 OECD 국가들의 고정형 브로드밴드 서비스 평균 보급률은 약 32.5%였
으며, 이동형 브로드밴드 서비스의 평균 보급률은 약 115.3%에 도달했다. 즉,
이와 같은 빠른 광대역 초고속 인터넷 서비스 확산과 대역폭bandwidth 측면에서
의 혁신은 그동안 미디어 융합 현상을 가속화해 왔다고 볼 수 있다.

이와 같은 광대역 초고속 인터넷과 같은 기술 혁신과 함께 디지털 트랜스포메
이션의 가속화도 미디어 시장 융합을 촉진하는 중요한 요소라고 볼 수 있다. 디
지털 트랜스포메이션은 일반적으로 기업이 새로운 비즈니스 모델, 제품 및 서비
스를 창출하기 위해 디지털 역량을 활용함으로써 고객과 시장의 파괴적인 변화
에 적응하거나 이를 추진하는 지속적인 프로세스로 인식되고 있으며(IDC,
2015), 주로 기업 및 조직의 성과를 급속하게 향상시키기 위해 AI, 빅데이터, IoT
등의 디지털 기술을 활용하는 것으로 정의되고 있다(이상원, 2020). 디지털 트랜
스포메이션은 거시적 차원에서는 혁신적인 디지털 기술의 총체적·전면적 사회
적 영향the total and overall societal effect of digitalization 을 강조하고 디지털화의 다양한 긍
정적 또는 부정적 영향을 포함하는 매우 포괄적인 개념으로 이해되고 있으며,
이와 같은 디지털 트랜스포메이션 현상의 가속화는 미디어 서비스 이용자 경험
과 소비 측면에서 변화를 초래하고 있다. 즉 미디어 기업은 소비자의 기대를 충
족하기 위해 단순히 상품과 서비스를 제공하기보다는 소비자에게 '최적 경험'을
제공하는 것이 중요해지고 있으며 이용자의 최적 경험 제공을 위해서 미디어 기
업은 AI와 빅데이터 등의 기술을 활용해 개인화된 추천 시스템 등을 통해 '맞춤
형 서비스'를 제공하는 것이 점점 중요해지고 있다. 결국 이와 같은 디지털 트랜
스메이션의 확산은 다양한 ICT 및 미디어 기술 간의 융합을 촉진할 뿐만 아니라
미디어 산업 생태계 변화와 미디어 이용자 변화도 초래하고 있다.

미디어 시장에서 융합을 촉진하는 두 번째 요인은 소비자 요인이다. 소비자

요인에 대한 분석은 미디어 경영 및 경제 분야의 연구에서는 주로 소비자 수요와 관련된다. 다우링 등(Dowling et al., 1998)은 융합을 기술, 필요성(소비자 요구), 산업/기업(공급) 등 세 가지 영역으로 구분하고 미디어 산업 분야에서 더 새롭고 저렴한 방법으로 새로운 또는 기존의 소비자 욕구를 만족시킬 수 있는 융합 상품의 발전이 미디어 산업에서 성공의 열쇠라는 점을 강조했다.

피카드(Picard, 2000)는 미디어 융합에서 소비자적 측면을 강조하며 다음과 같이 언급했다.

융합은 커뮤니케이션에서 어떤 혁명적인 변화를 만들어낸 것은 아니다. 대신 융합의 주요한 효과는 콘텐츠 배급의 경제학을 변화시키는 새로운 범위의 경제와 통합을 만드는 유연성을 증가시키고 있다. 융합은 소비자를 위해 더 빠르고 더 쉽고 더 유연한 수단을 만듦으로써 소비자를 위한 '선택과 제어'의 증가를 가져왔다. …… 기술주도적 융합 상품과 반대되는 고객주도적 융합 상품을 개발하는 것이 절대적이다.

위와 같은 피카드의 주장과 같이 융합의 성공은 더 적은 비용과 더 편리한 방법으로 소비자들의 새로운 수요를 충족함으로써 가치를 창출할 수 있는지에 달려 있다고도 볼 수 있다. 이러한 관점에서는 동영상 OTT 서비스는 기존의 TV보다 더 적은 비용과 더 편리한 방법으로 시청자들의 새로운 수요를 충족시킴으로써 가치 혁신value innovation을 이루어냈다고도 볼 수 있을 것이다. 최근 방송시청자는 스마트 미디어의 보급 및 이용 증가, 방송 기술의 혁신 등으로 인해 기존 방송의 시간적, 공간적 제약이 약화됨에 따라, 시간적, 공간적 제약하에서 시청 가능한 프로그램을 선택하는 시청자라는 개념에서 자신이 원하는 시간과 장소에서 이용 가능한 매체를 이용해 원하는 콘텐츠를 소비할 수 있는 능동적 이용자로 변화하고 있다(황성연, 2017). 이에 따라 시청자의 상황과 취향을 고려한 선택적인 방송 프로그램 시청이 증가하고 있으며, 다양한 스마트 디바이스를 이용한 선택적 TV 프로그램 시청 증가 수요를 동영상 OTT 서비스가 충족시켰다고 볼 수 있다. 이와 함께 유료 방송 가입자들을 중심으로 VOD 중심의 다시보기 및 몰아보기binge-viewing도 증가하고 있으며 이와 같은 미디어 이용 행태 변화에 따른 잠재적 수요를 융합 미디어인 동영상 OTT 서비스가 충족시켰다고도 볼 수 있다. 이와 같이 융합의 주요 동인 중 하나는 워스(Wirth, 2006)가 지적했듯이 소비자 취향의 변화와 이에 대한 융합을 통한 충족이라고도 볼 수 있을 것이다.

미디어 시장에서 융합을 촉진하는 세 번째 요인은 산업적 요인이다. 융합을 촉진하는 산업적 동인 중 하나는 글로벌 미디어 및 통신기업 간의 인수·합병이다. 최근 미디어 시장에서의 인수·합병의 가장 좋은 예 중 하나는 동영상 OTT 시장에서의 경쟁을 위한 글로벌 기업의 인수·합병 사례들이다. 최근 글로벌 동영상 OTT 사업자들은 인수·합병 및 로컬 미디어 사업자들과의 전략적 제휴를 통해서 콘텐츠 경쟁력을 강화하면서도 글로벌 진출을 도모하고 있다. 〈표 2-1〉에서 제시된 바와 같이 주요 동영상 OTT 관련 사업자들의 인수·합병 사례는 주로 각 사업자가 동영상 OTT 사업을 위해 필요하고 콘텐츠 경쟁력을 보완 및 강화하여 향후 경쟁 우위를 확보하려는 전략적 포석이라고 볼 수 있으며, 이는 미디어 산업에서의 융합을 촉진하는 촉매제가 되고 있다. 예를 들어 2019년에 3월 디즈니는 미디어 재벌 루퍼트 머독Rupert Murdoch의 21세기폭스 엔터테인먼트를 710억 달러에 인수하는 계약을 체결하고, 이때 21세기폭스 엔터테인먼트가 보유한 훌루 지분도 함께 확보했으며, 2019년 5월 컴캐스트가 보유하고 있었던 훌루 지분 33%를 넘겨받기로 합의하면서 훌루에 대한 운영 및 통제권을 컴캐스트로부터 넘겨받은 바 있다(이상원, 2020).

AT&T와 같은 미국 거대 통신사업자는 2018년 6월 미국의 대형 미디어 콘텐츠 기업인 타임워너Time Warner를 854억 달러에 인수했으며, 2021년에는 케이블 TV 채널사업자 디스커버리Discovery를 합병하면서 총 430억 달러(약 49조 원) 규모의 합병 계약을 체결했다. 2021년에 아마존Amazon은 할리우드 주요 제작사 MGM을 총 84억 5000만 달러(약 9조 5000억 원)에 인수하기로 결정했다. 이와 같

사업자	피인수·합병 기업(년도)	인수·합병 사업 분야	인수·합병 규모
넷플릭스	밀라월드(2017)	코믹북 출판	1억 달러
	ABQ 스튜디오(2018)	TV 프로그램 및 영화 제작	300억 달러 미만(추정)
구글 (유튜브)	밴드페이지(2016)	뮤지션-팬 플랫폼	800만 달러
	페임빗(2016)	브랜디드 콘텐츠, 디지털 마케팅	비공개
아마존	트위치(2014)	게임 전용 인터넷 방송 플랫폼	10억 달러
	MGM(2021)	TV 프로그램 및 영화 제작	84억 달러 추정
디즈니	21세기 폭스 엔터테인먼트(2019)	TV 프로그램 및 영화 제작	710억 달러
	훌루(2019)	동영상 OTT 플랫폼	275억 달러(2024년 완료)
AT&T	타임워너(2018)	유료 방송 채널, TV 프로그램 및 영화 제작 배급	854억 달러
	디스커버리(2021)	유료 방송 채널, TV 프로그램	430억 달러 추정
컴캐스트	스카이(2018)	유료 방송	390억 달러

〈표 2-1〉 최근 글로벌 미디어 사업자들의 주요 인수·합병 사례
자료: 곽규태(2019) 및 이상원(2020)을 바탕으로 정보 추가 및 재구성.

은 인수·합병은 콘텐츠 측면에서의 시너지 효과를 기대하면서 한편으로는 넷플릭스, 디즈니플러스Disney+와의 시장 경쟁을 위한 것으로 이해할 수 있다.

이와 함께 새롭고 차별화된 비즈니스 모델도 미디어 시장에서 융합을 촉진하는 또 하나의 산업적 요인이라고 볼 수 있다. 좋은 예로 넷플릭스의 가입형 OTT Subscriber Video on Demand: SVOD 비즈니스 모델은 차별화를 위해 경쟁 기업에서 이용하고 있는 광고 삽입형 콘텐츠나 페이퍼뷰pay-per-view형 콘텐츠 제공을 지양하고 콘텐츠를 광고 없이 무제한으로 시청할 수 있는 가입형 정액요금제를 제시하면서 시장에서 큰 성공을 거두었다(이상원, 2020). 이와 같은 SVOD형 비즈니스 모델은 글로벌 시장에서 2018년부터 2023년까지 거래형 VOD Transactional Video on Demand: TVOD보다 두 배 이상의 빠른 성장률을 기록할 것으로 예측되고 있다.

미디어 시장에서 융합을 촉진하는 네 번째 요인은 정책적 요인이다. 좋은 예로 미국에서 1996년 텔레커뮤니케이션법의 제정은 방송과 통신 시장의 융합을 빠른 속도로 촉진했으며 이에 따른 미디어 산업에서 시장 경쟁은 촉진되었다.

국내에서도 논란이 많았던 2009년 미디어법 국회 통과는 신문 방송 겸영 규제를 철폐함으로써 신문 사업자가 방송 사업에 진출할 수 있게 되었다.

이와 같이 규제 정책의 변화는 융합 서비스에 영향을 미칠 수 있고 아울러 미디어 시장의 성장에도 영향을 미칠 수 있다. 최근 빠르게 성장하고 있는 OTT 서비스도 규제 정책의 영향이 비교적 크다고 볼 수 있다. 최근 성장하고 있는 동영상 OTT 서비스는 그동안 인터넷망을 통한 콘텐츠 제공 및 정보 제공 서비스에 대해 비교적 약한 규제를 유지해 온 인터넷 규제의 유산이 없었다면 현재와 같이 빠르게 성장하기는 어려웠을 것이다(이상원, 2020). 현재까지 국내에서 동영상 OTT 서비스는 전기통신사업법상 부가통신서비스에 속함으로써 기존 방송에 비해 약한 규제를 받고 있다.

방송통신 융합과 유료 방송 시장의 변화

방송통신 융합은 현재까지도 계속 지속되고 있지만 2005년 이후의 시기에 집중적으로 전략적으로 시도되어 왔고 정책적·제도적으로도 지원되었다고 볼 수 있다. 유료 방송과 관련해서는 2005년에 디지털 케이블 서비스가 최초로 상용화되었고, 같은 해에 위성 DMB와 지상파 DMB 서비스가 출시되었다. 2006년에는 TV VOD 서비스가 도입되었고, 2007년에는 방송통신 결합상품 판매가 허용되었다. 이러한 유료 방송 시장에서의 방송통신 융합과 관련해 가장 중요했던 사례 중 하나가 2008년의 IPTV 서비스 도입이라고 볼 수 있다. IPTV와 같은 새로운 유료 방송 플랫폼의 등장은 기존 유료 방송 시장에서 상당한 시장 변화와 성장을 가져온 것으로 보인다. 유료 방송 시장은 2008년 IPTV 도입 시기 가입자 수 약 1730만에서 2019년 약 3376만의 시장으로 성장했다.

이와 같은 방송통신 융합을 위해 정책적인 준비와 지원이 있었다. 2006년에는 방송통신융합추진위원회가 설립되고, 2008년 3월에 이명박 정부가 들어서면서 정부 조직 개편을 통해 내용 규제를 제외하고는 모든 방송 정책과 통신 정

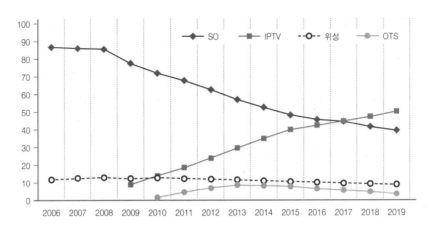

〈그림 2-1〉 서비스별 유료 방송가입자 비중 추이

자료: 방송통신위원회(2020).

책은 방송통신위원회로 일원화되었다. 이렇게 변화된 상황에서 2008년 IPTV 서비스를 제도적으로 지원하고 규율하기 위해 2008년에 인터넷멀티미디어방송사업법이 제정되고 2009년에는 미디어법이 국회를 통과하게 되었다. 이와 같은 정책적 변화는 규제 완화와 시장 경쟁 체제의 강화로 이어지면서 유료 방송 시장에서 본격적인 다매체·다채널 시대로의 진입을 가능하게 한 것으로 보인다.

〈그림 2-1〉 국내 유료 방송 서비스 가입자 추이에서 확인할 수 있듯이 최근 12년(2008~2019년) 동안 IPTV의 성장이 국내 유료 방송 시장 성장을 견인해 왔다고 판단된다. 2019년 IPTV 전체 가입자 수는 1713만으로 2017년 SO를 추월한 후 그 격차를 더욱 확대하고 있다. 현재 IPTV는 전체 유료 방송 가입자 중 절반이 넘는 50.7%를 점유하고 있다. 즉, IPTV가 국내 도입된 이후 IPTV 서비스는 케이블, 위성 및 OTS 등 다른 플랫폼 서비스를 계속해서 대체해 온 것으로 보인다. 이러한 융합으로 시장 변화는 앞서 언급했던 대체적 융합 또는 경쟁적 융합에 가까운 것으로 판단된다.

이와 같은 국내 시장에서 IPTV의 성장은 통신사업자들의 방송통신 결합상품의 경쟁력에 힘입은 바 크다. 방송 서비스를 포함한 결합상품 가입자 규모는

2019년 1496만 명이며, 증가율은 2016년 6.7%, 2017년 7.1%, 2018년 4.9%, 2019년 5.3%로 지속적으로 성장하고 있다. SO의 경우 통신사업자는 달리 이동전화 서비스를 자체적으로 제공하기 어렵기 때문에 결합상품을 통한 시장 경쟁에서 어려움을 겪어왔다고 볼 수 있다.

방송통신 시장 융합은 그동안 규제 측면에서의 갈등도 촉발해 왔다. 같은 유료 방송 시장 내에서 IPTV는 인터넷멀티미디어방송사업법에 의해 규율되고, SO와 위성은 기존의 방송법에 의해 규율됨으로 인해 플랫폼 간 차별적 규제 이슈가 지속적으로 제기되어 왔다.

동영상 OTT 서비스 시장 성장과 미디어 시장 경쟁의 변화

IPTV의 성장으로 대표될 수 있는 유료 방송 시장에서의 방송통신 융합 사례와 함께 ICT와 미디어의 융합 사례로서 최근 미디어 시장의 경쟁 변화에 가장 큰 영향을 미치고 있는 것은 동영상 OTT라고 볼 수 있다.

OTT는 'Over-the-Top'의 줄임말로 셋톱박스를 통해 케이블과 같은 유료 방송 서비스를 제공하는 것이, 인터넷을 통해 미디어 콘텐츠를 제공하는 것으로 확장된다는 의미를 내포하고 있다. OTT를 광의로 보면, 유럽전자통신규제기구Body of European Regulators for Electronic Communications: BEREC가 정의하는 바와 같이 "범용(공공) 인터넷망을 통해 최종 이용자에게 콘텐츠, 서비스 또는 애플리케이션을 제공하는 서비스"라고 할 수 있다(BEREC, 2016). 이렇게 광의로 OTT를 정의하면 범용 인터넷망을 통해 제공되는 콘텐츠, 애플리케이션 등을 제공하는 매우 다양한 서비스를 포함하게 되지만 협의로 정의하면 "범용(공공) 인터넷망을 통해 최종 이용자에게 영상 콘텐츠를 제공하는 서비스"로 미디어 분야에 한정해 정의할 수 있다(이상원, 2020).

협의로 동영상 OTT 서비스를 정의했을 때 동영상 OTT 서비스의 비즈니스 모델은 크게 보아 가입형Subscription VOD: SVOD, 거래형Transactional VOD: TVOD, 광고형

Advertising VOD: AVOD으로 구분할 수 있다. SVOD 서비스는 월정액 요금을 지불하고 서비스를 제공받는 비즈니스 모델로 안정적인 수익을 확보하고 고객 데이터를 직접 얻을 수 있다는 장점이 있지만, 최근에는 시장 경쟁이 심화되면서 독점적인 자체 제작 콘텐츠를 제공하는 오리지널 콘텐츠 전략을 구사하면서 제작이나 판권 구매에 따른 비용 지출 부담이 다른 유형의 동영상 OTT 서비스에 비해 큰 편이다.

SVOD 서비스의 대표 주자는 2020년 말까지 가장 많은 글로벌 가입자 수를 확보하고 있는 넷플릭스이다. 넷플릭스는 2020년에 이미 전 세계 가입자 수 2억 명을 돌파했으며, 코로나19 확산으로 2021년에도 더 많은 가입자 수를 확보하면서 빠르게 성장할 것으로 예상되고 있다. 2019년 11월에 출시된 디즈니플러스는 글로벌시장에 진출하면서 넷플릭스의 강력한 도전자로 주목받고 있다. 디즈니플러스는 2021년 4월 가입자 수 1억 명을 돌파했으며, 2021년 국내 시장에 진출해 국내 유료 방송사와 전략적 제휴를 맺고 PIP Platform-in-Platform 방식으로 서비스를 제공할 예정이다. 대표적인 국내 SVOD 사업자는 웨이브, 티빙, 왓챠플레이 등을 들 수 있다.

TVOD는 개별 영상 콘텐츠 구매를 수익 모델로 하며, 수익 예측이 비교적 어렵지만, 필요한 콘텐츠만 확보가 가능하고 SVOD에 비해서는 비용 부담이 적을 수 있다는 장점이 있다(이상원, 2020). TVOD의 예로는 유료 방송 사업자가 제공하는 단품 구매 서비스를 들 수 있다.

AVOD는 이용자들이 광고를 시청하는 대신 OTT 사업자는 무료로 콘텐츠를 제공하는 비즈니스 모델이다. AVOD는 고객 한 명당 창출 가능한 이윤이 적다는 특징이 있지만, 이용자가 콘텐츠를 제작하는 형태이기 때문에 비교적 적은 투자로 수익 창출이 가능하다는 장점이 있으며, 주로 인터넷 이용자 전반을 대상으로 하여 이용자 제작 콘텐츠, MCN 등의 무료 콘텐츠를 주로 제공한다(이상원, 2020). AVOD의 대표 주자는 유튜브라고 볼 수 있다. 2019년 5월 기준 유튜브의 이용자 수는 전 세계 약 20억 명으로 추정되고 있으며, 국내에서도 2019년

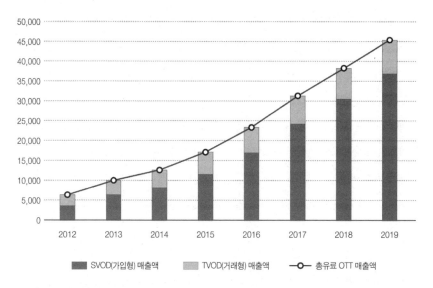

■ SVOD(가입형) 매출액   ■ TVOD(거래형) 매출액   ─○─ 총유료 OTT 매출액

〈그림 2-2〉 동영상 OTT 시장의 성장
자료: PwC(2019).

전체 모바일데이터 트래픽 중 유튜브가 차지하는 비율은 70%, 월별 총이용시간은 7억 시간으로 추정되고 있다. 특히 코로나19가 빠르게 확산되던 2020년 초이후 유튜브 트래픽은 국내에서 급속도로 증가했다. 대표적인 국내 AVOD는 네이버TV와 카카오TV를 들 수 있다.

SVOD, TVOD, PC 기반 인터넷 동영상 광고 시장 및 모바일 동영상 광고 시장을 합친 시장을 전체 동영상 OTT 서비스 시장으로 보았을 때 전체 글로벌 OTT 시장 규모는 2020년에 약 1077억 달러로 추정되고 있으며, 2024년에는 약 1630억 달러의 시장 규모로 빠르게 성장할 것으로 예상되어, 2020년부터 2024년까지 4년 동안 글로벌 동영상 OTT 플랫폼 전체 시장 규모는 약 1.51배 성장할 것으로 추정되고 있다.

유료 OTT 매출액 측면에서 보았을 때 SVOD와 TVOD를 합친 유료 동영상 OTT 서비스의 매출액은 2019년 약 463억 달러로 추정되고 있으며, 2024년에는 868억 달러 시장으로 성장할 것으로 추정된다(〈그림 2-2〉 참조). 흥미로운 점은

2019년부터 2024년까지 SVOD와 TVOD의 추정 성장률을 비교했을 때 SVOD 14.54%, TVOD 7.15%로 SVOD의 성장률이 TVOD의 두 배를 넘을 것으로 보인다.

국내에서도 동영상 OTT 플랫폼 이용률은 2017년 36.1%, 2018년 42.7%, 2019년 52%, 2020년 66.3%로 매우 빠르게 성장 중이다. 최근 국내에서는 2021년에 디즈니플러스가 국내 시장에 진출하고, 구독 경제subscription economy 확산과 함께 네이버플러스 멤버십에 티빙 OTT 서비스가 추가되고, 쿠팡의 로켓와우멤버십에 쿠팡플레이 OTT 서비스가 추가되면서 쇼핑과 OTT 서비스의 결합을 통한 시너지 효과와 범위의 경제economies of scope[1]를 추구하는 등 경쟁 환경 변화가 가속화되고 있다.

2020년 말까지 국내 SVOD 시장에서는 넷플릭스, AVOD 시장에서는 유튜브가 압도적인 성장으로 시장 1위를 유지하는 등 글로벌 대형 OTT 플랫폼의 시장 영향력은 계속 커지고 있는 상태이다. 이런 변화와 함께 국내 OTT 시장에서는 틱톡TikTok 등 일부 특화된 동영상 OTT 플랫폼에서 숏폼short-form 콘텐츠 이용이 확산되고 있으며, 국내 라이브 커머스Live Commerce 시장은 2023년까지 약 8조~10조 원의 시장 규모로 성장할 것으로 예상되고 있다.

향후 동영상 OTT 서비스는 지속적인 혁신을 통해 다양한 유형의 하이브리드 비즈니스 모델과 차별화된 서비스로 진화될 것으로 예상되고 있으며, 향후 OTT 시장 경쟁 환경은 빠르게 변화할 것으로 예상되고 있다.

그렇다면 융합 혁신 서비스인 동영상 OTT 서비스의 성장은 기존 미디어 시장에 구체적으로 어떤 변화를 초래하고 있는 것일까? 유료 방송 플랫폼 시장, 방송 광고 시장, 프로그램 제작 및 거래 시장으로 구분해서 살펴볼 필요가 있다.

동영상 OTT 서비스의 유료 방송 플랫폼 시장에 대한 영향은 기존의 방송 산업 생태계에서 가입자 유치가 비즈니스 모델이라고 할 수 있는 기존 유료 방송

---

1) 범위의 경제는 한 기업이 두 가지 이상의 제품을 함께 생산할 경우, 상호 연결되지 않은 기업에서 이들 제품을 따로 생산하는 경우보다 생산비용이 적게 드는 현상을 의미한다.

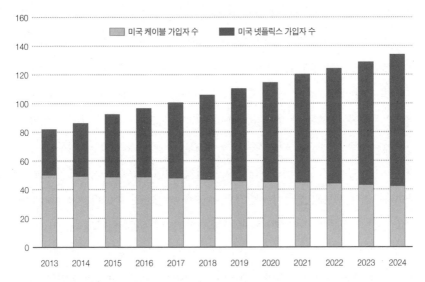

〈그림 2-3〉 미국 케이블과 넷플릭스 추정 가입자 수(2013~2024)(단위: 백만 명)
자료: Back(2019).

플랫폼인 종합유선방송so, 위성방송, IPTV에 대한 동영상 OTT 유형 중 SVOD 서비스의 영향이 주된 문제라고 볼 수 있다. 넓게 보아서는 동일한 유료 미디어 서비스 시장에 속해 있다고 볼 수 있기 때문이다. 따라서 최근에는 동영상 OTT 서비스가 기존 유료 방송 서비스를 대체할 수 있는지가 쟁점이 된다. 이와 같은 'OTT 서비스의 유료 방송 대체 가능성'은 현재까지는 나라별로 시장 환경에 따라 다른 상황을 보여준다. 미국의 경우 〈그림 2-3〉과 같이 미국 내 넷플릭스 서비스 가입자 수는 미국 케이블TV 가입자 수를 2017년에 이미 추월한 것으로 나타났으며, 미국 유료 방송 시장에서 현재의 추세가 계속된다면 넷플릭스는 2024년까지 미국의 주요 케이블 사업자의 가입자 수의 2배에 달하는 가입자 수를 확보하게 될 것이라는 추정도 존재한다.

미국 유료 방송 시장의 경우 OTT 서비스 가격 대비 기존 유료 방송 서비스 가격이 상대적으로 높은 수준이어서 OTT 서비스 이용으로 유료 방송 서비스를 해지하는 '코드 커팅Cord-cutting'이나 유료 방송 서비스 가입자가 저가 유료 방송 패키지를 선택함으로써 유료 방송에 지불하는 요금 수준을 낮추는 현상을 의미하는 '코드 셰이빙 Cord-shaving' 등의 현상이 나타나고 있다고 볼 수 있다. 그러나 국내 시장의 경우 현재까지는 미국 시장과는 다른 상황을 보여주고 있다. 국내 유료 방송 시장의 경우 2019년 전체 유료 방송 가입자 수는 전년 대비 3.2% 증가한 3377만을 기록하며 증가 추세가 지속하고 있다. 〈그림 2-1〉과 같이 유료 방송 시장에서 케이블 서비스 가입자 비중은 IPTV의 성장으로 2009년 이후 계속 하향세이지만 전체 유료 방송 가입자 수는 현재까지도 계속 증가 추세에 있기 때문이다. 즉, 현재까지는 국내에서 가입자 수 측면에서 볼 때 'OTT 서비스에 의한 유료 방송 대체'는 아직 미국처럼 뚜렷하게 나타나지 않고 있다고 볼 수 있다.

국내에서 'OTT 서비스에 의한 유료 방송 대체'가 강하지 않은 이유 중 하나는 국내 유료 방송 서비스 가격이 다른 나라에 비해서 상당히 낮다는 점이다. 2019년 기준 국내 유료 방송 사업자의 방송 사업매출 기준 ARPU는 1만 6112원, 가입자 매출 기준 ARPU는 1만 587원으로 OECD 평균인 26.8달러와 비교하면 상당히 낮은 수준이다. 이와 같이 국내에서 기존 유료 방송 서비스 가격이 다른 나라에 비해 상대적으로 저가인 원인 중 하나는 종합유선방송 사업자SO들이 시장 진입 초기에 중계유선방송 사업자RO와 경쟁하면서 저가 상품에 의존하고 IPTV와의 경쟁에서도 저가 경쟁 전략을 계속 이용해 저가 유료 방송 가격이 유료 방송 시장에서 고착화된 것이다(이상원, 2020). 또한 유료 방송 시장에서 방송통신 결합상품이 빠르게 확산되면서 방송 상품에 대한 결합할인율이 상대적으로 높았던 것도 하나의 원인이 될 수 있다. 따라서 현 국내 유료 방송 시장 상황에서는 동영상 OTT 서비스가 유료 방송 서비스를 강하게 대체하고 있다고 판단하기 어려우나 장기적인 시장 추세와 글로벌 시장의 흐름 등을 고려하면 국내에서도 동영상 OTT 시장을 계속 모니터링하면서 OTT 서비스에 의한 유료 방송 대체성을 평가할 필요가 있다.

동영상 OTT 서비스는 기존 방송 광고 시장에서도 변화를 초래하고 있다. 기존 방송 산업 생태계에서 지상파방송사, 유료 방송사, 방송 채널 사용사 등은 광

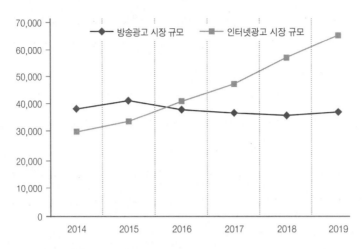

〈그림 2-4〉 국내 방송 광고와 인터넷광고 시장 규모(2014~2019)
자료: 한국방송 광고진흥공사(2020).

고비가 수익원 중 하나이다. 특히 지상파방송사는 광고비가 매우 중요한 수익원이라고 볼 수 있다. 따라서 최근 특히 유튜브와 같은 AVOD 서비스의 이용시간이 빠르게 증가함에 따라 기존 방송 광고 시장의 매출에도 영향을 미치고 있다고 볼 수 있다. 〈그림 2-4〉에서 확인할 수 있듯이 PC와 모바일을 포함한 온라인 광고 시장 규모는 2016년부터 방송 광고 시장 규모를 추월했다. 2019년 방송 광고 시장 규모는 약 3조 7710억 원으로 전년 대비 4.1%가 감소했다. 반면 2019년 온라인광고 시장 규모는 약 6조 5219억 원으로 전년 대비 무려 14.1%가 증가했다. 즉, 유튜브와 같은 AVOD의 성장은 지상파와 같은 기존 방송 광고 시장에 지속적으로 영향을 미칠 가능성이 매우 높다.

2018년 상반기 국내 인터넷 동영상 광고 매출 중 유튜브와 페이스북이 차지하는 비중은 73.1%로 글로벌 OTT가 국내 인터넷 동영상 광고 시장에서 큰 비중을 차지하고 있으며, 따라서 광고 시장에서 당분간 글로벌 OTT가 방송 광고 시장에 미치는 파급 효과는 상당히 클 것으로 예상되고 있다(이상원, 2020).

이와 함께 최근 광고주들은 OTT를 통한 광고가 광고 상품이라는 측면에서 실시간 기존 방송 광고와 유사성을 지니며, 가격, 광고 효율성, 특정 시청자 타깃팅 등의 측면에서 기존 방송 광고보다 우월하다고 인식하고 있어 향후 방송 광고 시장에 상당한 영향을 미칠 가능성이 존재한다.

동영상 OTT 서비스는 프로그램 제작 및 거래 시장에도 영향을 미치고 있다. 다양한 동영상 OTT 플랫폼의 등장과 성장은 방송 콘텐츠 산업에서 콘텐츠 제작에 대한 수요를 증가시킬 수 있으며, 동영상 OTT 플랫폼의 콘텐츠 제작 수요 증가는 국내 및 글로벌 동영상 OTT 사업자와 기존 방송 사업자가 콘텐츠 제작 인력 등 생산요소 시장에서의 경쟁을 더 심화시키는 결과를 초래하고 콘텐츠 제작 비용의 상승을 초래할 가능성이 높은 상황이다.

특히 동영상 OTT 플랫폼 간 경쟁이 치열해지면서 각 OTT 플랫폼들이 오리지널 콘텐츠 전략을 추구함에 따라 특히 프리미엄 K-콘텐츠의 제작 비용은 장기적으로 상승할 가능성이 크다고 볼 수 있다.

넷플릭스와 같은 글로벌 동영상 OTT 플랫폼들은 현지화 전략을 추구하기 위해 현지에서 오리지널 콘텐츠를 자체 제작하고 있으며, 이를 위해 해당 국가 또는 지역 거점의 콘텐츠 제작 기업들과 전략적 제휴를 실시하고 있다. 예를 들어 넷플릭스는 국내에서 콘텐츠 사업자 스튜디오드래곤(CJ ENM 자회사), 콘텐츠 사업자 JTBC콘텐츠허브(JTBC 자회사)와 전략적 제휴를 맺은 바 있다.

넷플릭스의 경우 오리지널 콘텐츠 제작을 공격적으로 추진하면서 2019년 매출액 대비 콘텐츠 재투자율이 74%에 달했으며, 제작비를 투자하면서도 안정적으로 배급권을 행사할 수 있는 시리즈물 영화 제작에 집중해 왔다. 특히 넷플릭스는 한국에서는 드라마와 영화, 일본에선 애니메이션, 인도에선 영화 등 로컬 콘텐츠의 장점을 극대화하면서 해외 진출한 나라에서 제작 기반을 지속적으로 확장하고 있다.

오리지널 콘텐츠에 대한 투자는 독점 콘텐츠를 통해 다른 동영상 OTT 기업과의 차별화를 추구한다는 측면도 있지만, 오리지널 콘텐츠 투자를 통해 콘텐츠 경쟁력을 제고하고, 더 많은 가입자를 유치해 선순환을 유지하려는 전략이라고 볼 수 있다(이상원, 2020). 즉, 오리지널 콘텐츠 투자를 통해 더 많은 가입자를 유치하게 되면, 콘텐츠 투자액을 다시 증가시키고 향후 더 많은 가입자를 다시 확보하는 선순환 체계를 확보하려는 전략이라고 볼 수 있다. 이러한 맥락에서 콘텐츠 규모의 경제가 존재하는 미디어 산업의 특성을 고려했을 때 오리지널 콘텐츠에 대한 투자는 장기적으로 효율성을 창출할 수 있다.

이와 같이 동영상 OTT 플랫폼 사업자들의 오리지널 콘텐츠 전략은 OTT 사업자와 기존 방송 사업자 간의 콘텐츠 확보 경쟁 상황에서 기존 방송사-제작사 간 거래 및 제작 환경에도 변화를 초래할 수 있으며, 이러한 변화는 콘텐츠 제작사에게 유리한 방향으로 작용할 가능성이 높다고 판단된다(이상원, 2020).

한편 넷플릭스나 디즈니플러스와 같은 글로벌 동영상 OTT 사업자의 성장과 글로벌 동영상 OTT 사업자에 의한 K-콘텐츠 유통은 긍정적 효과와 부정적 효과를 가져올 가능성도 있다. 글로벌 동영상 OTT 사업자의 콘텐츠 유통을 통해 한류가 확산되고 해외시장 매출이 확대될 가능성을 기대할 수 있는 반면 글로벌 동영상 OTT 사업자를 통한 콘텐츠 유통 의존도가 커질 경우 장기적으로 국내 콘텐츠 사업자의 협상력 약화라는 부정적 효과를 가져올 수 있을 것이다. 이와 같은 상황에서는 한편으로는 글로벌 OTT를 통한 해외 콘텐츠 유통을 하나의 플랫폼이 아닌 여러 플랫폼으로 다변화하는 동시에 국내 OTT 플랫폼들이 해외에 공격적으로 진출해 K-콘텐츠 공급의 일부를 담당할 필요성도 제기되고 있다. 이와 같이 융합 서비스인 동영상 OTT 서비스는 기존 방송 시장의 영역에 다양한 영향을 미치고 있다.

한편 OTT 사업자들은 유료 미디어 시장에서 경쟁 우위 확보를 위해 다양한 가격 전략도 구사하고 있다. 예를 들어, 2019년 11월에 출시된 동영상 OTT 서비스인 애플 TV 플러스와 디즈니플러스는 시장 침투 가격 전략market penetration price strategy 을 구사한 바 있다. 시장 출시 당시 애플 TV 플러스의 출시 가격은 월 4.99 달러이고, 디즈니플러스 월 6.99달러에 출시되었으며, 디즈니플러스의 경우 2019년 11월 서비스 출시 이전의 선주문에 관해서는 더 낮은 요금인 36개월 약정에 169.99달러(월 4.72달러)로 가격을 설정했다. 이와 같은 시장 침투 가격 전략은 특히 규모의 경제를 달성할 수 있을 때 효과적일 수 있으며 시간이 지나면서 많은 이용자를 확보할 경우 비용 우위cost leadership 확보를 가능하게 하는 장점도 있다(이상원, 2020).

OTT 사업자들은 공격적인 시장 진출을 위해 결합상품 전략bundling strategy도 구사하고 있다. 애플 TV 플러스는 애플 뮤직, 애플 뉴스플러스와 애플 TV 플러스를 하나로 묶는 구독 패키지를 제공하는 전략을 2020년부터 구사하고 있으며, 디즈니는 2019년 11월 디즈니플러스 출시와 함께, 디즈니플러스, 훌루 및 ESPN 플러스를 동시에 12.99달러에 제공하는 결합상품을 제공하고 있다.

이와 같은 동종 및 이종 미디어/ICT 서비스를 묶는 결합상품 전략은 범위의 경제economies of scope 실현을 통해 이용자 편익과 효율성을 동시에 증대시키는 효과가 있으며, 시너지 효과를 창출할 수 있는 전략이라고 볼 수 있다(이상원, 2020).

융합 미디어 서비스와 미디어 시장의 정책 문제

미디어 산업적 측면에서 융합의 동인은 다양하다. 인터넷과 디지털 혁명과 같은 기술적 요인, 글로벌 미디어 및 통신기업 간의 인수·합병 등과 같은 산업적 요인, 미디어 이용자의 취향과 행태 변화와 같은 소비자적 요인, 규제 완화와 같은 정책적 요인들은 최근 미디어 시장의 융합과 변화를 촉발한 중요한 동인이라고 볼 수 있다.

디지털 트랜스포메이션의 심화로 인해 미디어 융합은 미디어 산업 생태계에서의 변화를 초래하고 있으며, 향후 콘텐츠와 플랫폼, 콘텐츠 생산과 소비, 온라인과 오프라인의 경계는 지금보다 더 모호해지면서 미디어 산업 내 가치 사슬 요소들도 결합될 가능성이 커지고 있다(한국콘텐츠진흥원, 2017).

앞서 살펴본 방송통신 융합 사례와 동영상 OTT 서비스의 시장 성장 사례들은 융합이 미디어 시장의 성장을 가져올 수 있는 중요한 전략임을 함의한다. 즉, 융합은 미디어 시장에서 혁신을 가능하게 하고 혁신적인 미디어 서비스는 성장을 가능하게 한다.

피카드(Picard, 2000)가 강조했듯이 융합은 미디어 산업에서 혁명적인 변화를 반드시 이루어낸다기보다는 새로운 범위의 경제를 만들어내면서 수직적 또는 수평적 통합을 통해 규모의 경제를 가능하게 하기도 한다.

그러나 융합이 항상 긍정적인 변화만을 가져오는 것은 아니다. 융합은 기존의 규제 체계가 현상을 통제하기 어렵게 만드는 측면이 있고 다양한 정책 문제를 촉발하고 있다. 예를 들어 글로벌 동영상 OTT 사업자들은 융합과 콘텐츠 규모의 경제를 통해 시장 효율성을 증대시키고 이용자 만족도가 높은 혁신 서비스를 제공하는 한편 기존의 규제 체계로 해결하기 어려운 경제적·사회적 정책 문제를 유발하고 있다. 또한 다양한 유형의 동영상 OTT 서비스의 등장은 기존의 유료 방송 서비스(또는 유료 미디어 서비스)의 시장 범위를 어디까지로 정해야 할지를 모호하게 만들고 있다. OTT와 같은 융합 서비스를 위한 진입 규제, 소유 겸영 규제, 내용 규제, 광고 규제 및 경쟁 관련 규제는 어떤 대안이 적합할 것인가?

이러한 미디어 산업 정책적 난제들을 다루기 위해서는 산업적 측면에서의 혁신 성장, 이용자 선택에 기반한 이용자 편익 증대, 이용자 보호 등 다양한 가치가 공익적 관점에서 균형 있게 고려될 필요가 있다.

SUMMARY

인터넷과 디지털 혁명과 같은 기술적 요인, 글로벌 미디어 및 통신 기업 간의 인수·합병 등과 같은 산업적 요인, 미디어 이용자의 취향과 행태 변화와 같은 소비자적 요인, 규제 완화와 같은 정책적 요인들은 최근 미디어 시장의 융합과 변화를 촉발한 중요한 동인이라고 볼 수 있다. 디지털 트랜스포메이션의 심화로 인해 미디어 융합은 미디어 산업 생태계에서의 다양한 변화를 초래하고 있으며, 미디어 산업 내 가치 사슬 요소들도 결합될 가능성이 커지고 있다. 방송통신 융합 및 동영상 OTT 서비스의 시장 성장과 같은 사례들은 융합이 미디어 시장의 성장을 가져올 수 있는 중요한 전략임을 함의한다.

생각해 볼 문제

1. 미디어 산업에서의 대체적 융합과 보완적 융합의 다양한 사례로는 무엇이 있는가?
2. 미디어 산업에서의 범위의 경제의 예로는 어떠한 것이 있는가?
3. 향후 동영상 OTT 서비스의 비즈니스 모델은 어떻게 변화할 가능성이 있을 것인가?
4. 융합이 미디어 산업에 미칠 수 있는 부정적인 측면은 어떤 것이 있는가?
5. 동영상 OTT 서비스의 정책 문제는 어떤 것이 있는가?

참 고 문 헌

곽규태. 2019. 『OTT와 미디어 규제모델』. ICT 정책 지식 디베이트 시리즈 2.
방송통신위원회. 2020. 「2020년도 방송시장 경쟁상황 평가」. 방송통신위원회.
이상원. 2020. 『디지털 트랜스포메이션과 동영상 OTT 산업』. 한울엠플러스.
한국방송광고진흥공사. 2020. 「2020 방송통신광고비 조사」. 한국방송광고진흥공사.
한국콘텐츠진흥원. 2017. 「인간, 콘텐츠 그리고 4차 산업혁명: 변화와 대응」. 『KOCCA 포커스』,
    17-03호.
황성연. 2017. 「공영방송 콘텐츠 소비 현황과 전망」. ≪방송문화연구≫, 29권 2호, 53~78쪽.
Back, H. 2019. "Netflix will have twice as many US subscribers as cable within 5 Years."
    https://www.killthecablebill.com/netflix-2x-us-subscribers-as-cable/
Body of European Regulators for Electronic Commerce. 2016. *Report on OTT services*. Riga:
    BEREC.
Dowling, M., C. Lechner, and B. Thieldmann. 1998. "Convergence-Innovation and change of
    market structures between television and online services." *Electronic Markets*, 8(4), pp
    31~35.
Greentein, S. & T. Khanna. 1997. "What does industry convergence mean?" In D.B.
    Yoffie(Ed.). *Competing in the age of digital convergence*. Boston: Harvard Business
    School Press. pp.201~226.
IDC. 2015. *Digital Transformation(DX): An opportunity and an imperative*.
Jenkins, H. 2001. "Convergence? I diverge." *MIT Technology Review*, June. p.93.
Noll, M. A. 2006. *Evolution of Media*. Lanham: Rowman Littlefield Publishers.
Picard, R. G. 2000. "Changing business models of online content services." *The International
    Journal on Media Management*, 2, pp.60~68.

PwC. 2019. *Global entertainment and media Outlook: 2019-2023*.

Wirth, M. O. 2006. "Issues in media convergence." In A. Albarran, S. Chan-Olmsted, and M. Wirth(Eds.). *Handbook of Media Management & Economics*. Mahwah: Lawrence Erlbaum Associates. pp.445~462.

Yoffie, D. B. 1997. *Competing in the age of digital convergence*. Boston: Harvard Business School Press.

03 미디어 상품과 서비스의 이해

이윤, 상품주기, 혁신, 위험

홍성철

미디어 상품의 수익은 다양한 곳에서 나온다. 미디어 기업은 단순히 소비자에게 상품을 직접 판매할 뿐만 아니라 광고, 구독 및 수신료, 라이선스 등 다양한 방식으로 수익을 얻는다. 미디어 상품은 고위험, 고이익(High risk, high return)의 특성을 갖고 있다. 이는 무엇보다 시장에서 인기를 끄는 히트작을 만들기 힘들기 때문이다. 하지만 일단 히트 상품을 만들면 추가 비용 없이 수익을 지속적으로 올릴 수 있다. 소비자들의 미디어 소비 행태는 단순히 콘텐츠의 질로만 예측할 수 없다. 미디어 상품은 사회적 환경 변화와 소비자의 트렌드 등에 민감하게 반응하는 등 불확실성의 요소가 많다.

미디어 상품의 특징

우리가 일상적으로 사용하는 '미디어'라는 말에는 두 가지 의미가 담겨 있다. 먼저, 기억을 저장하는 기술을 지칭한다(볼츠, 2007: 26). 상징 체계로서 문자의 발명은 바로 기억을 저장하는 기술의 발달을 의미한다. 책, 신문, 잡지, 영화 등이 우리의 경험을 기억하는 수단이다. 또한 미디어는 사람과 사람 사이의 커뮤니케이션 수단을 지칭하기도 한다. 바로 편지와 전신, 전화 등이 대표적인 커뮤니케이션 수단이라 할 수 있다. 라디오와 텔레비전, 위성은 인간의 경험을 담은 콘텐츠를 전기적 커뮤니케이션 수단을 활용해 전달한다.

미디어 상품에도 크게 두 가지 개념이 혼재되어 있다. 첫째는 메시지 혹은 콘텐츠를 담아 소비자들에게 보내는 수단을 말한다. 이 같은 전달 수단으로서 미디어 상품을 흔히들 콘텐츠의 유통 채널 혹은 플랫폼이라고도 부른다. 두 번째는 그 전달 수단 속에 들어가 있는 메시지 혹은 콘텐츠 그 자체를 일컫는다. 미디어 콘텐츠에는 인간의 경험이 담겨 있다(Silverstone, 1999: 5). 뉴스, 드라마, 영화는 물론 게임과 음악에도 인간의 경험이 녹아 있다. 그렇기에 미디어를 소비하는 것은 다른 사람의 경험을 소비하는 것이 된다. 우리는 인간의 경험을 담은 콘텐츠와 전달 수단의 의미를 혼합해 사용하고 있다. 이는 이 두 개념이 분리될 수 있지만 때로는 분리되지 않을 수도 있기 때문이다. 책이나 신문, 잡지 등은 내용물을 전달 수단과 함께 판매한다. 반면, 라디오와 텔레비전, 게임 등은 전달 수단과 콘텐츠를 분리해서 판매하고 있다.

매 4년마다 열리는 올림픽이나 월드컵경기의 TV 생중계를 생각하면 전달 수단으로서 미디어와 내용물로서 콘텐츠를 분리해 쉽게 이해할 수 있다. 올림픽 경기와 월드컵 경기는 인간의 경험을 담은 미디어 콘텐츠이다. 어떤 사람들은 직접 경기장을 찾아 해당 게임을 본다. 하지만 더 많은 사람들은 가정에서 TV를 통해 중계되는 경기를 보게 된다. 올림픽 경기와 월드컵 경기가 콘텐츠라면, TV는 바로 콘텐츠를 전달하는 수단이 된다. 올림픽 경기와 월드컵 경기의 콘텐츠에 대한 소유권은 방송사가 아니라 국제올림픽위원회IOC와 국제축구협회FIFA가 갖고 있다. 방송 채널을 갖고 있는 방송사는 IOC와 FIFA에 막대한 돈을 지불하고 그 콘텐츠를 구입해 시청자들에게 전달하고 있다. 방송사는 TV 방영권을 구입할 때에는 실시간 중계뿐만 아니라 녹화 중계의 권리, 또 웹페이지 및 모바일을 이용한 중계권리 등까지 구입하게 된다. IOC나 FIFA 등은 한 국가 안에서 다른 방송사가 마음대로 해당 콘텐츠를 사용하지 못하도록 배타적 독점권을 부여함으로써 중계권을 구입한 방송사의 콘텐츠 판매 수익을 극대화하도록 지원하고 있다.

미디어 콘텐츠는 인간의 경험을 기억해 재현하는 방식으로 구성되어 있다. 그러다 보니 미디어 콘텐츠는 실제 서비스 상품을 구입해 사용한 뒤에야 그 상품의 품질을 알 수 있는 경험재experience goods로서 특성을 갖고 있다(Nelson, 1970). 사전에 탐색을 통해 그 특성을 알 수 있는 탐색재search goods와는 큰 차이가 있다. 미디어 상품의 판매자들은 경험재인 콘텐츠의 일부분을 보여주고, 소비자들로 하여금 구매를 유도하기도 한다. 가령 영화의 경우 '예고편movie trailer'을 통해서 영화 속에 가장 흥미진진하거나 스펙터클한 장면을 일부 보여주고 소비자들로 하여금 영화관으로 오라고 권유한다. 소비자들은 일부만을 보고 영화 전체에 대한 구매 여부를 판단하는 셈이다. 물론 구매에 앞서 신문과 잡지 등을 통해 전달된 비평가의 평가나 영화를 본 주변 사람들의 이야기 등을 참고하기도 한다.

미디어 상품의 또 다른 특징은 문화 상품cultural goods이라는 것이다(정회경, 2013: 6). 한 나라의 문화와 정서를 담고 있을 뿐만 아니라 국민들의 지식 및 여론 형성에도 영향력이 크다. 그렇기 때문에 각국 정부들은 문화 상품으로서 미디어 산업을 보호하려는 노력을 기울인다. 가령, 현행 방송법은 외국인이나 외국 기업은 지상파방송국의 지분을 구입하지 못하도록 금지하고 있다. 또 보도채널과 종합편성채널의 경우에는 외국인 지분을 허용했으나 각각 10%, 20%로 제한을 두고 있다. 그뿐만 아니라 국내 신문사나 대기업의 지상파방송의 소유 지분을 10% 이내로 규제하고, 신문/ 대기업의 종합편성 및 보도채널에 대한 지분 소유를 30% 이내로 규제하고 있다. 영화의 경우도, 자국 내 영화관에서 상영되는 해외 영화의 비율을 일정 수준으로 정하는 스크린 쿼터 제도를 사용하기도 한다. 이는 문화 상품으로서 미디어 상품이 국민들의 의식과 여론 형성에 미치는 영향력을 고려해, 특정인(외국인 포함) 혹은 특정 기업에 의해 좌지우지 되는 것을 막기 위해서이다. 문화 상품을 생산하는 분야를 흔히들 문화 산업cultural industries 이라고도 부른다. 1990년대 들어서 호주와 영국에서는 문화 산업을 창조 경제 creative economy 의 핵심 축으로 꼽기 시작했다.

미디어 상품의 또 다른 특징은 규모의 경제가 적용되는 상품이라는 것이다 (Picard, 2005: 64). 경제적 의미로서 규모의 경제란 생산량이 많아지면서 평균 생산비용이 하락하는 것을 일컫는다. 미디어 상품은 최초 상품 출시에 높은 고정비용이 투입되지만 그 복제를 위해서는 낮은 가변비용이 필요하다. 그렇기 때문에 상품이 많이 소비되면 한계비용marginal costs 이 절감되면서 제작자가 큰 이익을 보게 된다.

또한 범위의 경제 역시 미디어산업을 이해하는 데 중요한 개념이다. 한 기업이 두 개 이상의 상품을 생산했을 때 드는 비용이 다른 개별 기업들이 제품을 각각 생산했을 때보다 적게 든다면 범위의 경제가 성립된다. 대체로 인력, 생산 및 유통 라인을 공유하면서 효율성을 높인다. 예를 들어 가죽을 다루는 구두 회사가 구두만을 생산하는 것보다 지갑, 가방 등을 함께 생산해 판매한다면 인력과 자원의 활용도가 높아지게 된다. 마찬가지로 한 잡지사에서 여러 개 브랜드의 잡지들을 발행한다면 취재 및 사진기자 등의 인력 공유, 인쇄시설 및 배달망 공유를 통해서 시너지 효과를 거둘 수 있다.

미디어 상품과 서비스

미디어는 인간의 경험을 기억해서 전달해 준다. 그 과정에서 어떠한 감각기관을 이용해 메시지를 전달하는지에 따라 미디어 상품을 구분할 수 있다(매클루언, 2011). 예를 들어 인쇄 매체의 경우에는 우리의 눈, 시각을 이용한 매체라고 할 수 있다. 반면에 라디오의 경우는 우리의 청각에 호소하고 있다. 텔레비전, 영화, 비디오 등은 우리의 시각과 청각을 동시에 활용하도록 한다.

인쇄 매체는 많은 양의 정보를 담고 있다. 이 정보를 읽고 해석하기 위한 인간의 노력을 필요로 한다. 반면 청각 및 시청각 매체들은 정보의 양은 한정되어 있지만 보다 효율적으로 우리를 집중하게 만든다. 같은 시청각을 이용하는 매체라고 하더라도 영화와 TV는 또 다르다. 무엇보다 영화관에서는 TV보다 넓은 화면을 통해 영상이 전달되면서 관객들로 하여금 더 몰입하게 만든다. 또한 TV의 발달과 대응, 경쟁하기 위해서 영화관은 음향에도 더 큰 비용을 들였기에 입체감 있는 음향효과도 얻을 수 있다.

인쇄 매체에도 차이는 존재한다. 대부분의 사람들은 책을 읽을 때 혼자서 집중해서 읽는다. 반면 잡지나 신문의 독자들은 조금은 느긋하게 콘텐츠를 소비한다. 바로 이러한 차이점은 미디어 소비자들로 하여금 다양한 미디어 상품 중에서 특정 상품을 이용하도록 이끄는 배경이기도 하다. 비록 새로운 미디어가 다른 미디어를 대체하는 것처럼 보이지만 실제로 100% 대체하지는 못한다. 텔레비전이 발달하더라도 라디오를 대체하지 못했으며 케이블 TV의 발전에도 불구하고 공중파 TV 역시 나름의 역할을 하는 것이 그 단적인 예라고 할 수 있다.

미디어 상품 사이에 형식과 내용에서 매우 다양하다는 점에서 제품 차별화 product differentiation가 크다고 할 수 있다. 먼저 각 미디어가 갖고 있는 장단점이 다르다는 것이 인간은 자신의 필요한 욕구에 따라 각기 다른 미디어를 선택해서 소비할 수 있는 배경이 된다. 즉, 소비자들은 다양한 미디어 상품이 제공해 주는 서비스의 특징을 이미 잘 알고 있으며 특징을 비교해서 구매하고 있다. 미디어의 효과이론 중 하나인 이용과 충족이론uses and gratifications의 기본 전제는 소비자들은 영화와 라디오, TV, 신문, 잡지 등 매체들의 효용성을 잘 알고 있고 이를 활용, 능동적으로 자신에게 필요한 욕구를 충족시키는 방향으로 매체를 이용한다는 것이다.

미디어 상품은 1회 단발성 상품이기도 하지만 어떤 상품은 여러 차례 시리즈로 제작, 판매되기도 한다. 책, 영화, 게임 등은 처음 제작할 당시부터 독립되고 완결된 구조를 갖고 있다. 그러다 보니 홍보 및 판매도 그 완결된 콘텐츠를 대상으로 한다. 반면에 신문이나 잡지, TV연속극 등은 일관된 포맷 속에 조금씩 달라지는 에피소드를 담고 있다. 물론 그 자체로 완결된 구조를 갖고 있지만 하루하루 같은 포맷 속에 콘텐츠에 일부 변용들이 자리 잡고 있다. 그렇기 때문에 TV연속극의 경우, 에피소드를 시청하지 않으면 연속극의 전개를 잘 알 수 없을 뿐만 아니라 재미를 느끼지 못하는 경우가 많다. 또한 시트콤 같은 프로그램의 경우에는 비록 매번 같은 형식이지만 그 내용은 한번으로 완결되기 때문에 연속적인 시청을 하지 않더라도 재미가 반감되지 않는다.

이러한 차이는 기업들의 상품 전략에도 영향을 미친다. 즉, 단발성 상품의 콘텐츠를 주로 제작하는 경우에는 위험의 분산 등을 고려해야 한다. 늘 히트 상품을 만들 수 없기 때문에 시장에서 성공하지 못했을 경우 손해를 최소화하는 방법을 선호하게 된다. 또한 히트 상품에서 나온 이득을 다른 실패 상품에서 발생하는 손해를 만회하는 데 사용하게 된다. 실패에 대한 두려움 때문에 모험을 삼가는 대신에 기존에 성공했던 작가, 배우, 감독 등을 고용해 성공한 법칙을 따르게 된다. 반면에 연속 제작 콘텐츠에서는 새로운 작가, 배우, 감독 등이 발탁되는 경우가 많다. 방송사의 후원 아래 지속적으로 방송 출연의 기회를 얻게 되면서 차츰 지명도를 높여갈 수 있는 여지가 있는 것이다. 또한 방송제작업자의 경우에도 시청자들의 반응에 맞춰 작품의 완성도를 높여갈 수도 있다. 또한 영화나 서적 등에서 단발성 상품이 성공을 거두면 이를 바탕으로 시리즈로 제작되는 경우도 있다. 즉 이미 소비자를 확보한 히트 상품을 바탕으로 제작된다.

미디어 상품은 커뮤니케이션 기술의 발달에 따라 발전해 왔다. 그 과정에서 각 미디어 상품마다 서로 구별되는 특징을 갖고 있었다. 즉, 종이 매체인 신문과 서적, 라디오, 텔레비전 등은 확연히 구분되는 특정 매체만의 특징을 갖고 있었다. 하지만 최근의 기술 문명의 발달은 미디어 상품 간의 경계를 허물고 있다.

가령 라디오의 경우, 전통적인 방식은 라디오 수상기를 통해 음악과 뉴스 등을 전해 듣는 것이었으나 최근에는 라디오 수상기를 통해 듣는 사람들은 극히 적다. 대부분 차량에 설치된 라디오를 통해 듣거나 인터넷 라디오를 통해 접속한다. 또한 보이는 라디오 등을 통해서 이제는 TV와 라디오의 경계가 무너진 프로그램도 전송되고 있다.

디지털화는 상품에 대한 통제권을 바꾸어놓기도 한다. 예를 들어, 책을 구입한다면 소비자는 그 책에 대한 통제권을 온전히 갖게 된다. 자신의 서재에 놓고 언제든지 그 책을 읽을 수 있었다. 하지만 라디오와 TV 프로그램은 소비자들이 선택하는 것이 아니라 방송국에서 정한 일정 시간 안에 청취 혹은 시청해야만 했다. 만약 저녁 9시에 친구와 약속이 있어서 커피숍에 있었다면 그날 방영된 9시 뉴스를 볼 수 있는 기회를 영영 놓치게 된다. 하지만 요즘에는 9시 뉴스를 실시간으로 시청하지 않더라도 인터넷 접속을 이용해 놓친 뉴스 프로그램을 시청할 수 있다. 이는 프로그램의 통제권이 방송 사업자에게서 점차적으로 소비자에게 옮겨감을 의미한다. 넷플릭스나 웨이브, 티빙 등의 OTT 서비스를 이용할 경우, 소비자는 언제든지 해당 프로그램을 볼 수 있으며 때에 따라서는 건너뛰기를 통해 중간 내용을 생략하고 처음과 끝 장면만 볼 수도 있다.

미디어 상품의 수익

미디어 기업들은 상품을 이용자들에게 판매해서 수익을 얻고 있다. 하지만 상품으로서 미디어 콘텐츠는 이용자에게 직접 전달되어야만 이익이 발생하는 것은 아니다. 얼마의 이용자에게 미디어 상품이 전달된다는 전제를 하고, 그 이용자들의 노출 시간을 광고주에게 판매하기도 한다. 이는 미디어 상품이 이중 상품시장dual product market에서 유통되고 있기 때문이다. 즉, 소비자에게 콘텐츠를 직접 판매할 수도 있고, 소비자의 시간을 광고주에게 판매할 수도 있다. 이중 상품시장이 형성되면서 미디어 상품 생산자는 제조단가의 일정 부분을 광고 수입에 의존할 수 있게 되면서 판매가격을 낮출 수 있게 된다. 하지만 이용자 시장과 광고주 시장의 구성 비율은 미디어 상품에 따라 각기 다르다.

직접 판매 Direct Sales

소비자가 직접 물건을 구입하는 경우는 소비자가 지불한 돈은 그대로 판매업자의 수입이 된다. 가령 책이나 CD를 서점에서 구입할 경우, 서점은 수수료를 제외한 상품 값을 출판사나 음반업자에게 보내게 된다. 그와 동시에 서점은 재주문을 통해 이미 팔린 책이나 CD를 공급받아 선반 등에서 판매한다. 비록 미디어 상품은 이중 상품시장을 기본으로 하고 있지만 책의 경우에는 거의 광고 수익이 발생하지 않는다. 즉, 출판사의 수익은 거의 전적으로 독자들에게 책을 판매하면서 발생한다. 물론 서점에서 팔리는 잡지는 같은 종이 인쇄물이지만 광고 수익에 상당 부분 의존한다. 심지어 일부 잡지는 수익의 100%를 광고에 의존하기도 한다.

대여 Rentals

대여는 제작업자 혹은 대여사업자가 직접 물건을 소비자에게 빌려주면서 이익을 남기는 방식이다. 책과 만화, 영화 DVD의 경우가 가장 대표적인 대여 상품이다. 이는 미디어 상품이 경험재라는 속성을 잘 활용한 것이다. 소비자는 구입해서 소유하기보다는 저렴한 가격으로 미디어 상품을 빌려서 그 내용을 경험하고, 대여사업자는 여러 번 대여를 하여 이익을 창출할 수 있다.

구독료 subscriptions와 구독 경제

구독은 단품의 제품이 아니라 이어지는 제품에 대한 지속적인 소비 방식을 말한다. 이 경우 미디어 상품 제작회사는 단품으로 구입하는 것보다는 가격을 할인해 주면서 소비를 이끌어낸다. 케이블TV, 신문, 잡지, 게임 등도 이러한 방식으로 요금을 징수한다. 가령, 신문사의 경우 가정 및 사무실 독자들을 상대로 집

구독 경제와 미디어 기업

전통적으로 구독 경제의 대표적 상품은 신문과 잡지였다. 신문사와 잡지사는 매일 혹은 매주 각 가정으로 신문과 잡지를 배달해 줌으로써 안정적인 판매 수입을 얻을 수 있었다. 구독자 수가 신문사와 잡지사의 영향력을 상징하면서, 광고비 산정의 기본 지표가 되었다.

넷플릭스는 이러한 종이 매체의 구독 모델을 영상 매체로 확장시켰다(Helft, 2007). 넷플릭스는 1997년 설립 초기 매우 단순한 혁신으로 출발했다. 영화 DVD 대여와 반납을 위해 직접 매장을 방문하는 번거로움을 해소하는 방식으로 우편 발송, 반납을 고안했던 것이다. 또 반납 지연에 따른 연체료를 폐지하고 구독료 월정액을 내도록 하면서 오랫동안 비디오 대여 시장을 장악하고 있던 블록버스터(Blockbuster)의 아성에 도전했다. 창업자 리드 헤이스팅스(Reed Hastings)의 목표는 간단했다. "비디오 대여 방식보다 편리한 방식으로 영화 시청을 가능하도록 만들자"는 것이었다.

DVD 우편 발송업으로 시작한 넷플릭스는 2007년 스트리밍 서비스를 도입했다. 브로드밴드 통신의 확산으로 영상 콘텐츠의 소비가 DVD 플레이어를 넘어서 데스크탑 PC, 스마트폰, 태블릿PC 등으로 옮겨가는 흐름을 활용한 것이다. 스트리밍을 통한 영화 및 TV 프로그램 제공은 DVD 배송 과정에서의 우편 요금의 절감뿐만 아니라, 영화 시청 속도를 빠르게 했다. 또한 DVD 환수를 위한 노력조차 무의미하게 만들었다. 그러면서 TV 시리즈 몰아보기(Binge Watching)라는 새로운 미디어 소비 양식을 창출해 냈다(Adalian, 2018).

넷플릭스는 2011년에는 기존 영화와 TV 콘텐츠뿐만 아니라, 자체 제작한 〈하우스 오브 카드〉 등과 같은 오리지널 콘텐츠 제작에도 나서기 시작했다. 이를 통해 영화관이나 TV 네트워크에서 먼저 상영했던 콘텐츠를 시차를 두고 OTT에서 방영하는 미디어 상품의 창구화 과정을 무시하고, 영화관과 동시에 넷플릭스를 통해 영상 콘텐츠를 제공하기 시작했다.

넷플릭스는 2017년에 미 전체 가구의 73%가 가입한 보편 서비스로 발전했다. 2018년에는 117개국에서 1억 1700만 명의 구독자를 확보했다. 2020년에는 코로나19의 확산으로 사람들이 극장가기를 꺼려함에 따라, 넷플릭스의 구독자 수는 2020년 2분기에는 가입자가 1억 명이 넘게 증가했다. 2021년 3월 말 현재, 2억 7640만 명이 구독하고 있으며 이들 중 7400만 명이 미국과 캐나다 등 북미 고객이다.

넷플릭스의 목표는 단순히 보다 많은 고객에게 서비스를 제공하는 것이 아니라, 고객층을 세분화하고, 그들이 원하는 다양한 프로그램, 오락 콘텐츠 제공하는 것이다. 이를 위해 소비자의 취향을 분석하고 비슷한 취향의 사람들을 묶어서 취향 클러스터(taste cluster)를 만들어 소비자에게 제공하고 있다. 구독자의 데이터 분석을 통해 소비자들에게 편리함과 함께 서비스 만족을 제공하는 것이다.

이나 사무실까지 배달해 주고 월마다 해당 요금을 징수한다. 물론 독자들은 지하철역이나 기차역, 버스정류장 등의 신문가판대에서는 직접 하루치의 신문을 구매하기도 한다. 하지만 신문을 정기구독하면 매일 가판대에서 해당 신문을 구매하는 것보다 저렴하다.

구독에 의한 미디어 상품 판매는 최근 미디어 콘텐츠의 디지털화에 따라 새롭게 주목받고 있다. 대표적인 것이 바로 음원 서비스 시장이다. 소비자들은 노래 한 곡을 낱개로 구매하기보다는 멜론, 지니뮤직, 플로, 바이브 등의 음원 서비스 회사에 월정액을 내고 다양한 노래를 무한정 듣고 있다. 넷플릭스, 웨이브, 티빙, 왓챠 등과 같은 OTT 서비스 역시 구독에 바탕을 두고 판매되고 있다. 구독에 의한 상품 판매가 일상화되면서 구독 경제라는 용어마저 탄생했다.

사용료 usage fees

소비자가 국제 전화나 로밍 전화를 하는 경우, 전화망이라는 서비스를 이용하는 만큼의 금액을 지불해야 한다. 이를 서비스 사용료usage fee라고 한다. 개인의 창작물인 미디어 콘텐츠를 이용할 때에도 사용료를 지불해야 한다.

영화관에서 최신 영화를 보는 경우, 우리는 영화라는 콘텐츠를 사용하고 이에 대한 대가를 지불한다. 노래방에서 노래를 부르는 경우에도 사용자는 해당 음원의 사용료를 지불한다. 그러면 노래방 업자는 이를 모아서 음악저작권협회를 통해 해당 노래의 작사가와 작곡자에게 저작권료royalty fee로 지급한다. 소설이나 웹툰의 스토리를 바탕으로 영화를 만들 때, 영화 제작업자는 해당 소설 혹은 웹툰의 스토리를 배타적으로 이용하는 대가로 소설가 혹은 웹툰 제작자에게 저작권료를 지불하게 된다.

신디케이트 syndication

일부 신문사들은 다른 지역의 신문사와 전재 수수료라고 할 수 있는 신디케이트 계약을 맺고 자신들이 생산한 뉴스 기사와, 칼럼, 만평 등을 판매하기도 한다. 지역의 작은 신문사의 입장에서는 최소한의 인력으로 지역뉴스를 중심으로 뉴스 면을 제작하고, 정치나 국제, 경제 등의 이슈는 신디케이트 계약을 통해 보강하면 지역 독자들을 위한 양질의 지면을 만들 수 있는 강점이 있다.

중앙 일간지의 경우에도 보도하는 모든 내용을 직접 취재하는 데에 물리적, 경제적 한계가 있다. 그래서 뉴스통신사news agency와의 계약을 통해 지면을 제작한다. 국내에는 연합뉴스를 비롯하여 뉴시스, 뉴스1 등이 뉴스통신사로 등록되어 있다. 해외에서는 영국의 로이터, 미국의 AP, 프랑스의 AFP, 중국의 신화, 일본의 교토통신 등이 유명하다. 국내 일간지들은 대체로 정치, 경제, 사회 뉴스는 자체 취재망을 활용해서 기사를 생산하지만 외신과 사진, 지역 뉴스 등은 이들 국내외 뉴스통신사에 상당 부분 의존하고 있다.

정부 보조금 subsidies

정부가 미디어콘텐츠의 활성화를 위해 신문사나 출판사, 방송국 등에 일정 정도의 기금을 조성, 지급하기도 한다. 가령 우수 방송 콘텐츠를 발굴하기 위해 방송발전기금 등의 지원을 하는 것이다. 미국의 공영방송인 PBS도 연방정부와 주 정부로부터 일정 정도 지원을 받는다. 국방일보와 같은 신문 역시 정부 보조금을 재원의 근간으로 삼고 있다. 국방일보는 정부의 보조금을 지원받아 국방홍보원에서 제작, 국군장병들에게 무료로 배포하고 있다.

중국의 인민일보 등과 같이 국가 기관지로서 홍보 역할을 담당하는 경우에는 광고의 비중이 매우 낮거나 아예 없고 국가 보조금으로 신문사 운영을 지원한다. 이는 해당 신문이 국가의 홍보선전물로서 역할을 하기 때문이다.

광고 수익 advertising

인쇄 매체인 일간신문의 경우에는 광고비가 전체 매출액에서 차지하는 비중이 약 60~70%를 차지한다. 국내 일간신문들이 가장 많이 사용하는 판형은 대판broadsheet인데 대개 15단으로 구성되어 있다. 각 신문사들은 기사로 상위 10단을 채우고, 아래 5단은 광고를 게재하는 데 사용한다. 즉, 상위 10단의 뉴스 기사들은 신문의 독자들을 위한 내용이라면, 하위 5단은 이들 독자들을 광고주에 판매하는 역할을 하고 있다.

신문사의 대부분 수익이 광고에서 나온다면 그 광고비는 어떻게 책정할까? 광고단가는 대개 구독자 수와 구독자들이 갖고 있는 구매력에 비례한다. 쉽게 말하자면 가장 많이 팔리는 신문이 광고비가 비싸다. 광고주들이 가장 많은 사람들에게 자신들의 상품을 노출시킬 수 있는 매체를 선호하기 때문이다. 그러나 단지 독자 수만이 광고비를 결정하지 않는다. 때로는 그 매체의 독자가 얼마나 구매력이 있는지도 매우 중요한 가격 결정 요인이다. 영국의 경우, 경제적 여유 있고 구매력이 있는 사람들이 즐겨 읽는 ≪파이낸셜타임스Financial Times≫의 광고단가는 타블로이드 신문인 ≪선The Sun≫보다 훨씬 비싸다. 광고주의 입장에서는 비록 ≪선≫이 더 많은 독자를 갖고 있지만 ≪선≫의 구독자들보다는 ≪파이낸셜타임스≫ 구독자들의 상품 구매력에 관심이 많기 때문이다.

수신료 mandatory TV licensing fee

방송의 경우에도 방송사마다 다른 재원 구조를 갖고 있다. KBS와 EBS와 같은 공영방송의 경우, 재원의 상당 부분이 국민들이 내는 TV수상기 수신료이다. 반면 SBS와 같은 상업방송의 경우, TV수신료에 의존하지 않고 수익의 대부분을 광고 수입에 의존하고 있다. 미국의 ABC, CBS, NBC 등과 방송국들은 모두 상업방송에 그 기원을 두고 있기 때문에 수익은 광고에 의존한다.

반면 공영방송의 대표적 모델이라고 할 수 있는 영국의 BBC나 일본의 NHK 등도 국민들이 내는 수신료가 수익의 원천이다. NHK의 경우, 수신료가 전체 방송국 재정의 98.1%를 차지하지만 BBC의 경우 재정의 75.4%를 수신료로 충당하고 나머지는 영국 외무부의 직접 교부금, 수익사업 등을 통해서 보강한다. 또한 독일의 양대 공영방송인 ARD와 ZDF의 경우에는 수신료가 전체 재정의 86.9%를 차지하고 광고 수입을 보조적 수단으로 이용한다. 물론 양질의 프로그

구분	한국 KBS (2020)	영국 BBC (2019)	일본 NHK (2019)	프랑스 FT (2018)	독일 ARD/ZDF (2018~2020)
수신료	47.4%	75.4%	98.1%	81.9%	86.9%
광고	16.1%	-	-	11.8%	3.1%
기타	36.5%	24.6%	1.9%	6.3%	10.0%

〈표 3-1〉 세계 공영방송의 재원 비교

램을 제작하고 그 콘텐츠와 포맷 등을 해외에 수출하는 방식으로 제작비의 일부
를 환수하기도 한다.

번들링

최근 케이블 TV, 위성TV, IPTV 등을 통한 TV 시청 가구가 늘어남에 따라 번
들링bundling이라고 불리는 묶음 판매도 주목받고 있다. 상품들을 낱개로 판매하
는 것보다 하나의 묶음으로 판매하는 것이 미디어 기업에 더 높은 이익과 효율
성을 준다. 가령 미국의 한 가정에서 월 45달러를 주고 20여 개로 구성된 기본
채널을 신청한다고 가정하자. 여기에는 ABC, NBC, CBS, Fox와 같은 기본 네트
워크와 함께 CNN과 같은 뉴스 프로그램, ESPN과 Fox Sports와 같은 스포츠 채
널들이 기본적으로 들어가 있고, 디즈니채널, TNT, 내셔널지오그래픽 등과 같
은 부가채널들이 섞여 있다.

사람들은 20개 채널을 한꺼번에 구매한다고 생각하지만 실제로 주로 보는 채
널은 3~4개에 불과하고 나머지는 가끔 보거나 아예 보지 않는 채널들이다. 물론
시청자들이 선호하는 채널은 더욱 많은 비용을 채널 사업자로부터 받는다. 가령
미국의 대부분 가정에서 보려 하는 미국의 스포츠 전문채널인 ESPN의 경우는
매월 5~6달러 정도를 가져가고, 그 다음 선호도가 있는 CNN은 60센트, 선호도
가 낮은 홀마크채널Hallmark Channel은 6센트만을 가져간다. 채널 사업자들은 이러
한 번들링 판매를 통해 시청자들이 선호하지 않는 프로그램을 끼워 팔기가 가능
하다. 시청자들의 입장에서도 낱개로 선택해서 계약을 통해 지불하는a la carte:

pick and pay 방식보다 편리하기 때문에 번들링을 선호한다. 만약 낱개로 판매하면 사지 않을 프로그램을 구입해야 하는 단점이 있지만 낱개로 구매하는 계약보다 싼 가격에 묶음 구매하고 있다는 믿음 때문에 번들링 방식을 선호한다.

미디어 상품의 주기

미디어의 상품 생명 주기 life cycle 는 공급자가 결정할 수도 있고, 소비자가 결정할 수 있다. 과거 종이가 유일한 전달 도구였을 때에는 공급자가 상품의 생명 주기를 결정했다. 얼마의 간격으로 제품을 생산, 배포하느냐에 따라 일간지, 주간지, 격주간지, 월간지, 계간지, 연감 등으로 구분되었다. 이러한 상품은 다음 제품이 나올 때까지 시장에서 유통되었다. 일간지의 경우에는 하루만 지나도 쓸모없게 변하는 경우가 많다. 하지만 월간지의 경우, 다음 달 호가 나올 때까지는 팔리게 된다. 물론 일간지의 경우는 생명주기가 짧은 대신에 담은 글들이 매우 시사적인 내용들이 많다. 내일은 새로운 상황을 보도해야 하는 것이다. 반면, 월간지의 경우는 시의적인 내용을 담되, 그 시의적 내용에서 파생되는 큰 줄기를 다루게 된다. 더불어 주간지의 경우도 일간지들이 못 담는 내용을 담기 위해서 노력을 한다. 미국이나 영국에서 탐사보도가 일간지보다도 주간지, 월간지에서 더 활성화된 것도 바로 이러한 연유에서 비롯된다.

하지만 상당수 미디어 제품은 제작자가 아니라 소비자의 기호에 따라 소비주기가 달라진다. 가령 텔레비전에서 방영하는 드라마의 경우, 시청률이 높으면 연장 방영을 하고, 시청률이 낮으면 조기 종영을 하게 된다. 방송사의 입장에서는 시청률이 높으면 광고 판매 수익이 증대되므로 연장 방영을 고민하게 된다. 반대로 시청률이 낮다는 것은 그만큼 광고판매 수익이 적다는 의미로, 손해를 보면서 드라마를 제작할 필요가 없어지는 것이다. 그런 의미에서 보자면 미디어 상품도 도입기, 성장기, 성숙기, 쇠퇴기를 밟는다고 볼 수 있다. 각 시기마다 판매량, 비용, 이익, 경쟁자 등이 차이가 있다. 〈그림 3-1〉에서 보여주듯이 초기 상

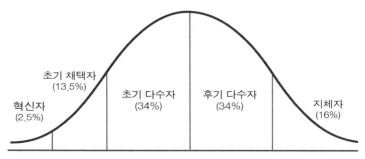

	도입기	성장기	성숙기	쇠퇴기
소비자 성향	혁신자	초기 채택자	다수자	지체자
판매량	적음	급증	정점	감소
비용	고비용	중간 비용	저비용	저비용
이익	손해	점차 증가	매우 많음	감소 추세
경쟁자	거의 없음	증가 추세	고정	감소

〈그림 3-1〉 혁신의 확산 성향 및 미디어 상품의 생명주기에 따른 특성
자료: Pichard(2011: 32)를 바탕으로 재구성.

품의 도입기에는 비용이 많이 든다. 특히 미디어 상품의 경우에는 다른 산업의 상품보다 초기 비용이 많이 든다. 그리고 그 초기에 미디어 상품이 성공하느냐 실패하느냐가 결정되는 경우도 많다. 점차 소비자들로부터 관심을 얻게 되는 성장 단계에 들어서면 드는 비용은 감소하지만 이익은 점차적으로 늘어나게 된다. 이 시기에는 유사 상품, 모방작으로 경쟁하는 업체가 나타나게 된다. 그리고 성숙 시장에 접어들면 드는 비용은 최소 관리비용 등으로도 최대의 효과를 거둘 수 있게 된다.

영화나 음악은 시장의 반응에 더욱 매우 민감하게 움직인다. 즉, 관객이 많은 영화는 계속 상영하는 롱런이 가능하지만 관객이 적으면 그만큼 조기 종영을 해버린다. 서적이나 음악, 게임 등의 상품 주기는 특별히 없으나 소비자들의 기호나 트렌드에 따라 주기가 바뀌게 된다. 또 사회적 분위기에도 상품 판매에 큰 영향을 준다. 가령, 2019년 한국영화는 〈극한직업〉, 〈기생충〉, 〈어벤져스4〉, 〈겨울왕국〉, 〈알라딘〉 등 5편의 영화가 관객 1000만 명을 모았다. 하지만 2020년에는 코로나19 영향으로 인해 500만 명의 관객을 넘긴 영화조차 없었다.

이는 초유의 코로나19 사태로 인해 사람들이 영화관 가기를 꺼렸기 때문이다. 말하자면, 소비자의 영화 선택은 영화라는 콘텐츠 그 자체뿐만 아니라 사회적 상황에 따라 좌우된다.

미디어 상품의 혁신과 위험

미디어 상품의 혁신이란 새로운 플랫폼의 등장, 새로운 비즈니스 모델, 새로운 방식으로 콘텐츠를 생산하는 것 등을 포함하는 미디어 상품을 생산, 배포하는 과정에서 발생하는 일련의 변화를 말한다(Strosul & Krumsvik, 2013). 미디어 혁신은 크게 두 가지 차원에서 일어나게 된다. 먼저 새로운 커뮤니케이션 기술 발달에 따라 나타날 수 있다. 이 경우에는 새로운 커뮤니케이션 기술을 활용한 비즈니스 모델도 새롭게 등장하고 자리 잡게 된다.

가령 1455년 제작된 구텐베르크의 성경책은 그 전에 제작되었던 필사본의 내용과 차이가 없다. 하지만 그동안 필경사를 통해 제작되던 방식에서 인쇄기를 사용하면서 시간과 노동력을 획기적으로 줄였다. 이러한 인쇄술의 발달은 결국 서적과 신문, 잡지 등 관련 기술을 활용한 미디어 상품을 등장시켰다. 최근 인터넷의 발달, 소셜 미디어의 등장, 모바일 커뮤니케이션의 발달은 새로운 미디어 상품이 등장하는 계기를 만들었다. 이로 인해 기존의 서적은 전자책이라는 이름으로, 기존의 음악과 영화는 CD 대신 인터넷 파일로 판매하는 방식으로 대체되어 가고 있다.

기존에 있던 미디어 기술을 활용하는 새로운 콘텐츠의 등장 역시 혁신이라고 할 수 있다. 활용하는 방식의 새로움을 통해 새로운 시장을 만들어내는 것이다. 1980년 기존의 우려에도 불구하고, 뉴스를 24시간 공급하는 뉴스 채널을 도입한 CNN Cable News Networks 역시 미디어 혁신 상품이라고 할 수 있다. 마찬가지로 미국 의회의 움직임을 편집하지 않고 생중계해 주는 C-SPAN Cable Satellite Public

Affairs Network, 음악 전문 채널 MTV, 스포츠 전문 채널 ESPN 등도 케이블이라는 방식에서 새로운 혁신을 도입한 미디어 상품인 셈이다.

새로운 미디어의 기술의 개발과 확산은 장기적으로 기존 미디어의 생존을 위협할 정도로 성장하게 된다. 소비자들 역시 기존의 미디어 대신에 뉴미디어로 갈아타기를 시도한다. 그럼으로써 동종 미디어 간의 경쟁뿐만 아니라 이종 미디어 간의 경쟁 또한 활발하게 이뤄진다. 케이블TV의 발달 및 VOD 서비스의 확대는 비디오 대여점과 영화관과 경쟁을 하게 됨을 의미한다. 하지만 반드시 기존 미디어 상품이 완전히 사라지는 것이 아니라 그 특질을 살리는 방향으로 특화하기도 한다. 가령 TV 방송국이 발전을 거듭하면서 라디오 방송이 사라진 것이 아니라, 음악과 자가용 운전자들을 위한 시장을 개척하는 방식으로 변화한 것이 그 예라 할 수 있다. 이처럼 새로운 미디어가 등장한다고 하더라도 올드 미디어가 소멸되지 않고 자신만의 특성을 살려 특화하는 것을 미디어의 특화 현상이라고 부른다.

하지만 미디어 상품의 성공은 혁신만으로 설명할 수 없다. 왜냐하면 미디어 상품은 근본적으로 고위험, 고수익의 상품이기 때문이다. 대중으로부터 어떠한 평가를 받을지 모르는 불확실성이 높은 상황 속에서 1~2년 뒤 미래를 보고 투자를 감행해야 하기 때문이다. 시장 상황이 어떻게 바뀔지, 대중들의 선호도는 어떻게 바뀔지, 경쟁작들이 무엇인지도 모른 채 투자를 결정하고 집행해야만 미디어 상품이 나온다. 비슷한 콘셉트의 상품이라고 하더라도 어떤 것은 대중들의 인기를 끌고, 또 다른 것은 인기를 끌지 못한다. 그것을 수학 공식처럼 확립할 수도 없다.

음반의 경우에도 새로운 스타일의 음악, 새로운 뮤지션은 대중들에게 어떻게 받아들여질지에 대한 불확실성이 높다. 그럼에도 초기 단계에서 자질 있는 가수의 발견, 안무 등에 대한 교육, 홍보 등 엄청난 양의 자원이 투입되어야만 한 편의 음악이 성공을 거둔다. 하지만 그렇게 자원을 쏟고도 실패하는 경우도 많다. 그래서 제작자들은 도박과 같은 모험이라고 말하기도 한다. 대중의 수요를 미리 알 수 없기 때문에, 여러 상품에 나눠서 투자하는 위험 분산risk-spreading이 많이 사용된다. 그러나 한 건의 성공작이 나오면 나머지 초기 실패작의 손해를 메우고도 남는 수익이 나오기도 한다.

미디어 상품은 위험이 크지만 한 번의 성공으로 막대한 수익이 나온다. 이는 무엇보다 첫 번째 제품 생산에는 많은 비용이 들지만 두 번째부터 생산부터는 최초 생산비용에 비해 매우 저렴한 비용으로 제작이 가능하기 때문이다. 특히 음원이나 음반, 영화 CD 등의 복제에는 거의 돈이 들지 않기 때문에 제작업자로서는 거의 추가 비용 없이 많은 이익을 얻을 수 있다.

책의 경우에도 100% 소비자들의 선호도에 따라 결정된다. 책의 제작 과정에서 제작자와 작가들은 소비자들의 선호도를 모르는 채 1, 2년 전에 집필한다. 하지만 그 과정에서 소비자의 선호도가 바뀔 수도 있다. 그래서 많은 출판사들은 소위 일정량의 판매를 보장하는 인기 작가의 작품을 선호한다. 왜냐하면 고정 독자들이 있고, 분위기를 타면 엄청난 수익이 들어오기 때문이다. 그렇기 때문에 소위 지명도가 있는 작가들에게는 글을 쓰기도 전에 거액을 미리 주는 입도 선매식의 투자가 이뤄지기도 한다. 반면 신인 작가들에게는 문호를 쉽게 열지 않는다. 왜냐하면 광고료와 마케팅 비용은 고사하고 제작비도 손실을 볼 확률이 높기 때문이다. 출판업계 역시 고위험, 고수익을 바탕으로 하는 미디어 상품이기 때문이다. 마찬가지로 영화나 TV드라마에서 인기 작가, 인기 배우에 대해 집착을 하는 것도 최소 수익을 보장받고 싶기 때문이다.

미디어 상품의 창구화와 불법 복제

다수의 미디어 상품은 시장에서 한 번만 판매되는 것이 아니라 다양한 창구에서 여러 번 판매되는 창구화windowing 과정을 통해 공급된다(Schruers, 20 15). 이러한 창구화의 배경에는 각 시기에는 각기 다른 시장이 존재한다는 가정이다. 이는 특정 채널에 필요한 시기가 있다는 이야기와 같은 말이다. 각 사업자는 일

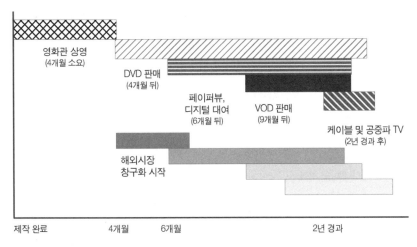

영화관 상영
(4개월 소요)

DVD 판매
(4개월 뒤)

페이퍼뷰,
디지털 대여
(6개월 뒤)

VOD 판매
(9개월 뒤)

케이블 및 공중파 TV
(2년 경과 후)

해외시장
창구화 시작

제작 완료   4개월   6개월   2년 경과

〈그림 3-2〉 미국의 영화 배분 창구화
자료: http://www.project-disco.org

정정도 콘텐츠를 판매, 방영할 수 있는 권리를 제작업자로부터 양도받아야 한
다. 하지만 최근 디지털 환경은 이 같은 창구화의 개념이 흔들리고 있다.

예를 들어, 한 제작자가 영화관용 영화를 만들면 먼저 국내 극장에 배급하게
된다. 미국 내에서는 약 4개월 정도 영화관 판매가 이뤄지고 있다. 이어 해외의
영화 공급업자에게 판매한다. 그리고 약간의 시차를 두고 유료 영화채널, 페이
퍼뷰pay-per-view, 유료 케이블, DVD 대여 및 판매 등이 이뤄진다. 이어 케이블
TV를 통한 방영과 지상파방송을 통해 복수의 창구에서 순차적으로 공급되는 것
이다.

하지만 모든 영화가 동일한 창구화를 거치는 것은 아니다. 어떤 영화는 영화
관 상영 이후 곧 바로 DVD 판매가 이뤄지기도 하고, 또 어떤 영화는 영화관에서
잠시 상영되다가 어느 날 지상파방송을 통해 방영되기도 한다. 최근에는 넷플릭
스와 같은 거대 OTT 사업자는 자체 제작한 영화를 영화관 상영과 동시에 소비
자에게 제공하기도 한다. 이는 제작업자 혹은 배급업자가 자신들의 이익을 극대
화할 수 있는 시기에 창구화 시기가 결정되기 때문이다. 즉, 소비자가 돈을 지불

할 용의consumer's willingness to pay가 있을 때, 새로운 대체재가 존재하지 않을 때 판매해 자신들의 이익을 극대화하려 하기 때문이다.

또 미국에서 흥행에 성공한 영화가 해외시장에 판권이 팔리는 동안에 미국 내에서 DVD 등의 판매가 먼저 이뤄질 수 있다. 이 경우, 해외 판권을 보유한 배급사는 DVD 등의 판매를 금지해 달라고 요청할 수 있지만 그 실효성은 그리 크지 않다. 왜냐하면 이미 미국에서 어떤 영화가 히트가 되면 그 영화에 대한 수요가 먼저 생기고 그 수요를 충족시키기 위해 불법 복제piracy가 발생하기도 한다. 그래서 미디어 콘텐츠의 창구화는 때로는 불법 복제를 부추기는 측면도 존재한다.

전통적으로 미디어 상품의 유통 통제권은 수용자가 아니라 제작자, 유통업들에게 있었다. 그러다 보니 그들은 미디어 소비자들의 수요와 상관없이 상품의 공급 시기를 조절할 수 있었다. 하지만 제작업자들의 시기 조절을 기다리지 못하는 사람들은 미디어 상품을 복제해서 유통시킨다.

불법 복제는 단지 시기 조절만의 문제만은 아니라, 가격 측면에서 그 가격을 주고 영화관에서 영화를 보거나 CD를 구입할 지불 의사가 없는 사람들 역시 불법 복제 및 유통에 가담하게 된다. 예전에 대학가 복사집에는 외국 서적들에 대한 해적판 혹은 불법 복제물을 쉽게 발견할 수 있었다. 학생들이 한 권에 외국에서 10만 원에 팔리는 책을 구입하느니 복제한 책을 1만 원에 구입하는 것이다. 학생들은 그 책을 지나치게 비싸게 구입할 의사가 없기 때문이다. 비록 복사하는 과정에서 선명도가 약간 나빠진다고 하더라도 복사본을 이용한다고 해서 책의 내용을 파악하는 데에는 큰 무리가 없기 때문이다.

미국의 출판업자들은 미국과 캐나다 외에서 팔리는 교재의 경우 불법 복제를 막기 위해 저렴한 가격에 공급하는 국제판international edition을 판매하고 있다. 특히 인도와 중국, 태국 등의 학생들을 위해서는 현지에서 인쇄하는 저렴한 책이 공급된다. 그러다 보니 이들 국가에서 합법적으로 책을 사다가 미국 본토에서 판매해 수입을 올리는 업자가 생겨나 법적 분쟁이 발생하기도 했다. 2012년 미 대법원은 이 사건에 대해 책을 판매한 뒤에는 그 책의 소유권은 출판사가 아니

라 책의 소유자에게 있기 때문에 그 책을 미국으로 다시 가져와 판매해도 저작
권 침해가 아니라고 판결을 내렸다[(Kritsaeng v. John Wiley & Sons, Inc. 568 U.S.
519 (2013)].

포르노그래피는 불법 복제의 또 다른 예이다. 보통 포르노그래피는 노출의
정도에 따라 소프트코어softcore와 하드코어hardcore로 나뉜다. 보통 남녀의 성기
가 뚜렷하게 보이거나 음모가 노출되는 포르노그래피를 하드코어 포르노그래
피라고 일컫는데 국내에서는 하드코어 포르노그래피의 제작 및 유통을 불법으
로 간주, 처벌 조항을 두고 있다. 비록 형법 22장 '성풍속에 관한 죄'에서는 음란
한 문서, 도화, 필름 기타 물건을 제조, 반포, 판매 등에 대한 처벌 조항을 두고
있으나 단순히 포르노그래피를 보았다고 사회적으로 큰 폐해가 발생하는 것도
아니기에 단속하지 않는 상황이다. 하지만 포르노그래피 제작 및 유통에 대한
통제가 포르노그래피 제작 중심으로 이뤄지면서 국내에서는 유통되는 하드코
어 포르노그래피 중 95% 이상이 불법 복제물이다. 복제 기술의 발달로 인해 포
르노그래피를 불법 복제하더라도 원본과 화질 차이가 거의 없는 상황이다.

SUMMARY

새로운 커뮤니케이션 기술의 발명과 맞물려 새로운 미디어 상품이 등장했다. 이들 미디어 상
품들은 각 상품마다 다른 특성을 갖고 소비자들에게 판매되었다. 비록 미디어 기업이 문화
상품으로서 공공재의 성격을 띠기도 하지만 미디어 기업은 이윤을 추구한다. 수익보다 손실
이 많은 기업은 생존을 하지 못하기 때문이다. 미디어 기업의 수익은 상품시장과 광고 시장
이라는 커다란 시장에서 창출되는데 직접 판매, 대여, 라이선스, 신디케이트 등 다양한 방식
으로 이뤄진다. 최근에는 디지털 구독이 큰 인기를 끌고 있다. 영화의 경우, 고위험 고수익
상품으로서 한 번 성공을 하게 되면 창구화를 통해 여러 단계를 나눠서 판매된다. 이 과정에
서 불법 복제 등의 문제가 야기되기도 한다.

생각해 볼 문제

1. 혁신적인 미디어 상품은 무엇인가? 새로운 커뮤니케이션 수단을 활용해서만 미디어 상품의 혁신이 이뤄지는가?

2. 미디어 기업이 고위험, 고수익의 상품을 판매한다면 가장 효율적인 전략은 위험을 낮추고 수익을 높이는 것이다. 그렇다면 위험을 낮출 수 있는 방법은 무엇일까?

3. 국내 신문사도 유료 뉴스서비스를 성공할 수 있을까?

4. 인터넷의 발달, 스트리밍 서비스 확대로 미디어 기업의 창구화는 어떤 위협을 받고 있는가?

5. 국내에서 유통되는 불법 하드코어 포르노를 어떻게 규제할 수 있을까?

참 고 문 헌

매크루언, 마샬(Marchall McLuhan). 2011. 『미디어의 이해』. 김상호 옮김. 커뮤니케이션북스.

볼츠, 노르베르트(Norbert Bolz). 2007. 『미디어란 무엇인가』. 김태옥·이승협 옮김. 한울엠플러스.

정회경. 2013. 『미디어경영, 경제』. 커뮤니케이션북스.

Adalian, Josef. 2018. "Inside the Binge Factory." Vulture.com. https://www.vulture.com/2018/06/how-netflix-swallowed-tv-industry.html

Helft, Miguel. 2007. "Netflix to deliver movies to the PC." *The New York Times*. Jan. 16. https://www.nytimes.com/2007/01/16/technology/16netflix.html

Kirtsaeng v. John Wiley & Sons, Inc. 568 U.S. 519 (2013)

Nelson, Phillip. 1970. "Information and consumer behavior." *Journal of Political Economy*, 78(2), pp.311~329.

Picard, Robert. 2005. "Unique characteristics and business dynamics of media products." *Journal of Media Business Studies*. 2(2), pp.61-69.

_____. 2011. *The Economics and Financing of Media Companies*. New York: Fordham University Press.

Schruers, Matt. 2015. "The public costs of private distribution strategies: Content release windows as negative externalities." Project-Disco.org. http://www.project-disco.org/intellectual-property/060215-the-public-costs-of-private-distribution-strategies-content-release-windows-as-negative-externalities/

Silverstone, Roger. 1999. *Why Study the Media?* London: Sage Publications.

04 미디어 경영의 경제학적 기초

장병희

이 장에서는 미디어 경영에 필요한 경제학 분야의 기본적인 이론들을 소개하는 데 중점을 두고자 한다. 구체적으로, 수요와 공급, 소비자 이론, 생산자 이론, 가격 설정, 광고, 노동시장, 국제무역 등의 세부 분야를 다룬다. 시장의 구조를 분석하는 기업이론과 산업조직론 그리고 정부 개입 등의 세부 분야는 미디어 경영자의 의사 결정과 직접적으로 연결되지 않기에 다루지 않는다. 각 세분 분야에서도 관련된 모든 개념들을 소개하는 것이 아니라 경영과의 관련성이 높은 분야에 초점을 맞춘다.

미디어 시장의 수요와 공급

경제학은 희소한 자원을 효율적으로 활용하는 방식을 연구한다. 자원을 배분하는 대표적인 방식으로 시장을 들 수 있는데, 자원의 종류에 따라 상품이 거래되는 상품시장과 노동, 토지(천연자원), 자본이 거래되는 생산요소시장으로 구분한다. 시장에서 고려하는 핵심적인 요인으로는 거래량과 거래가격이 있다. 거래량과 거래가격은 수요와 공급이라는 두 힘이 충돌하는 지점에서 결정된다. 〈그림 4-1〉에서 보듯이 수요와 공급은 각각 수요의 법칙과 공급의 법칙이라는 두 가지 법칙에 의해 움직인다. 수요의 법칙에 따르면 상품에 대한 수요량은 가격이 높아지면 감소하고 반대로 가격이 낮아지면 증가한다. 반면 공급의 법칙에 따르면 상품에 대한 공급량은 가격이 높아지면 증가하고 가격이 낮아지면 감소한다. 경제학에서 일반적으로 사용하는 좌표 평면에서 X축은 상품의 수량을 보여주며 Y축은 가격을 보여주는데, 수요의 법칙은 두 축이 부(-)적인 관계로, 공급의 법칙은 두 축이 정(+)인 관계로 나타난다. 미디어 경영자 역시 두 법칙을

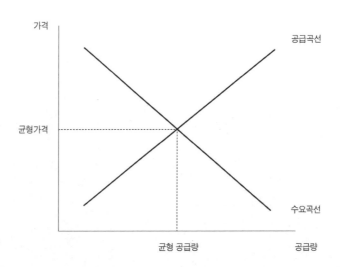

〈그림 4-1〉 수요와 공급의 법칙 및 이동

따른다.

수요의 법칙으로 인해 경영자는 상품의 가격을 올리는 것에 조심을 하게 된다. 가격을 높일 경우 상품의 대한 수요량이 감소해 총수입이 오히려 감소할 수 있기 때문이다. 반대로 가격을 내릴 경우에는 수요량이 증가해 총수입이 증가할 수 있기 때문에 경영자는 가격을 내리는 것에 대해 긍정적으로 고려할 수 있다. 단순해 보이는 이러한 의사 결정 과정은 가격탄력성 개념이 개입할 경우 복잡해진다. 가격탄력성은 가격에 대한 민감도이다. 따라서 수요의 가격탄력성은 가격이 인상되거나 인하될 경우 수요량이 얼마나 감소하거나 증가하는지를 보여주는 수치다. 수학적 표현을 빌릴 경우, (수요의 가격탄력성) = (수요량의 변화율) / (가격의 변화율)이 된다. 만약 가격을 10% 인상했는데, 수요량이 5% 감소했다면 가격탄력성은 5% / 10% = 0.5가 되고, 수요량이 10% 감소했다면 가격탄력성은 10% / 10% = 1.0이 되며, 20% 감소했다면 가격탄력성은 20% / 10% = 2.0이 된다. 탄력성을 해석할 때 1.0을 기준으로 1.0보다 클 경우 '탄력적', 1.0보다 작을 경우 '비탄력적', 1.0일 경우 '단위 탄력적'이라고 한다.

탄력성의 정도는 경영자가 가격과 관련된 의사 결정을 할 때 직접적으로 영향을 미친다. 수요가 가격에 대해 탄력적이라면 가격을 인상할 경우 인상된 비율보다 더 큰 비율로 수요량이 감소함에 따라 결과적으로 총수입이 감소하게 된다. 반면, 수요가 가격에 비탄력적이라면 가격을 인상하더라도 수요량이 인상된 비율보다 낮게 감소함에 따라 총수입이 증가하게 된다. 따라서 경영자 입장에서 소비자가 가격에 민감하다고 판단될 경우(즉, 가격에 대해 탄력적일 경우)에는 가격을 인하하는 것이, 반대로 소비자가 가격에 둔감하다고 판단될 경우에는 가격을 인상하는 것이 합리적인 결정이다. 한국의 영화관 사업자들은 전통적으로 영화 티켓 가격을 인상하는 것을 주저했다. 영화가 적은 비용으로 여가를 보낼 수 있는 수단으로 인식되었기 때문에 영화 티켓 가격 인상에 소비자들이 민감하게 반응할 것으로 예상했기 때문이다. 최근 들어 영화 티켓 가격이 계속 오르는 것은 소비자들이 영화 가격에 대해 더 이상 민감하지 않다는 것을 영화관 사업자들이 알게 되었기 때문이다(장병희, 2014).

　수요의 변화에는 상품 자체의 가격뿐 아니라 다른 요소들도 개입하기 때문에 경영자의 의사 결정 과정은 더욱 복잡해진다. 관련 상품의 가격, 1인당 소득, 잠재 구매자의 수, 미래 가격에 대한 기대, 기호taste 등의 요소들은 수요곡선 자체를 이동시킬 수 있기 때문에 수요곡선 위에서만 이동하는 자체 가격의 변화와 구별된다(호스킨스·맥패디언·핀, 2013). 특정한 상품의 가격에 영향을 미칠 수 있는 관련 상품으로는 대체재와 보완재가 있다. 대체재는 경쟁 관계에 있는 상품을 의미하며, 대체재의 수요가 증가하면 자체 상품의 수요는 감소하게 된다. 대체재 수요는 가격과 부적 관계에 있는 것을 감안하면 경쟁 기업이 대체재의 가격을 인하할 경우 대체재에 대한 수요가 증가하고 이에 따라 자체 상품의 수요가 감소할 것을 예측할 수 있다. 예컨대, 동영상 OTT와 IPTV는 기술적인 배경에는 차이가 있지만 소비자 입장에서는 유사한 서비스를 제공하기 때문에 대체재라고 할 수 있다. '코드커팅'은 IPTV와 같은 유료 방송 사업자의 입장에서 동영상 OTT와의 경쟁 과정에서 대체되는 것을 의미한다. IPTV 경영자는 가격을 결정할 때 자체 상품에 대한 수요뿐만 아니라 대체재인 동영상 OTT에 대한 수요와 가격도 함께 고민할 필요가 있다. 동영상 OTT에 대한 가격이 고정된 상태에서 수입을 증대시킬 목적으로 IPTV의 가격을 인상할 경우 자체 상품에 대한 수요의 가격탄력성에 따른 수요량 감소와 함께 동영상 OTT로의 소비자 이동으로 인한 수요 감소도 함께 경험하게 되며 따라서 기대와 달리 큰 폭의 수입 감소에 직면하게 된다. 반면, 동영상 OTT 사업자는 가만히 있는 상태에서 수입이 증가하는 혜택을 보게 된다. 탄력성 개념을 적용할 경우, 대체재의 가격 인하 혹은 인상이 자체 상품에 대한 수요에 미치는 효과를 교차탄력성이라고 하며, (교차탄력성) = (자체 상품의 수요량 변화율) / (대체재의 가격 변화율) 공식으로 구할 수 있다. 한편, 보완재는 상호 도움을 주는 상품을 의미한다. 컴퓨터 소프트웨어는 컴퓨터 하드웨어와 보완적인 관계에 있다. 소비자의 입장에서 개별적으로 사용하는 경우보다 함께 사용할 때 효용(만족)이 증가할 때 두 상품을 보완재로 볼 수 있다. 보완재의 경우 수요가 서로 같은 방향으로 움직인다. 즉, 한 상품의 수요가 증가하면 다른 상품의 수요도 함께 증가한다. 이러한 수요 관계를 이용해 경영자는 보완재의 가격을 이용해 해당 상품의 수요를 증가시킬 수 있다. 경영자는 가상현실 콘텐츠를 사용할 수 있는 HMD를 제작비용 대비 높지 않은 가격으로 판매해 HMD에 대한 수요를 증대시키는 전략을 사용할 수 있다. 이를 통해 보완재인 가상현실 콘텐츠의 수요(판매)가 함께 증가하기 때문이다.

소비자의 1인당 소득도 수요곡선 자체를 이동시킬 수 있다. 좌표평면에서 1인당 소득의 증가는 일반적으로 수요곡선을 오른쪽으로, 1인당 소득의 감소는 수요곡선을 왼쪽으로 이동시키는 효과를 가져온다. 즉, 소비자는 소득이 증가하면 동일한 가격에서 예전보다 더 많은 개수의 상품을 구매하고 소득이 감소하면 더 적게 구매한다. 이러한 성격을 지닌 상품을 정상재라고 한다. 자신의 상품이 정상재일 경우 경영자는 소비자의 1인당 소득의 변화 방향에 따라 생산량을 미리 추정할 수 있게 된다. 국내에서 뮤지컬 공연에 대한 수요가 지속적으로 증가하고 있는 것은 뮤지컬 소비자들의 1인당 소득이 지속적으로 증가하면서 뮤지컬 공연의 비싼 가격을 감당할 수 있게 되었기 때문이다. 또한 경영자는 1인당 소득이 증가할 경우 판매량에서는 다소 손해를 보더라도 가격을 높여서 총수입을 극대화하는 전략을 사용할 수 있다. 영화관 사업자들이 3D와 4D 서비스를 도입할 수 있었던 것은 소득의 증가로 더 비싼 영화 티켓을 구매할 수 있게 된 상황 때문이다. 주의할 점은 모든 상품이 정상재는 아니라는 것이다. 1인당 소득이 증가할 경우 해당 상품에 대한 수요가 오히려 감소하는 경우도 있다. 많이 거론되는 사례로 TV 수신기를 들 수 있다. 소비자들은 자신들의 소득이 증가하면 기존의 TV 수신기를 신규로 구입하는 대신 크기와 해상도에서 더 큰 만족을 주는 TV 수신기를 구매하는 모습을 보인다. 따라서 경영자는 자체 상품이 대체재에 비해 가격 면에서는 우위에 있지만 품질에서는 열등할 경우 소비자의 소득이 증가하는 상황을 미리 예측하고 대비할 필요가 있다.

잠재 구매자의 수 역시 가격이 고정된 상태에서도 수요곡선을 이동시킬 수 있다. 거시적인 측면에서 인구가 증가할 경우 모든 상품의 소비량도 함께 증가할 것으로 쉽게 추론할 수 있다. 인구가 계속적으로 증가하고 있는 상황에서 경영자의 합리적인 선택은 상품의 공급량도 함께 증가시키는 것이다. 국내 영화 산업에서 스크린의 수는 인구의 증가와 함께 계속적으로 증가할 수 있었다. 최근 들어 스크린 수가 정체 상태에 빠진 것은 국내 인구의 증가세가 정체 상태에 빠진 것으로 설명할 수 있다. 이 경우 경영자는 해외시장 진출을 통해 성장세를 지속하는 전략을 취하게 된다. 국내 영화사업자들 역시 중국과 베트남 등 해외시장에서 영화관 서비스를 제공하는 전략으로 국내 인구의 감소에 대응하고 있다. 미시적인 측면에서 잠재 구매자는 기존의 고객은 아니지만 고객이 될 가능성이 있는 소비자를 의미하기도 한다. 일반적으로 영화관 고객의 경우 10대에서 40대까지로 범위를 한정했다. 일부 영화 소비 관련 조사에서는 50대와 60대를 조사 대상에서 제외하기도 했다. 하지만 이러한 상황이 급격히 변화하고 있다. 노인 인구가 많아지고 사회적 활동 역시 활발해지면서 50대 이상의 중장년층 및 노년층에서도 적극적으로 영화관을 이용하는 모습을 보이고 있다. 따라서 영화사업자들은 새롭게 잠재 구매자에 포함된 이들 50대 이상 고객들을 대상으로 하는 특화된 서비스도 개발할 필요가 있다.

일반적으로 가격과 수요는 동시에 움직이는 것으로 간주한다. 가격이 올라가면 즉시 수요량이 감소하고 가격이 인하되면 만찬가지로 수요량이 즉시 증가한다는 것이다. 하지만 이러한 모형은 현실성이 상당히 결여되어 있다. 소비자는 지금의 가격뿐만 아니라 미래의 가격도 함께 고려하기 때문이다. 현재의 가격이 자신이 생각하고 있던 최대지불가격(유보가격)보다 낮다고 바로 구매하는 것이 아니라 현재의 가격이 조만간 인하될 것이라고 생각한다면 구매를 연기할 가능성이 높다. 따라서 경영자는 상품을 시장에 출시하면서 당분간은 가격이 변하지 않을 것이라는 신호를 소비자들에게 전달할 필요가 있다. 영화 산업에서 활용하는 대표적인 신호 방식이 홀드백 기간이다. 영화는 전통적으로 창구화 방식을 통해 영화관, VOD, 유료케이블TV 채널, 무료케이블TV 채널 등의 순서로 가격이 낮아지면서 배급된다. 이러한 방식은 한 가지 단점은 한 창구에서의 기간 후반부에 도달할 경우 소비자는 조금만 기다렸다가 다음 창구에서 낮은 가격으로 영화를 구매하겠다고 생각할 수 있다는 점이다. 이러한 소비자의 구매 연기에 대응하기 위해 한 창구에서 다음 창구까지 일정한 휴지기로 홀드백 기간을 설정했다. 영화관에서 상영이 끝났다고 바로 다음 날 VOD로 출시되는 것이 아니라 일정한 시간을 기다려야 한다는 신호를 주는 것이다.

기호taste의 변화는 특히 콘텐츠 소비자의 수요에 강한 영향을 미친다. 콘텐츠 기호 혹은 취향은 입맛과 같이 변할 수 있으며 이 경우 기존에 소비하던 콘텐츠 상품에 대한 소비가 급속히 감소하게 된다. 미국에서 관련 사례로 빈번하게 제시되는 것이 서부극이다. 1960년대와 1970년에 걸쳐 많은 서부극이 제작되었지만 지금은 거의 찾아보기 어렵게 된 것은 영화 소비자들이 더 이상 서부극에 대한 선호를 보이지 않기 때문이다. 국내에서도 1990년대 트렌디 드라마가 붐을 이루었지만 지금은 대부분 사라진 모습을 보이는 것도 이 때문이다. 기호의 변화에 대한 경영자의 대응 전략은 단기적 전략과 장기적 전략으로 구분할 수 있다. 단기적 전략의 경우 소비자 조사 및 트렌드 분석 등을 통해 콘텐츠 취향의 변화 방향을 예측하고 선제적으로 콘텐츠를 제작하는 것이다. 장기적 전략의 경우에는 기호 혹은 취향을 계발하는 방식을 활용한다. 전 세계적으로 할리우드 콘텐츠가 강세를 보이는 것은 콘텐츠 제작 기법이 우수하기도 하지만, 오랜 기간 할리우드 콘텐츠를 소비하는 과정에서 기호가 학습되었기 때문이다. 일부 국가의 경우 할리우드 콘텐츠를 소비하는 과정에서 영화 취향이 할리우드화되는 현상이 발견되기도 했다(Fu and Govindaraju, 2010). 이러한 맥락에서 미디어 경영자는 잠재적 고객들이 어릴 때부터 자신들의 콘텐츠를 접할 수 있게 노력한다. 특히, 예술 분야의 경우 콘텐츠 소비에서 얻을 수 있는 효용의 크기가 기존의 경험과 학습에 의존한다는 점에서 경영자들의 장기적인 노력이 필요하다.

공급의 법칙 역시 경영자들이 중요하게 고려해야 한다. 가격이 오르면 자신들뿐 아니라 경쟁 기업 역시 공급량을 증대할 것이고 공급량 증대가 지속되면 초과 공급으로 인해 가격이 다시 인하될 것이기 때문이다. 수요의 법칙과 마찬가지로 탄력성 개념 역시 중요하다. 특히 미디어 및 콘텐츠 산업의 경우 가격이 인상되더라도 공급량을 바로 증대시킬 수 없는 경우가 많다. 레트로retro 장르의 TV 드라마와 영화가 인기를 얻더라도 TV 드라마를 기획, 제작해서 배급하기까지는 상당한 시간이 흐른다. 종편채널 등에서 새롭게 TV 드라마를 제작하면서 인기 배우에 대한 수요가 증가하고 이에 따라 출연료(가격)도 인상되었지만 인기 배우는 공급이 상당히 제한적이기 때문에 출연료가 계속 인상되는 결과로 이어졌다.

여러 요인들의 작용으로 수요곡선이 이동하듯이 공급곡선 역시 생산요소의 가격, 기술 수준, 공급자의 수와 같은 요인들의 작용으로 좌표평면에서 오른쪽으로 증가 혹은 왼쪽으로 감소하는 이동을 한다. 생산요소의 가격 인상은 총생산비의 인상으로 이어지고 해당 기업은 가격을 올리거나 이윤의 감소를 각오해야 한다. 몇 해 전 한국 영화 시장에서 인기 배우의 출연료와 관련한 논쟁이 벌어졌던 것도 영화 티켓 가격이 고정된 상태에서 인기 배우의 출연료가 인상됨에 따라 제작사의 이윤의 폭이 감소했기 때문이다. 또한 특정 생산요소의 가격 인상은 다른 생산요소에 대한 수요 및 가격에도 영향을 미치게 된다. TV 드라마에서 인기 배우의 출연료가 인상되면서 엑스트라 및 스태프에 대한 처우가 개선되지 못하는 상황이 발생하기도 했으며, 이러한 상황은 인기 아이돌 등이 주연배우로 활발히 진출하고 있는 뮤지컬 분야에서도 유사하게 발생하고 있다.

기술 수준이 공급곡선을 이동시킬 것은 쉽게 추론할 수 있다. 기술이 향상된다는 것은 동일한 비용으로 더 많은 상품을 생산할 수 있다는 것을 의미하며 따라서 공급곡선은 좌표평면에서 오른쪽으로 이동하게 된다. 이 결과 소비자들은 낮아진 가격으로 예전과 동일한 수량의 상품을 소비할 수 있게 된다. 최근 들어 국내에서 독립영화를 중심으로 영화 제작 편수가 급격히 증가했다. 영화 제작과 관련된 장비의 조작이 손쉬워지면서 예전에는 제작에 참여하기 어려웠던 인력이 영화 제작에 참여할 수 있게 되었으며, 또한 더욱 짧은 시간에 영화 제작을 마무리할 수 있게 되었기 때문이다. 이에 따라 소비자들은 공급이 제한된 상영관에서는 찾아보기 어렵더라도 IPTV VOD 등을 통해 많은 독립영화를 접할 수 있게 되었다. 디지털트랜스포메이션은 기술의 영향력을 급격히 증대시킬 수 있다. 인공지능 기술 등을 콘텐츠 제작 과정에 본격적으로 적용할 경우 콘텐츠 공급곡선은 오른쪽으로 점프할 것이며 노동시장에서 제작 인력 공급곡선도 오른쪽으로 점프할 것이다.

잠재 소비자의 수가 증가하면 수요곡선이 오른쪽으로 이동하듯이 공급자의 수가 증가하면 수요곡선이 오른쪽으로 이동하는 것은 쉽게 추론할 수 있다. 특정 산업에서 적정이윤을 넘어서는 초과이윤이 발생하게 되면 외부의 기업들은 당연히 시장에 진입하려고 한다. 만약 외부 기업들이 아무런 장애물 없이 시장에 진입하게 되면 오래지 않아 초과이윤은 사라지게 된다. 하지만 우리 주변에서 소수의 기업만이 활발히 운영되는 과점 시장을 빈번하게 보는 것은 진입 장벽이 존재하기 때문이다. 대표적인 진입 장벽은 정부의 규제다. 국내 이동통신 서비스 시장의 경우 오랜 기간 세 개의 기업만이 활동하고 있다. 이것은 정부가 제한된 주파수 자원 등을 이유로 신규 사업자를 쉽게 허가하지 않고 있기 때문이다. 생산비 구조 역시 진입 장벽이 될 수 있다. 생산량이 증가할수록 평균생산비가 지속적으로 감소하는 현상을 자연독점이라고 하는데, 특히 초기 투자비용이 높은 산업에서 발견할 수 있다. 이 경우 신규 진입자가 기존 사업자와의 경쟁에서 우위를 점하기 위해서는 기존 사업자보다 더 큰 초기비용 투자를 해서 평균생산비를 낮추어야 하는 데 쉽지 않은 결정이다. 기존 사업자들도 전략적으로 진입 장벽을 구축할 수 있다. 예컨대, 신규 진입자의 진출이 우려될 경우 가격을 평균생산비 아래로 인하하는 덤핑 전략을 통해 신규 진입자의 진출 의욕을 꺾을 수 있다.

미디어 소비자 이론

　시장에서 작용하는 수요의 법칙과 공급의 법칙을 이론적으로 정교화하는 과정에서 경제학에서는 소비자의 소비 행위를 설명하는 소비자 이론과 공급자의 생산 행위를 설명하는 생산자 이론을 제시했다. 우선, 소비자 이론은 공리주의에 기반해 소비자가 소비 행위를 통해 효용(만족)을 극대화한다고 가정한다. 그리고 효용은 한계효용체감의 법칙을 따른다고 제시한다. 한계효용체감의 법칙은 동일하거나 유사한 상품을 반복적으로 소비할 경우 소비로부터 발생하는 효용이 계속 감소한다는 것이다. 한계효용체감의 법칙은 콘텐츠의 반복 소비와 밀접하게 연결되기 때문에 경영자들의 관심이 필요하다. 플랫폼의 수가 증대하면서 이러한 플랫폼을 통해 공급하는 콘텐츠의 수가 부족하게 되었다. 경영자들은 콘텐츠 제약하에서 콘텐츠의 반복률을 높이는 전략적 행위를 선택했다. 하지만 이 경우 콘텐츠 반복 이용 시 뒤따르는 한계효용체감의 정도에 대한 체계적인 분석이 필요하다. 특히, 콘텐츠의 유형에 따라 한계효용체감의 정도가 상이하다는 점을 고려할 필요가 있다. 영화와 TV 프로그램은 반복 소비를 통해 한계효용이 빠르게 감소하지만 음악의 경우에는 상당히 천천히 감소한다. 컴퓨터 게임의 경우에는 오히려 반복적 이용을 통해 학습을 하게 되면서 한계효용이 증가하는 모습을 보이기도 한다. 세부 유형별로 차이가 발생할 수도 있다. 영화에서 결말이 중요한 스릴러 장르에 비해 로맨틱코미디 장르나 액션 장르의 경우 한계효용이 상대적으로 느리게 감소함을 확인할 수 있다. 경영자들은 이러한 콘텐츠 별 한계효용체감의 특성을 감안해 반복 제공 전략을 구사해야 콘텐츠 자원의 제약하에서 총수입을 극대화할 수 있다. 또한 콘텐츠를 구매하는 과정에서도 한계효용체감의 정도는 해당 콘텐츠의 가치판단에 영향을 미칠 수 있다. 영화관 개봉 시 동일한 흥행 실적을 거둔 영화라도 후속 창구 사업자에게는 한계효용체감률이 낮은 영화가 더 큰 이득을 주기 때문이다.

　한계효용균등의 법칙은 예산 제약하에서 복수의 상품을 소비할 때 총효용을 극대화하는 합리적 방법을 제시한다. 현실적으로 소비자는 여러 개의 상품을 묶음으로 소비하는 경우가 대부분이다. 미디어 소비자는 여가를 보내기 위해 영화만 보는 것이 아니라 뮤지컬도 관람한다. 따라서 영화를 통해서 얻는 효용을 극대화하는 것이 중요한 것이 아니라 영화와 뮤지컬을 결합해서 얻는 총효용을 극대화하는 것이 중요하다. 이 과정에서 자신이 여가에 배당하는 예산과 영화와 뮤지컬의 가격도 함께 고려하게 된다. 구체적으로 한계효용균등의 법칙은 영화 상품을 추가로 소비해서 얻게 되는 한계효용을 영화의 가격으로 나눈 값이 뮤지컬을 추가로 소비해서 얻게 되는 한계효용을 뮤지컬의 가격으로 나눈 값과 동일하게 되는 수준으로 소비를 할 때 총효용을 극대화할 수 있다고 주장한다. 이 때 주어진 예산은 모두 소진되어야 한다. 한계효용균등의 법칙은 다양한 유형의 콘텐츠 상품을 판매하는 경영자에게 중요한 시사점을 제공한다. 한 가지 유형의 콘텐츠 상품을 집중적으로 소비하는 소비자가 있을 경우 동일한 유형의 콘텐츠를 지속적으로 소개하는 것이 일반적인 전략이라고 할 수 있다. 하지만 앞서 제시한 한계효용체감의 법칙에 따라 동일한 유형을 반복 소비하는 과정에서 소비자의 한계효용은 감소하게 되며 한계효용균등의 법칙에 따라 다른 상품의 소비에서 얻는 한계효용과 비교해서 소비를 결정하게 되므로, 경영자는 특정한 유형의 콘텐츠 상품에 대한 소비량이 일정 수준을 초과한 소비자에게는 다른 유형의 콘텐츠 상품도 함께 소개하는 것이 적절하다. 특히, 함께 소비하는 다른 유형의 콘텐츠 가격을 인하해 가격 대비 한계효용의 상대적 크기를 증대시켜 다른 유형의 콘텐츠에 대한 소비 욕구를 증대시키는 것도 고려할 필요가 있다.

초기의 소비자 이론은 소비자가 상품의 소비를 통해서 얻는 효용의 크기를 정확히 예측할 수 있다는 비현실적 가정에 기반했다. 속성이론은 상품의 특성에 따라 효용에 대한 예측이 쉬울 수도 있고 어려울 수도 있다고 주장한다. 효용의 추정 및 측정 가능성을 기준으로 효용이론은 상품을 크게 탐색재와 경험재로 구분한다. 탐색재는 소비로부터 얻게 될 효용의 크기를 쉽게 예측할 수 있는 상품을 의미한다. 예를 들어 노트북이 여기에 해당된다. 노트북을 구매할 때 소비자는 메모리, 하드웨어, 스크린 크기 등 구매 결정에 중요한 분야의 사양을 기반으로 해당 노트북의 전반적인 성능과 이를 통해 자신이 얻게 되는 효용을 추정할 수 있다. 소비자는 동일한 평가 과정을 다른 브랜드의 노트북에도 적용해 효용을 추정한 뒤, 가격을 추가적으로 고려해 브랜드 간 비교를 통해 최종적으로 선택을 할 수 있다. 하지만 대부분의 콘텐츠 상품이 포함되는 경험재의 경우에는 이러한 예측이 쉽지 않다. 어떤 영화를 포스터만 보고 얼마나 재미있을지 추정하기란 쉽지 않다. 마찬가지로 어떤 컴퓨터 게임을 직접 해보기 전에 소비를 통해 얻게 될 만족을 예측하기는 어렵다. 즉, 경험재는 소비를 하기 전까지는 소비를 통해 얻게 되는 효용의 크기를 예측하기가 어려운 상품이다. 경험재의 일종인 콘텐츠 상품의 소비를 증진시키기 위해 경영자는 소비자들이 소비 이전에라도 효용을 추정할 수 있게 정보를 제공하는 전략을 구사한다. 탐색재인 노트북의 성능과 관련된 사양처럼 콘텐츠에 대해 성능과 효용을 예측할 수 있게 신뢰할 수 있는 정보를 제공하는 것이 중요하다. 영화 마케팅 과정에서 속편이거나 스타 배우의 출연을 강조하는 것도 이 때문이다. 앞서 흥행에 성공한 영화의 속편임을 강조하는 것은 선행 영화의 성능과 효용이 속편에서도 얻을 수 있다는 정보를 소비자에게 제공하는 것이다. 스타 배우의 출연 역시 주인공의 연기력 혹은 매력도 측면에서 소비자에게 보장을 제공해 경험재의 선택 과정에서 직면하는 위험 수준을 감소시킨다.

미디어 생산자 이론

소비자 이론에서 한계효용 개념이 중요하듯 생산자 이론에서 한계생산 개념이 중요하다. 소비자 이론에서 가격 대비 한계효용의 비율이 다른 상품의 비율보다 낮게 될 경우 해당 상품의 소비를 중단하는 것이 합리적인 것처럼 생산자 역시 한계생산비가 가격보다 높게 될 경우 생산을 중단하는 것이 합리적이다. 즉, 경영자는 한계생산량과 이에 따른 한계생산비를 기준으로 적절한 생산량을 결정할 수 있다. 이러한 결정 과정에서 고려해야 하는 것이 수확체감의 법칙이다. 일반적인 관찰에 근거하고 있는 수확체감의 법칙은 다른 생산요소가 고정된 상태에서 특정한 생산요소의 투입을 계속 증가시킬 경우 초기에는 한계생산량이 증가하지만(즉, 생산성이 향상되지만) 일정한 생산량을 지나게 되면 한계생산량이 감소된다고 주장한다. 이처럼 수확체감의 법칙은 기업의 생산량에 영향을 미치는 제약요소로 기능한다.

하지만 한계생산분석을 기업에 적용하는 것에는 현실적으로 어려움이 있다. 한계생산분석은 생산요소 한 단위(최소 투입 가능 단위)를 추가로 투입할 경우 생산량이 얼마나 증가하는지를 분석한다. 예를 들어, 기자의 취재 시간을 1시간 증가시킬 경우 기사의 수가 얼마나 증가하는지, 혹은 제작비를 1만 원 증액시킬 경우 TV 드라마 시청률이 얼마나 오르는지 등이 한계생산분석이다. 하지만 기업의 의사 결정은 이처럼 작은 단위에서 결정되지 않는다. 기자의 노동시간과 관련된 투입량의 결정은 일반적으로 기자의 채용을 통해 진행되고, TV 드라마 제작비 증액의 경우에는 해외 로케이션 촬영 여부 등 수천 혹은 수억 원의 추가 금액과 관련된 사항이 많다. 따라서 한계생산분석의 현실적인 버전으로 경영자는 주로 점증분석을 활용한다. 즉, 1시간의 노동시간이 아니라 기자 1명을 추가로 고용할 경우 기사의 수가 얼마나 증가할지, 수억 원을 들여 해외 로케이션 촬영을 하면 TV 드라마의 시청률이 얼마나 증가할지 등이 경영자들이 현실적으로 고려하는 질문들이다.

기업이론에서 제시하는 대표적인 가정이 기업은 이윤을 극대화한다는 점이다. 기업 규모 극대화 등 다른 가정들도 제시되고 있지만 여전히 이윤 극대화 가정은 핵심적인 위치를 차지하고 있다. 이윤은 총수입에서 총비용을 제하고 남은 가치를 의미한다. 하지만 계산 과정에 따라 결과가 달라질 수 있다. 특히 경제학에서 제시하는 경제적 이윤과 회계학에서 제시하는 회계적 이윤 간에는 뚜렷한 차이를 발견할 수 있다. 두 유형의 이윤에서 총수입은 동일하다. 하지만 총비용과 관련해서 경제적 이윤에서는 총경제적 비용이라는 개념을 사용하며 회계적

이윤에서는 총회계적 비용이라는 개념을 사용한다. 회계적 비용에는 명시적 비용과 회계감가상각이 포함된다. 명시적 비용은 생산요소인 노동력, 원재료, 설비 등을 구매 혹은 대여하기 위해 지출되는 비용으로 경제적 비용에서도 동일하게 인정한다. 회계적 감가상각은 장기적인 사용을 목적으로 구매한 자본 설비의 비용을 수 년간에 걸쳐 분산시키는 방식이다. 예를 들어 사무용 컴퓨터를 100만 원에 구매했다면, 그 비용을 5년간에 걸쳐 연간 20만 원씩 할당하는 방식이다.

경제적 비용에서는 회계감가상각 대신 암묵적 비용이라는 개념을 사용한다. 암묵적 비용에는 경제적 감가상각, 정상이윤, 기타 귀속 기회비용 등이 포함된다. 경제적 감가상각 역시 회계감가상각처럼 자본설비의 경우 가치가 일정기간 지속된다고 가정한다. 하지만 1년 단위로 임의로 가치감소를 부여하는 회계감가상각과 달리 경제적 감가상각에서는 시장에서의 가치 변화를 반영한다. 100만 원에 컴퓨터를 구매한 1년 후에 중고시장에서 50만 원을 받고 팔 수 있다면 컴퓨터의 가치는 1년 사이에 50만 원이 감소한 것으로 판단한다는 것이다. 경제적 비용은 특히 정상이윤과 기타 귀속 기회비용 등과 같은 넓은 의미의 기회비용을 비용으로 간주한다는 점에서 회계적 비용과 명확한 차이를 보인다. 정상이윤은 해당 사업에 투입한 자금을 유사한 위험을 가진 다른 사업에 투입했을 때 얻을 수 있는 이윤을 의미한다. 예를 들어, 사업을 하는 대신 은행에 예금을 할 경우 얻게 되는 이자가 정상이윤이며, 사업을 한다면 최소한 이러한 이자 수입보다는 더 큰 이윤을 얻을 것으로 기대한다. 기타 귀속 기회비용에는 암묵적 임금과 암묵적 대여율이 포함된다. 암묵적 임금은 경영자가 직접 사업을 운영할 경우 다른 기업에 취업해 얻을 수 있는 임금을 포기하는 셈이라고 가정한다. 방송사의 유명한 드라마 PD가 스스로 제작사를 운영하기 위해 방송사에서 퇴직을 할 경우 방송사에 그대로 있었다면 받게 되는 임금이 암묵적 임금이며 비용의 일부로 간주해야 한다. 유사한 맥락에서 기업에서 ENG 카메라와 같은 자본설비를 보유하고 있다면 이러한 장비를 다른 기업에 대여해서 얻을 수 있는 수입을 암묵적 대여율로 포기하는 셈이다. 따라서 경영자는 회계적 비용 관점에서 기업의 비용을 분석하는 것 이외에도 기회비용도 함께 고려하는 경제적 비용 관점도 채택해 균형 잡힌 비용분석을 실시할 필요가 있다.

생산하는 과정에서 발생하는 효율성과 관련해 콘텐츠 산업에서 특히 중요한 개념으로 범위의 경제를 들 수 있다. 범위의 경제는 상이한 상품을 상이한 기업에서 각각 생산하는 비용보다 하나의 기업에서 모두 생산할 때 비용이 적을 경우 발생한다. 일반적으로 생산공정이 연결되거나 하나의 원재료를 공유할 경우에 범위의 경제가 발생한다. 할리우드 스튜디오의 경우 영화와 TV 드라마를 함께 제작하는 경우를 흔히 발견할 수 있다. 이것은 두 유형의 콘텐츠가 원재료를 공유하기 때문이다. 배우들의 경우 영화와 TV 드라마에 교차 출연하는 것은 미국이나 한국에서 모두 자연스러운 현상으로 받아들여지고 있다. 국내에서는 최근 들어 빈도가 높아졌지만 연출자가 영화와 TV 드라마를 오가는 것도 할리우드에서는 흔한 일이다. 디지털 기술의 발전으로 인해 최근에서는 영화와 TV 드라마의 촬영 및 후반작업 과정도 유사해졌다. 할리우드 스튜디오 경영자들이 영화와 TV 드라마를 함께 제작하는 것은 원재료의 공유를 통해 비용을 감소시킬 수 있기 때문이다. 국내의 경우 역사적 발전 과정에서 영화와 TV 드라마는 상호 간 진입 장벽을 구축해 왔지만 산업의 규모가 커지고 국제화되면서 교차 제작의 빈도가 증가하고 있다. 영화 산업에서 구축된 창구화 역시 범위의 경제를 활용한 방식이다. 영화는 영화관에서만 상영되는 것이 아니라 이후 IPTV, 케이블 TV, 인터넷 등 다양한 매체를 통해 단계적으로 반복 활용된다는 점에서 생산공정이 연결되어 있는 것으로도 간주할 수 있다. 창구화 전략의 수립 및 수행에는 정교한 분석과 일사불란한 조직이 필요하다는 점을 감안할 때 각 창구 단계별로 별도의 기업이 배급을 하는 것보다 단일한 기업이 전체적인 계획하에서 체계적으로 배급을 하는 것이 이윤을 극대화할 수 있다. 할리우드의 경우 스튜디오가 배급사로서 모든 창구들을 조율하는 반면 국내에서는 이러한 체계적인 배급이 기대 수준에는 미치지 못하고 있다. 최근 미디어 산업에서 회자되고 있는 원소스멀티유스 개념 역시 범위의 경제와 밀접하게 연결되어 있다. 원소스멀티유스는 하나의 원천 아이디어를 기반으로 각 미디어 창구의 상황에 맞게 콘텐츠를 각색 및 제작하는 것이다. 콘텐츠 제작 및 배급의 순서 조정 및 저작권 관리 등을 감안할 때 특정한 기업이 주도적으로 진행하는 것이 효율적일 것으로 예상된다.

미디어 콘텐츠의 가격 설정

일반적으로 기업들이 상품의 가격을 결정하는 방식으로 많이 사용하는 방식이 총비용가격 방식이다. 총비용가격 방식은 상품 단위당 직접비용과 간접비용을 더한 뒤 자신들이 생각하는 적절한 이윤을 더하는 방식으로 계산된다. 직접비용은 노동력과 원재료와 같이 가변적으로 투입할 수 생산요소와 관련된 비용이며 간접비용은 공장과 같이 일정 기간 동안 불변하는 생산요소와 관련된 비용이다. 하지만 이러한 방식은 여러 가지 문제점을 안고 있다. 우선, 이론적으로 간접비용은 가격과 직접적인 관련이 없다는 것이다. 간접비용은 많은 경우 매몰비용의 성격을 지니고 있어 생산량 결정과는 무관하기 때문이다. 가장 큰 문제는 가격 설정 과정에서 소비자를 고려하지 않고 있다는 점이다. 만약 소비자들이 제시된 가격에서 상품을 구매하지 않는다면 경영자가 기대하는 적절한 이윤은 의미가 없기 때문이다.

소비자의 중요성은 특히 미디어 산업에서 중요하다. 콘텐츠 상품의 대표적인 특성으로 공공재적 속성 중 소비의 비경합성을 들 수 있다. 소비의 비경합성은 콘텐츠 상품의 물리적 특성인 비소모성에 기반한 것으로 한 사람이 어떤 콘텐츠를 소비한다고 해도 다른 사람이 동일한 콘텐츠를 소비하는 양에 있어서 영향을 받지 않는다는 것이다. 비용적인 측면에서 이러한 성질은 한 사람이 추가로 콘텐츠 상품을 소비하는 데 있어 추가적인 비용인 한계비용이 들지 않는다는 것이다. 따라서 최소 가격을 결정하는 기준인 한계비용(MC) = 가격(P) 방식이 콘텐츠 상품의 경우에는 적용될 수 없게 된다. 한계비용이 0에 가까운 상태에서 경영자는 조금이라도 지불 의사를 가진 모든 잠재고객에 콘텐츠 상품을 공급하는 것이 이윤을 증대시키는 전략이다. 하지만 이 경우 추가로 감안해야 할 것은 콘텐츠 상품에 대한 소비자들의 유보 가격(최대 지불 의사 가격)이 소비자들마다 상이하다는 점이다. 동일한 영화에 대해 영화관에서 관람하기 위해 얼마나 많은 금액을 지불할 것인지 질문할 경우 사람마다 수만 원에서 수백 원에 이르기까지 다양한 범위의 분포를 보일 것이다. 한계생산 개념을 가격 설정 과정에 적용하기 어려운 콘텐츠 상품의 특성으로 인해 미디어 산업에서는 다양한 소비자들의 유보 가격에 대응하는 가격 설정 방식을 활용해 왔다.

소비자들의 상이한 유보 가격에 가격을 맞추어 대응하는 가결 설정을 가격 차별화라고 한다. 세부적인 방식의 차이를 감안해 세 가지 유형의 가격 차별화 방식이 있다. 1급 가격 차별화라고 하는 개인화된 가격 설정은 기업의 입장에서는 이상적인 가격 차별화 전략이다. 각 개인별로 상이한 유보가격에 맞게 가격을 제시할 경우 기업이 얻을 수 있는 이윤이 극대화되기 때문이다. 개인화된 가격 설정에서는 소비자의 유보 가격과 실제 가격 간의 차이에서 발생하는 소비자 잉여를 모두 기업이 가져가게 된다. 하지만 개인화된 가격 설정은 쉽게 발견하기 어렵다. 우선 소비자가 지닌 유보 가격을 알아내기가 어렵기 때문이다. 게임 상황임을 가정할 경우 소비자가 자신의 유보 가격을 보여줄 이유가 없다. 따라서 경영자는 소비자가 자신의 유보 가격을 보여주게 만드는 여러 가지 방안들을 고민하고 있다. 대표적인 방식이 경매다. 경매 상황에서 소비자는 다른 소비자와의 경쟁을 통해 자신이 가지고 있던 유보 가격에 근접하는 수준으로 가격을 지불하게 된다. 하지만 이러한 방식은 비소모성에 기반하고 있는 콘텐츠에 적용되기 어렵다는 점에서 경영자의 추가적인 고민이 필요하다. 개인화된 가격 설정이 어려운 또 다른 이유로는 법적인 제약을 들 수 있다. 특별한 근거 없이 소비자별로 상이한 가격을 받을 경우 공정거래법 등의 제약을 받을 수 있기 때문이다.

2급과 3급의 가격 차별화는 가격을 달리 받는 기준을 제시한다는 점에서 법적인 제약을 벗어날 수 있다. 2급 가격 차별화로 불리는 감소 블록 가격 설정은 소비량에 따라 가격을 달리 받는 전략이다. 예를 들어, 스마트폰을 데이터서비스를 구매할 경우 일정한 정보량 이상부터는 가격을 낮추어 받는 경우를 들 수 있다. 이것은 한계효용체감의 법칙과 밀접한 관련이 있다. 동일한 서비스를 반복적으로 소비하면서 소비자들의 한계효용은 지속적으로 감소한다. 한계효용은 해당 서비스에 대한 유보 가격과 직결되기 때문에 한계효용이 체감하면 가격도 낮추어 주는 것이 적절한 대응이다. 국내에서는 일부 뮤지컬 상품의 경우 수십 번씩 반복해서 관람하는 경우를 발견할 수 있다. 이러한 상황에서 2급 가격 차별화 전략을 활용해 일부 기업에서는 한 사람이 일정 횟수 이상을 관람할 경우 가격을 낮추어 주는 마케팅 전략을 활용하고 있다. 좌석이 만석이 아닌 한 추가 관객을 위한 한계비용이 들지 않기 때문에 이윤을 증대시키는 전략이라고 볼 수 있다.

3급 가격 차별화는 개인이 아니라 집단별로 상이한 가격을 부과하는 방식이다. 그리고 이 과정에서 높은 가격에는 추가적인 서비스를 부가하던지 낮은 가격에는 수고로움을 더 하는 식의 차별화의 근거를 제시한다. 예를 들어 영화관에서 조조할인을 들 수 있다. 아침 일찍 영화관을 찾는 수고를 할 경우에는 가격을 할인해 주는 식으로 차별화의 근거를 제공한다. 더욱이 소비자가 스스로 해당 시간대에 영화관에 나타나기 때문에 소비자의 유보 가격을 알아내기 위한 별도의 비용이 필요하지도 않다. 영화 산업에서 오랜 기간 활용해 온 창구화 전략은 대표적인 3급 가격 차별화 전략이다. 창구화 전략은 가격 차별화를 위한 논리로 배포 시점 차별화와 매체 차별화를 함께 사용한다. 9000원 이상의 유보 가격을 가진 소비자 집단이라면 영화관에서 자신이 원하는 영화를 관람하는 선택을 할 것이다. 하지만 9000원 미만 4000원 이상의 유보가격을 가지고 있는 소비자라면 해당 영화를 IPTV VOD 서비스를 통해 시청하는 방식을 선택할 것이다. 5000원의 가격을 절약할 수 있었지만 대신 영화관에서 상영을 마치고 홀드백 기간이 끝나는 시점까지 기다려야 하는 수고를 겪어야 한다. 또한 영화관의 큰 스크린에 미치지 못하는 TV 스크린을 통해 영화를 시청해야 한다. 최근 들어 다양한 창구화 전략이 등장하고 있는 것은 집단을 유보 가격을 기준으로 더욱 세분화해 이윤을 극대화하려는 시도이다. 예를 들어 영화관에서 개봉 중임에도 극장 동시상영이란 이름으로 1만 원에 VOD로 영화를 제공하는 경우를 볼 수 있다. 극장 가격보다 더 높은 가격을 부과하는 것이 가능한 것은 극장에 가기 위해 발생하는 교통비와 VOD의 경우 여러 사람이 함께 볼 수 있다는 점 등을 감안할 경우 실제 비용은 영화관 관람에 비해 낮기 때문이다.

유보 가격의 차이를 활용한 가격차별화 전략으로 미디어 산업에서 많이 활용되는 또 다른 유형으로 번들링이 있다. 번들링은 상이한 상품을 하나의 상품으로 묶어서 파는 전략을 의미한다. 묶음으로만 판매할 경우는 순수 번들링이라고 하며 묶음으로도 살 수 있고 낱개로도 살 수 있다면 혼합 번들링이라고 한다. 앞선 1급, 2급, 3급 가격 차별화의 경우와 마찬가지로 번들링의 경우에는 낱개로 판매할 경우 소비자가 얻게 되는 소비자 잉여를 판매자가 가져가는 방식으로 기업은 이윤을 증대시킬 수 있다. 케이블TV 서비스는 대표적인 순수 번들링 상품이다. 일부 유료채널들을 별도로 구매할 수 있는 것에서 볼 수 있듯이 케이블TV 가입자는 기술적으로 어려움 없이 개별 채널별로 구매를 할 수 있다. 즉, 소비자는 자신이 즐겨보는 채널들(채널 레퍼토리)만 구매해서 가격을 낮출 수도 있다. 하지만 케이블TV 사업자는 이러한 개별 채널 판매 방식(알라카르테)을 거부하고 기존의 순수 번들링 방식을 고수하고 있다. 이러한 순수 번들링 고수의 중요한 원인으로는 앞서 언급한 것처럼 묶음 판매를 통해 케이블TV 사업자가 얻게 되는 소비자 잉여가 감소되기 때문이다. 하지만 반드시 개별 채널 판매가 소비자에게 우호적인 방식인지에 대해서는 논쟁의 여지가 있다. 개별 채널 판매가 도입될 경우 상당수의 비인기 채널들이 생존에 필요한 고객수를 확보하지 못할 가능성이 높으며, 결과적으로 채널 구성의 다양성이 감소하는 결과로 이어질 수 있기 때문이다. 케이블TV와 달리 음악계에서는 번들링 해체가 손쉽게 진행되었다. 국내의 경우 오랜 기간 12곡 내외의 앨범으로만 음악을 판매하는 순수 번들링 방식을 고수했지만 인터넷과 같은 기술적 발전과 미국과 일본 등에서 곡별 판매가 일반화된 것 등에 영향을 받아 앨범과 곡별 판매가 함께 허용되는 혼합 번들링 방식이 본격화되었다. 최근 12곡 내외로 구성하는 정규 앨범이 감소하고 소수의 곡만으로 구성하는 미니 앨범 혹은 싱글 앨범이 증가하는 것은 번들링 해체를 통해 이윤이 감소하게 된 음악 기업의 대응 전략으로 볼 수 있다.

미디어 시장과 광고

미디어 기업은 공익적 기능을 담당하는 경우가 많다. 공익적 기능이 특히 강한 경우 KBS와 같이 정부가 제작비와 운영비를 보조하는 경우도 쉽게 발견할 수 있다. 그렇지만 대부분의 미디어 기업은 콘텐츠 제작비와 기업의 운영비를 확보하기 위한 별도의 수단(즉, 비즈니스 모형)을 확보해야 한다. 미디어 산업의 대표적인 비즈니스 모형으로 가입자 모형과 광고 모형을 들 수 있다. 신문의 경우 이두 가지 모형을 함께 사용하는 대표적인 사례이다. 신문은 구독자들을 대상으로월 단위로 가격을 부과하면서 동시에 광고주들을 대상으로 광고 지면을 판매해수입을 올린다. 흥미로운 것은 이 두 비즈니스 모형이 밀접하게 연결되어 있다는 것이다. 이중 상품시장 모형 혹은 양면 시장으로 불리는 이러한 연결구조에서 하나의 비즈니스 모형에서의 성과는 다른 비즈니스 모형에서의 성과에 영향을 미칠 수 있다. 신문구독자의 수가 증가하면 신문에 실린 광고에 노출되는 잠재 고객의 수도 증가하기 때문에 신문사는 광고주에게 더 높은 가격을 요구할수 있다. 국내에서는 보기 어렵지만 영국 등 외국에서는 신문사가 신문의 구독료를 인하하는 경우를 가끔씩 볼 수 있다. 일반적으로 신문의 경우에는 가격탄력성이 비탄력적으로 알려져 있다. 즉, 가격을 10% 내리더라도 수요가 10% 미만으로 증가한다는 것이다. 따라서 신문구독료만 고려할 경우에는 가격 인하로인해 오히려 총수입이 감소하는 결과가 초래된다. 하지만 비탄력적 상황에서도신문사가 가격을 인하하는 것은 신문가격의 인하를 통해 증가한 구독자의 수가구독료 수입뿐 아니라 광고 가격에도 정적인 영향을 주기 때문이다. 가입자 모형과 광고 모형은 플랫폼 모형으로 이어지고 있다. 플랫폼은 수요자와 공급자가 효율적으로 거래할 수 있게 (기술적으로) 지원하고 그 대가로 수수료를 받는 비즈니스 모형이다. 특정 플랫폼이 독과점적 지위를 가지게 될 경우 플랫폼은 안정적으로 수입을 확보할 수 있으며, 플랫폼을 이용하는 수요자와 공급자의 규모가 커질수록 이들을 활용해 다양한 상품 분야로 확장할 수 있다.

대부분의 미디어 산업이 광고 모형에 상당 수준 의존하고 있으며, 가입자 모형을 채택할 경우에도 광고 모형을 함께 채택하는 경우가 많다. 특히 지상파방송 산업의 경우 광고 모형에 의존하는 정도가 강한 편이다. 이처럼 광고 모형에 의존하는 것은 콘텐츠가 지닌 공공재적 특성 중 소비의 비배제성으로 인해 콘텐츠 소비자로부터 직접 지불을 받는 것이 쉽지 않기 때문이다. 소비의 비배제성이란 정당한 가격을 지불하지 않은 사람이 소비하는 것을 막기가 어렵거나 혹은 막는 데 비용이 많은 드는 현상을 의미한다. 라디오 수신기를 구매하면 누구나 손쉽게 방송 프로그램을 청취할 수 있다. 스크램블 등의 기술적 수단을 통해 비가입자의 수신을 막을 수 있겠지만 이 경우에는 상당한 비용이 발생하게 된다. 따라서 라디오 방송 사업자들은 별도의 수입원이 필요했고 이미 인쇄 매체 등에서 활발하게 사용해 왔던 광고 모형을 주 수입원으로 도입했다. 시장 모형을 초기부터 선택했던 미국을 살펴보면 이러한 광고 모형의 등장 과정을 쉽게 확인할 수 있다.

하지만 광고 모형에 대한 과도한 의존으로 부작용이 발생하고 있다는 주장도 제기되고 있다. 우선, 광고는 진입 장벽을 형성해 경쟁을 저해할 소지가 있다. 기업은 자사의 상품에 관한 설득적인 광고를 지속적으로 제공해 소비자들이 자사의 상품 브랜드에 대한 호의적인 태도를 가지게끔 유도한다. 이러한 과정을 통해 새롭게 시장에 진입한 경쟁기업의 상품이 동일한 품질과 가격을 가지고 있더라도 소비자들은 브랜드 이미지가 호의적으로 고착된 기존의 상품을 계속적으로 소비하게 된다. 이러한 과정을 지속될 경우 기업은 브랜드 가치를 고려해 가격을 올릴 수 있게 된다. 또한 광고는 콘텐츠의 다양성을 약화시킬 수 있다. 광고주에게 모든 시청자들에 동일하게 중요한 것은 아니다. 즉 잠재 고객으로서의 가치가 있는 고객만이 광고주에게는 중요하다. 예를 들어 광고주들은 20대에서 40대까지의 시청자만을 고려한 시청률을 별도로 측정하고 있다. 광고주에게 대부분의 수입을 의존하는 미디어 기업의 경우에는 광고주들이 선호하는 잠재 시청자를 대상으로 하는 프로그램을 주로 편성하게 된다. 최근 들어 일반 시청률에서 큰 문제는 없지만 광고주들이 선호하는 젊은 시청자 층에서 낮은 시청률을 보이기 때문에 TV 프로그램이 폐지된다는 문제제기도 나오고 있다. 그리고 광고주는 직접적으로 미디어의 콘텐츠에 개입할 가능성도 있다. 미국의 일간지 편집자들을 대상으로 한 조사(Soley and Craig, 1992)에서도 광고주의 압력이 상당하다는 결과가 나타났다는 것을 볼 때 국내에서도 뉴스 등 미디어 기업에 대한 광고주의 압력이 있을 것으로 추론할 수 있다.

미디어 노동시장

미디어 콘텐츠 제작 과정에서는 특히 창의적인 노동력이 중요하다. 최근 들어 제작비 마련을 위해 자본시장에 대한 관심이 커지고 있지만 전통적으로 요소시장 중 노동시장에 대한 관심이 미디어 산업에서는 팽배했다. 노동시장의 분석방식은 가격 대신 임금률을 사용하는 것을 제외하면 상품시장의 분석 방식과 대동소이하다. 즉, 수요의 법칙과 공급의 법칙, 탄력성의 개념, 수요곡선 및 공급곡선의 이동 요인 등 상품시장에서의 분석 방식이 유사하게 적용된다.

다만, 개인의 노동시간 공급을 분석하는 것은 독특하다. 여기서 공급자는 노동자 개인이며 노동시장에 공급하는 생산요소는 노동시간이다. 공급의 법칙에 따라 노동자는 임금률이 높아질수록 더 많은 시간을 공급한다. 하지만 노동자는 삶의 총체적 효용인 행복을 극대화하는 것으로 가정된다. 따라서 노동자는 노동량을 증대시켜 소득을 증대시키더라도 여가시간이 감소할 경우에는 행복하기 어렵다. 일반적으로 공급곡선은 지속적으로 우상향하는 모양을 보이지만 개인의 노동시간 공급곡선은 일정량의 노동시간을 초과하면 가격이 오를 경우 노동시간의 공급곡선은 좌상향하는 모습을 보인다. 시간은 제한된 자원이기 때문에 노동시간이 증가한다는 것은 여가에 활용할 수 있는 시간이 감소하는 것을 의미하며 따라서 노동시간이 증가할수록 여가시간이 가지는 기회비용도 증가하게 된다. 따라서 여가시간의 기회비용이 임금률을 초과하게 되면 노동자는 오히려 노동시간을 줄이는 선택을 하게 된다. 하지만 현실적으로 자신의 노동시간을 자율적으로 조정할 수 있는 경우가 많지 않기 때문에 이 모형의 적용 범위는 넓지 않은 편이다. 다만, 인기 스타의 경우에는 이 모형이 적용될 수 있다. 인기 스타가 고액을 출연료를 받게 되면 활동 시간이 오히려 줄어드는 경우가 여기에 해당된다.

현실적으로 많은 관심을 받는 모형은 투입 단위가 노동시간이 아닌 노동자인 경우다. 개인의 경우에는 노동시간이 과도하게 증가하면 높은 임금률에도 불구하고 노동시간을 줄일 것으로 추론할 수 있지만, 노동자 집단의 경우라면 다른 분야에서 일하고 있던 노동자가 높은 임금률로 인해 새롭게 노동시장에 진입할 것이기 때문에 노동 공급곡선은 지속적으로 우상향하는 모습을 보일 것이다. 상품시장의 경우처럼 노동시장에서도 수요곡선과 공급곡선이 이동하는 현상을 보인다. 국내에서는 종합편성채널이 등장하면서 TV 프로그램 제작량이 증가했고 이 과정에서 배우와 예능인에 대한 수요곡선이 오른쪽으로 이동하면서 임금률이 인상되는 결과가 초래되었다. 반면 기술의 발달은 노동 공급곡선에 변화를 주기도 한다. 예전에는 영화관의 영사기를 다루기 위해서는 상당한 숙련이 필요했지만 디지털 장비가 일반화되면서 손쉽게 영사기를 다룰 수 있게 되었다. 따라서 영사기사의 공급곡선이 오른쪽으로 이동했고 임금률은 감소했다.

국제무역

국제무역과 관련된 이론적 논의는 일반적으로 국제무역 자체의 필요성을 증명하는 것으로 시작한다. 리카르도의 상대적 우위 이론이 대표적인 증명법이다. 우선 상대적 우위 이론에 앞서는 절대적 우위 이론은 상식적인 수준에서도 쉽게 이해할 수 있다. 두 국가가 각각 다른 상품을 더 효율적으로 생산할 수 있다면 각자 효율적으로 생산할 수 있는 상품만을 생산한 뒤 교환(즉 국제무역)하는 것이 총생산량과 총소비량을 모두 증대시킬 수 있다. 특히, 전문화와 학습으로 인한 장점까지 함께 고려된다면 생산 효율성을 더욱 높일 수 있다. 상대적 우위 이론은 만약 한 국가가 다른 국가와 비교해서 모든 상품의 생산에서 효율성이 뒤진다고 해도 국제무역을 하는 것이 두 국가 모두에 이득이 된다는 점을 강조한다. 각 국가는 자신들이 생산하는 상품들 중 가장 생산 효율성이 높은 상품에 초점을 맞추어 생산해 교환을 하면 윈-윈 상태에 도달할 수 있다. 상대적 우위 이론을 바탕으로 미국이 전 세계적으로 콘텐츠 시장을 주도하고 있음에도 불구하고 특정한 유형의 콘텐츠에서는 미국 이외의 국가가 선전을 하는 현상을 설명한다. 일본이 애니메이션 분야에서 상당한 경쟁력을 보이는 것과 한국이 TV 예능 프로그램 분야의 경우 아시아 시장에서 상당한 시장점유율을 보이는 것 등이 사례다.

미국이 전 세계 콘텐츠 시장을 주도하고 있는 현상을 설명하기 위해서는 별도의 이론적 체계가 필요하다. 우선 자국 시장의 규모가 크다는 점을 들 수 있다. 인구수가 많을 뿐만 아니라 콘텐츠의 가격이 높고 또한 콘텐츠의 1인당 소비량이 많다는 점 등이 자국 시장의 규모를 키우는 데 정적인 영향을 미쳤다. 또한 할리우드와 같이 콘텐츠 제작과 관련된 대부분의 서비스를 한 곳에서 받을 수 있는 시스템 역시 미국의 콘텐츠 시장 경쟁력을 설명한다. 하지만 이러한 설명만으로는 다른 상품에 비해 특히 콘텐츠 상품에서 미국이 더욱 강한 경쟁력을 보이는 것을 적절히 설명하지 못한다. 이러한 지적에 대응해 연구자들은 문화적 할인이라는 개념을 제시했다. 일반적 상품과 달리 콘텐츠는 구매 및 소비 과정에서 문화적 요소가 중요하게 작용한다. 우리는 국가마다 문화 코드가 다르다는 말을 흔히 사용한다. 따라서 한 국가의 문화적 영향하에서 제작된 콘텐츠는 다른 문화권에서 소비되는 과정에서 매력도가 감소하는 과정을 거치는데, 이것을 문화적 할인이라고 한다. 프랑스에서 흥행에 성공한 코미디 영화가 한국에서는 흥행에 실패한 경우를 발견할 수 있으며, 한국에서 흥행을 함에 따라 미국 시장에서도 큰 성공을 거둘 것으로 예상했지만 기대에 못 미치는 경우도 있었다. 미국의 할리우드는 전 세계의 다양한 문화 코드를 융합해 평균화시킴으로써 상대적으로 문화적 할인을 가장 적게 받을 수 있었다. 여기에는 할리우드가 보유한 인적 자원이 영향을 미쳤다. 미국이 다인종 다민족 국가인 관계로 다양한 문화 코드를 고려한 콘텐츠 제작이 일반화될 수 있었으며, 콘텐츠 제작 현장에서 활동하는 다양한 배경을 가진 노동자들 역시 문화 코드의 혼합화 및 중립화에 영향을 미쳤다. K-콘텐츠 혹은 한류의 성장을 설명하기 위해서는 추가적인 변수가 필요하다. 한류 콘텐츠에 대한 국내 수요량은 충분하다고 보기 어려우며, 문화적 할인 역시 설명력에서 제약이 있기 때문이다. 이러한 설명에 덧붙여 한국 내 콘텐츠 시장의 경쟁의 정도가 높다는 점과 콘텐츠 생태계가 체계적으로 구축되어 있다는 설명이 필요할 것이다.

콘텐츠 국제무역이 미국이 주도하면서 다른 국가들은 자국의 콘텐츠 산업을 보호하기 위해 노력하고 있다. 이러한 보호주의를 둘러싼 논쟁은 국제무역에서 중요한 주제다. 콘텐츠 보호주의의 필요성을 주장하는 논리로 우선 불공정한 무역 관행을 들 수 있다. 미국이 이미 콘텐츠 시장을 주도하고 있는 상황에서 다른 국가의 콘텐츠가 정당한 대우를 받기 어렵다는 주장이다. 초기 단계 산업 보호론도 자주 언급되는 논리다. 산업이 충분히 성장해서 공정한 경쟁을 할 수 있을 때까지는 해당 산업을 보호할 필요가 있다는 것이다. 콘텐츠와 관련해서 가장 강력한 보호주의 논리는 문화적 다양성 보호론이다. 각 국가가 가지고 있는 고유한 문화는 경제적 가치를 따지기가 어려울 정도로 높은 중요하다. 그리고 전 세계적으로 보더라도 각 국가의 고유한 문화들이 보존되어야 다양한 문화를 경험하는 문화적 복지가 증대될 수 있다. WTO 등 다국가 자유무역협상에서도 이러한 문화적 다양성 보호론은 설득력을 발휘해 콘텐츠 상품의 경우에는 별도의 보호 장치를 허용하는 경우가 많다.

SUMMARY

경제학의 이론과 방법론은 미디어 경영에 관련된 의사 결정을 내리는 데 필요조건이다. 미디어 콘텐츠에 대한 수요와 공급은 각각 수요의 법칙과 공급의 법칙에 지배된다. 미디어 소비자들의 행위는 한계효용체감의 법칙을 따르며, 콘텐츠 생산은 수확체감의 법칙을 바탕을 두고 있다. 미디어 기업은 이윤의 극대화를 위해 다양한 가격차별화 전략을 활용하며, 대표적으로 창구화 전략을 들 수 있다. 콘텐츠의 국제 거래에서는 문화적 할인을 감안해야 한다.

생각해 볼 문제

1. 노인 인구의 증가가 미디어 상품에 대한 수요에 어떠한 변화를 발생시킬 것인가?
2. TV 프로그램의 세부 유형들 중 반복 이용 과정에서 한계효용이 상대적으로 빨리 감소하는 유형과 천천히 감소하는 유형에는 어떠한 것이 있는가?
3. 동영상 OTT 서비스의 확장에 따라 가격 차별화 전략의 일종인 창구화 전략은 향후 어떻게 변화할 것인가?
4. 인공지능 기술의 발전은 콘텐츠 출연자 시장의 공급곡선에 어떠한 변화를 발생시킬 것인가?
5. 미국 이외의 국가들은 문화적 할인에 어떻게 대응할 수 있는가?

참 고 문 헌

장병희. 2014. 『미디어 경제학』. 커뮤니케이션북스.
호스킨스·맥패디언·핀(Colin Hoskins, Stuart McFadyen, and Adam Finn). 2013. 『미디어 경제학: 뉴디미어와 전통 미디어에 대한 경제학 적용』. 장병희 옮김. 커뮤니케이션북스.
Fu, W. Wayne. and A. Govindaraju. 2010. "Explaining Global Box-Office Tastes in Hollywood Films: Homogenization of National Audiences' Movie Selections." *Communication Research*, Vol.43, No.3, pp. 215~238.
Soley, L. and Craig, R. 1992. "Advertising Pressures on Newspapers: A Survey." *Journal of Advertising*, Vol.21, No.4, pp. 1~10.

05 미디어 기업 전략

이문행

기업이 성장하고 발전하기 위해서는 끊임없는 기술 개발과 경영 혁신이 필요하다. 특히 날로 치열해지는 경쟁에서 우위를 차지하기 위해, 기업은 그들이 보유한 인적 물적 자본과 환경요인을 철저하게 검토하고 최적의 경영 목표를 설정해 대응해야 한다. 미디어 기업 역시, 새롭고 강력한 미디어 상품을 지속적으로 생산하고, 시장에서 우위를 확보하기 위해서는 끊임없이 경쟁력 향상을 추구해야 한다. 이와 같이 경영 우위라는 목표를 달성하기 위해 환경 변화에 기업 전체를 적응시키는 경영 전략이 바로 기업 전략(corporate strategy)이다.

기업이 추구하는 전략은 각각의 사업 영역에서 "어떻게 경쟁할 것인가"를 결정짓는 것이기 때문에 경쟁 전략이라고도 한다. 그러나 기업마다 처한 환경과 대면하게 되는 경쟁자, 추구하는 기업의 방향이 다를 수 있으므로 획일적인 전략이 동일하게 적용될 수는 없다. 즉, 기업은 외부 환경 여건과 함께 내부자원 및 역량에 대한 분석 결과를 기반으로, 최적의 전략을 선택함으로써 기업의 경쟁 우위를 구축해 나가야 한다. 이 장에서는 미디어 산업의 생태계를 형성하고 있는 다양한 미디어 기업의 사업 전략 사례를 중심으로 기업의 사업 전략 개념과 유형을 살펴보고자 한다.

기업 전략의 개념은 무엇인가?

기업 전략이란 기업이 장기적인 수익 극대화를 위해 기업의 발전과 개발을 관리하는 것으로, 기업의 규모 및 사업 특성, 경쟁 환경 등에 따라 다양한 사업 전략이 추진될 수 있다. 즉, 다양한 사업의 포트폴리오를 전사적인 차원에서 어떻게 구성하고 조정할 것인가를 결정하는 것이 기업 전략의 핵심이라고 할 수 있다.

기업 전략을 단계별로 분류해 보면(〈그림 5-1〉 참조), 희소한 경영 자원의 효율적 배분을 통해 경쟁 우위를 창출시킬 수 있는 경영 전략management strategy이 있고, 기업의 사업 내용과 목표 시장 범위를 결정하는 기업 전략corporate strategy이 있다. 좀 더 하위의 개념으로, 기업이 경쟁 우위를 창출하기 위해 사업부 차원에서 기획하는 전략은 사업 전략이라고 하는데 이 단계에서는 특정 사업에서 어떻게 경쟁할 것인가를 결정하게 된다(〈그림 5-2〉 참조). 또한 사업의 각 기능별 전략functional strategy은 기능별 세부 과제를 결정하는 문제로, 마케팅 전략, 생산 전략, 재무 전략, 인사 조직 전략, 기술 개발 전략 등 기능부서별로 구체적인 수행 방법을 결정하는 단계이다. 한편, 단일 업종 기업일 경우 기업 전략과 사업 전략은 동일한 개념으로 사용된다.

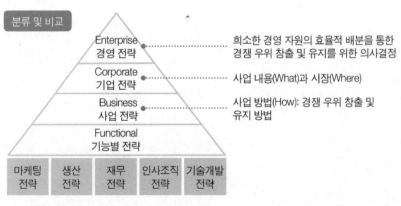

〈그림 5-1〉 기업 전략의 단계별 분류
자료: 정순진(2010).

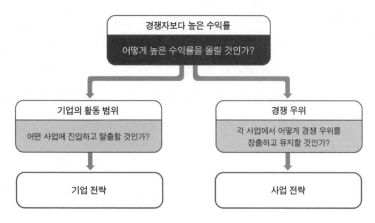

<그림 5-2> 기업 전략과 사업 전략의 차이
자료: 장세진(2021: 17).

기업 전략의 목표는 무엇보다 이윤 극대화이므로, 기업 전략을 수립할 때에
도 해당 산업의 구조 분석과 함께 기업의 경영 자원과 핵심 역량으로 경쟁 우위
를 창출할 수 있는가의 여부를 판단하는 것이 필요하다. 이에 따라 기업은 시장
에서 경쟁 우위를 확보하기 위해 단일 사업에 집중해야 할 것인지, 관련 사업으
로 수직적 또는 수평적 통합을 할 것인지, 새로운 사업 영역으로 다각화할 것인
지, 또는 국내 시장에 한해 경쟁할 것인지 해외시장에 진출할 것인지, 나아가 기
존 사업 부문에서 탈퇴할 것인지 등의 전략을 수립해야 한다(장세진, 2021).

일반적으로 초기에는 국내 시장을 중심으로 하나의 사업에 집중하다가 핵심
사업을 강화하기 위해 수직 또는 수평적으로 사업을 통합하기도 하고, 해외로
시장을 확대하거나 다각화를 시도하기도 한다. 미디어 기업 역시 경쟁 우위 확
보와 경영 효율성 향상을 위해 사업 영역의 다각화, 분사, 전략적 제휴와 M&A
등 다양한 전략을 구사하게 된다.

기업 전략의 유형에는 어떤 것이 있는가?

기업 전략의 유형으로는 크게 성장 전략과 축소 전략, 경쟁력 강화 전략이 있다.

성장 전략

기업의 성장 전략은 규모의 확대를 통해 기업의 경쟁력을 제고 하는 것이 목적으로, 현재의 영업 활동 범위와 크기를 키우는 전략이라고 할 수 있다. 이를 위해 기업은 사업 유형을 단일 업종에 집중시키거나(집중화 전략), 사업의 다각화(다각화 전략)를 통해 규모를 확대하게 되는데, 이를 위해서는 기존 기업을 인수하거나 새로운 기업을 설립하게 된다.

사업 집중화 전략: 경쟁 우위 확보 또는 시장 확대

사업 집중화 성장 전략은 동일 사업 영역 내에서 기업의 경쟁력을 강화하거나 혹은 시장에서의 경쟁의 정도를 줄이기 위해 동일 사업을 하는 다른 기업을 통합해 범위의 경제를 실현시키고 시장 지배력을 높이는 것이 목적이다. 케이블 방송사들이 동일 장르 또는 다양한 장르의 채널을 인수 또는 신설한 후 복합채널기업MPP, multiple program provider으로 규모를 키우는 것을 사례로 들 수 있다(〈그림 5-3, 5-4〉 참조).[1]

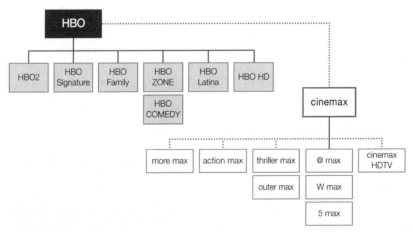

〈그림 5-3〉 HBO의 다양한 채널군
자료: HBO 홈페이지.

---

1) 대표적인 MPP인 CJ ENM은 tvN, OtvN, XtvN, OCN, 투니버스, 캐치온, 캐치온2, CGV, mnet, Olive, UXN, 중화TV, OGNCH, DIA TV 등 다양한 채널을 보유하고 있다.

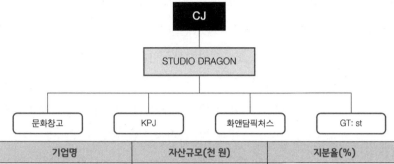

기업명	자산규모(천 원)	지분율(%)
(주)화앤담픽쳐스	28,207,165	100
(주)문화창고	27,407,384	100
(주)케이피제이	22,157,165	100
(주)지티스트	14,275,007	100

〈그림 5-4〉 스튜디오 드래곤의 자회사 현황
자료: CJ ENM 연차보고서, DART, 금융감독원.

모기업은 이와 같이 인수 또는 신설한 기업을 흡수 통합하기도 하지만, 독립 기업 형태를 유지시켜 수평적 다각화 포트폴리오를 유지하기도 한다. 국내 대표 적인 방송 제작사인 스튜디오 드래곤의 드라마 제작사 인수는 시장지배력 확대 를 위한 수평적 통합의 예시로 볼 수 있다.

다각화 전략

한편, 기업은 '사업다각화Diversification'를 통해 그들이 영위해 왔던 사업 영역과 다른 새로운 사업에 진출하기도 한다. 이는 관련 산업 내의 다양한 사업에 집중 하는 관련 다각화가 있고, 서로 관련되지 않은 사업에 참여하는 비관련 다각화 가 있다.

우선, 관련 다각화는 일반적으로 기업이 이미 보유하고 있는 핵심 역량과 시 너지 효과를 가질 수 있는 부문에서 사업을 확장하는 것으로, 장점은 거래 비용 의 감소와 협상력의 증대에 있다. 특히 생산 및 제작, 유통 과정상 존재하는 사 업 전체를 아우르고자 할 때 사용되는 전략은 수직적 다각화vertical diversification이다. 이는 가치 사슬에서 수직적 관계에 있는 산업이나 사업 분야로 진출하는 것을 뜻하며, 이를 위해 기업은 공급자나 중간상과 같이 생산과 분배의 연결 과정에 있는 기업을 인수하거나 새롭게 신설하게 된다.

기업이 다각화를 추구하는 목적은 다양하다. 즉 기업의 다각화에는 잉여 자원의 활용, 사업 방향의 전환, 소비자 욕구의 충족, 기업의 성장, 해외시장 진출, 위험 요소 감소, 시너지 효과 등의 다양한 목적이 복합적으로 작용하게 된다. 미디어 산업에서는 연예기획사(매니지먼트 기업)들이 성장 전략의 하나로 사업다각화를 시도하는 사례가 적지 않다.[2] 〈표 5-1〉은 대표적인 국내 연예기획사의 사업 유형을 분류한 것으로, 이에 따르면, 연예 기획사들이 주사업과 직접적으로 관련된 사업 이외에도 기업의 유무형 자산을 활용해 다양한 사업에 진출하고 있다는 것을 알 수 있다.

식품회사로 시작한 CJ그룹이 거대 미디어 그룹으로 성장한 사례는 다각화 전략을 추진한 대표적인 결과라고 할 수 있다(〈그림 5-5〉 참조).

특히 방송 분야에서는 CGV, CJ E&M 등 미디어 콘텐츠 산업에 진출해 사업을 영위하고, 영화 산업에서는 투자와 배급 마케팅, 그리고 극장 상영까지 전부 도맡아서 사업을 추진하고 있다. 한편, 분야별 매출액을 살펴보면(〈표 5-2〉 참조), 방송 분야가 70% 이상으로 가장 비중이 크다는 것을 알 수 있다.

반면, 경영상의 필요에 의해 주 사업과 관련이 없는 사업에 진출하는 것은 비관련 다각화라고 할 수 있다. 서로 연관성을 갖는 관련 다각화와 달리 사업 영역 간의 관계성이 크지 않거나 상관없이 이루어지는 다각화의 유형이다. 이는 시너

---

2) 사업의 성격상, 매니지먼트사는 소속 연예인의 스캔들, 군 입대 등 외부의 영향을 받기 쉬워 안정된 수익성을 보장할 수 없기 때문에 고위험 산업이라고 할 수 있다. 또한 음원 시장의 발달로 기존의 음반 매출이 현저히 낮아짐으로 인해 음악 사업의 수입 비중이 적어졌으며 연예 매니지먼트의 특수성으로 대형화된 연예 매니지먼트의 시스템 유지가 힘들다. 이러한 이유로 부가 사업의 필요성이 대두되며 소위 '엔터주'라고 불리는 주식 시장이 연예 매니지먼트, 엔터테인먼트 산업의 중요한 주체가 되었고 현재는 사업 다각화 이외에도 많은 회사들이 주식시장에 진입 시도를 통해 회사의 기업화를 시도하고 있다(유병국, 2007).

구분	상세 구분	SM	JYP	YG
매니지먼트	아이돌 아티스트	○	○	○
	엔터테이너	○	○	○
	배우	○		○
	모델	○		○
	스포츠 선수	○		○
	인플루언서	○		
콘텐츠 제작	음반	○	○	○
	음원	○	○	○
	방송 프로그램	○	○	○
	영화	○	○	○
	웹 콘텐츠	○	○	○
	공연		○	○
해외 사업	중국	○	○	○
	일본	○	○	○
	아시아	○		○
	미국	○		○
콘텐츠 유통	음반 유통	○	○	○
	음원 유통	○	○	○
	웹 플랫폼	○		○
	모바일 플랫폼			○
기타	MD	○	○	○
	외식	○		○
	화장품	○		○
	광고 대행	○		○
	전시	○		○
	기타	○		

〈표 5-1〉 엔터테인먼트 3사의 다각화 사업(2019)
자료: 최혜긍 외(2019.7).

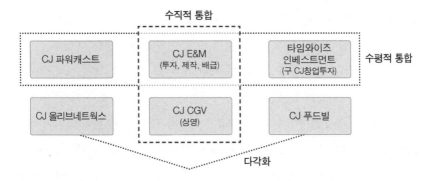

〈그림 5-5〉 CJ 사례
자료: 원요한(2015.6.23).

사업 부문	매출 유형	주요 상표 (품목) 등	2015		2016		2017	
			매출액	비율	매출액	비율	매출액	비율
방송 사업 부문	방송채널 tvN/OCN/CGV 외 18개 채널 및 방송 콘텐츠	광고/수신료 등	909,478	67.50	1,128,402	73.35	1,294,153	73.95
영화 사업 부문	영화 제작/유통/투자	극장 수입/판권	238,346	17.69	189,551	12.32	198,667	11.35
음악 사업 부문	음반 제작/음원 유통/디지털 뮤직 사업	음악/DM/브랜드/온라인 콘텐츠	184,112	13.67	199,430	12.96	230,732	13.18
공연 사업 부문	공연 사업	공연	15,378	1.14	21,040	1.37	26,569	1.52
합계			1,347,314	100	1,538,423	100	1,750,121	100

〈표 5-2〉 CJ 주요 제품의 매출 현황(단위: 백만 원, %)
자료: CJ ENM 사업보고서(2017.12).

지를 추구하기보다는 주로 재무적 위험을 줄이는 것이 목적이다. 또한 투자 기회가 많은 곳으로 재무적 자원을 집중할 수 있다는 장점도 있다. 즉, 수익 전망이 낮은 사업으로부터 자원을 회수해 성장 가능성이 큰 사업에 집중 투자할 수 있는 기회가 확대될 수 있다.

한편, 비관련 다각화는 기업이 관여하는 사업 종류가 많아짐에 따라 각 사업에 대한 통제가 힘들어질 수 있다는 것이 단점이다. 특히, 비관련 다각화가 실현된 사업 간에는 아무런 연관성이 없기 때문에 비용 절감과 지식과 기술의 공유 및 이전 등 관련 다각화의 이점을 실현할 수 없는 문제가 발생할 수 있다.

카카오는 국내 대기업 중 계열사가 가장 많은 곳 중에 하나다(〈그림 5-6〉 참조). 공정거래위원회가 발표한 대규모 기업집단 소속 회사 현황에 따르면, 2021년 1월 31일 기준 144개 계열사를 둔 SK가 계열사 규모 순위 1위이고 이어 카카오가 105개로 2위인 것으로 집계됐다. 특히 카카오는 페이(결제), 뱅크(은행), 모빌리티(운송), 콘텐츠 등 일상과 밀접하게 관련된 다양한 사업들을 영위하고 있다는 것을 알 수 있다(박현익, 2021.4.6).

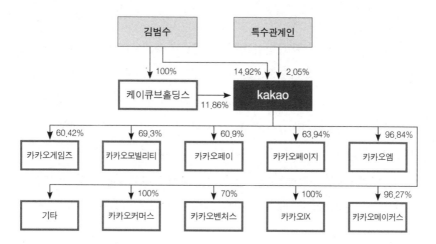

〈그림 5-6〉 카카오 지배구조(2019년 3분기 기준)
자료: http://dart.fss.or.kr/

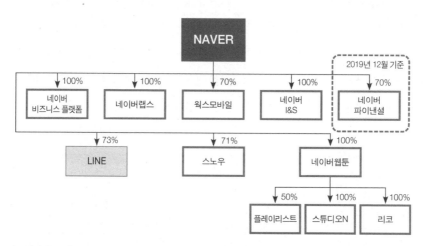

〈그림 5-7〉 네이버 지배구조
자료: 공정거래위원회.

　국내에서 닷컴 열풍이 일기 시작하던 1999년에 설립된 1세대 포털사이트, 네이버 역시 다양한 계열사와 함께 사업을 다각화했다(김유경, 2020.2.17)(〈그림 5-7〉 참조).

시장 확대(해외시장 진출 등)

기업의 성장 전략 중 활동 범위를 해외시장으로 확대하는 것을 해외시장 진출 전략이라고 한다. 기업 활동이 세계 여러 나라로 확대되어 가는 과정을 통해 지리적 시장이 확대되고 기업이 국제경쟁력을 확보하게 됨으로써 기업의 국제화가 이루어진다. 해외시장 진출 전략은 기업 활동의 지리적 범위를 세계 여러 나라로 확장시키는 시장의 확대 이외에도 사업 범위의 확대를 가져오기도 한다. 기업은 해외시장에서 작동할 수 있는 독점적 경쟁 우위가 있는 산업, 즉 핵심 역량 사업을 우선적으로 국제화하고 이후에 기존 산업 또는 기존 상품과 연관성이 높은 산업으로 확대해 간다.

해외시장 진출을 통해 경영 기능의 확대가 이루어지기도 하는데 이는 기업이 가장 효율적인 국가에서 경영 기능을 수행할 수 있도록 기능 범위를 넓히는 것이다. 이를 통해 기업의 다양한 업무 범위가 국제적으로 확장되거나 해외로 이전되기도 한다. 2018년 현재 당기순이익 1위의 네이버 계열사 라인은 일본에 본사를 두고 일본과 동남아에서 사업을 추진하고 있다. 네이버의 글로벌 사업은 두드러진 해외진출 성공 사례라고 할 수 있다(⟨표 5-3⟩ 참조).

시점	대상	금액(억 원)	관계	출자 목적
1월	웨이브 미디어	535	미국 자회사	콘텐츠 관련 사업 확대
2월	네이버웹툰	600	자회사	다업 고도화, 해외 사업 확장
3월	스노우	500	자회사	플랫폼 구축, 신규 사업 진행
7월	네이버웹툰	1500	자회사	사업 고도화, 해외 사업 확장
8월	네이버랩스	400	자회사	신사업 추진
8월	네이버 제이허브	809	일본 자회사	현지 사업 확장
8월	네이버 프랑스	2589	프랑스 자회사	운영 및 투자 자금 조달
9월	라인	7517	일본 자회사	신사업 추진
10월	드라마앤컴퍼니	100	자회사	운영자금 확보
10월	스노우	800	자회사	운영자금 확보

⟨표 5-3⟩ 네이버의 주요 계열사 출자 내용(2018)
자료: 서진욱(2018.12.11).

CJ ENM도 해외시장 개척에 활발한 행보를 거듭하고 있다. 2021년 현재 CJ ENM은 중국, 미국, 일본, 동남아 지역에 총 8개의 해외 법인을 운영 중이다(〈그림 5-8〉 참조).

모바일 게임 업체 중 가장 먼저 코스닥에 등록한 컴투스는 2001년 일본을 시작으로 해외 주요 국가에서 모바일 게임 서비스를 시작, 2020년 현재에는 전 세계 160여 개국에서 게임 서비스 중이다. 대표 상품인 〈서머너스 워〉의 매출 분석 차트를 살펴보면, 특정 지역에 편중되지 않고 전 세계적으로 고른 성적을 내고 있다는 것을 알 수 있다(〈그림 5-9〉 참조).

〈그림 5-8〉 CJ ENM 해외 사업 현황

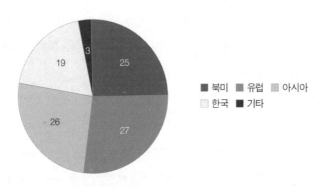

〈그림 5-9〉 서머너스 워(백년전쟁) 매출 비중(%)
자료: 컴투스 홈페이지.

축소 전략

이상에서 다룬 기업 전략은 기업의 외연이 확대되는 대표적인 성장 전략이다. 반면, 기업은 기업 경영의 어려움이 감지 될 때, 또는 다른 전략 선택이 실패한 경우나 성과 개선에 대한 압력이 있는 경우, 환경이 위협적이어서 문제 해결에 역부족 일 때, 다른 환경에서 더 나은 기회가 감지될 때 축소 전략을 실시하게 된다.

기업의 핵심 사업에 집중하고, 기업 규모를 감소시켜 불필요한 경비를 줄이는 등 경영 효율화를 꾀하는 전략은 다운사이징 downsizing 이다. 이는 비용 절감과 함께 영업의 효율성을 제고하기 위해 조직의 규모를 줄이는 것이다. 다운사이징은 기업이 기존의 사업 구조나 조직 구조를 보다 효율적으로 개선하기 위해 실시하는 기업 구조 조정 corporate restructuring 의 한 형태다. 일반적으로 위기에 직면한 기업들이 가장 먼저 내리는 의사 결정 중 하나가 다운사이징이고, 이는 기업의 효율적 구조 개편이 그 목적이므로 일반적 해고 layoff 와는 차이가 있다.

사업을 분산시키는 아웃소싱 outsourcing 도 축소 전략이다. 기업의 특정 사업이나 계열 또는 자회사를 분리한다는 점에서 외부화 externalization 라고도 한다. 아웃소싱은 자신의 핵심 부문만 내부화하고 그 외 비핵심 부문은 분가 또는 매각시키고, 시장을 통해 조달받는 것으로 비용을 절감하고 유연성을 확보할 수 있다는 것이 장점이다. 그러나 외주 의존으로 기업의 핵심 역량이 축소되는 위험 요소가 있을 수 있고, 기업 내부의 여러 기능 간 상호 협조 관계가 상실될 수 있으며, 공급업체에 대한 통제력이 축소 또는 상실되거나 나아가 잠재적 경쟁자를 키울 우려가 있다는 것이 단점으로 지적될 수 있다.

수직적 통합 구조를 유지해 오던 국내 지상파방송사들이 1991년 외주 제작 의무 사항 준수를 위해 프로덕션을 자회사로 분리시킨 사례나, 1997년 외환위기로 인한 경영상 필요로 제작 및 관련 기능(미술 및 시설 등)을 외부화해 규모를 축소한 사례들을 들 수 있다.[3] 한편, 최근에는 지상파방송사들이 제작 부문의 경쟁력 강화를 위해 전문 제작사 신설에 적극 나서고 있다.[4] SBS는 지상파방송사

중 가장 먼저 '더스토리웍스'라는 드라마 전문 제작사를 설립했다. 초기에는 자사 제작물 외에 다른 방송사 제작물 수주도 계획했으나, 실질적으로는 자사 드라마 제작에 그치고 있다. MBC는 2011년 기존의 MBC 프로덕션과 MBC 미디어텍을 합병해 'MBC C&I'를 설립했고, KBS는 2016년에 설립된 '몬스터유니온'을 통해 드라마를 전문적으로 제작하기 시작했다.

한편, 2016년 CJ ENM에서 물적 분할된 '스튜디오 드래곤'은 제작 사업의 경쟁력 강화를 위해 시도된 외부화 전략의 일환이었으며, 현재까지 성공적으로 사업을 수행하고 있다.5)

경쟁력 강화 전략 : 전략적 제휴

기업이 경쟁력 강화를 위해 타 기업과 협력하는 단계가 전략적 제휴strategic alliances 이다. 전략적 제휴는 경쟁 관계에 있는 기업이 일부 사업 또는 기능별 활동 부문에서 경쟁 기업과 협조 관계를 갖는 것을 의미하며, 그 유형에는 기능별(업무별) 제휴와 합작 투자 또는 상호 주식 보유가 있다.

우선, 기능별 제휴는 지분 참여 없이 그 기업이 수행하는 여러 가지 업무 분야

---

3) 대표적인 공공재인 방송 분야에서 외주화는 다른 분야의 아웃소싱처럼 인건비 절감 및 노동 유연성 확보가 주목적이 아닌, 방송사의 제작 시장 독점을 규제해 국내 방송 콘텐츠의 경쟁력과 다양성을 높인다는 정책적 판단을 통해 본격화되었다. 즉, 우리나라에서 방송 콘텐츠 제작 외주화는 1991년 외주 제작 프로그램 의무 편성 제도로 시작되었으며, 지상파의 독점 구조를 해소하고 독립 제작사를 육성해 경쟁을 촉진해 방송 산업 전반의 경쟁력을 키우는 것이 목적이었다. 1991년 3%로 고시된 의무 외주화 비율은 1993년 10%, 2001년 31%, 2012년 35% 등으로 지속적으로 상승했다.

4) 2015년 지상파방송사가 자체 콘텐츠 제작 역량을 키우고, 질 높은 콘텐츠를 확보해야 한다는 논리에 의한 방송법 개정안이 통과되면서 지상파방송사들은 제작 전문 자회사를 설립하기 시작했다.

5) CJ ENM은 2010년 3월 드라마사업을 본격적으로 추진했다. 드라마 사업이 연이어 성공하자 2016년 5월 드라마 제작사인 스튜디오 드래곤을 설립하고 2017년 11월 코스닥에 상장했다. 이후 tvN, OCN 등 CJ 계열사 채널에서 다수의 드라마를 성공시키고 각종 상을 휩쓰는 등 드라마 사업 확장은 성공적이라고 볼 수 있다.

기업 인수 합병 ┌ 인수 합병

전략적 제휴 ┌ 합작투자 ┌ 핵심 사업 합작투자 / 판매 합작투자 / 생산 합작투자 / 연구개발 합작투자

기능별 제휴 ┌ 제품 스와프(판매 제휴) / 생산 라이선스 / 기술 제휴 / 연구개발 컨소시엄

더욱 긴밀한 관계고 / 지분 참여도가 높고

신제품 개발 / 생산의 위험 경감 / 새로운 생산 기술 개발 / 개발 비용 절감 / 기초 시설의 활용도 증가 / 규모의 경제 이용 / 제품 라인 갭을 줄임 / 새로운 지역에 진입

〈그림 5-10〉 **전략적 제휴의 유형**
자료 : 장세진(2021) 재인용.

의 일부에서 협조 관계를 갖는 것이다. 이런 기능별 제휴에서는 합작 투자와 같은 새로운 조직이 창출되지 않고 제휴의 영역 역시 제한적이다. 한편, 전략적 제휴 관계가 그 기업 전략에 중요한 역할을 하고 제휴를 통해 보다 높은 범위의 경제성과 시너지를 창출할 필요를 느낀다면 기업들은 합작 투자joint venture의 형식을 고려할 수 있다. 일부 기능에만 국한된 기능별 제휴와 달리 합작 투자는 법률적으로 모기업으로부터 독립된 법인체를 설립한다. 지분율은 합작 투자에 양 기업이 공여할 수 있는 핵심 역량을 누가 더 많이 갖고 있는가와 양자 간의 교섭 능력에 따라서 결정된다(장세진, 2021: 380).

기업 통합 사례

전략적 제휴의 대표적 사례로 다음과 카카오 통합 사례를 들 수 있다. 다음은 2014년 카카오와 전격적으로 합병한다. 다음이 카카오와 합병을 하게 된 계기는 PC에서 모바일로의 변화에 대응하기 위한 다음의 탈출구 모색인 동시에 카카오는 다음과의 합병을 통한 우회 상장의 필요가 있었다. 다음카카오의 합병

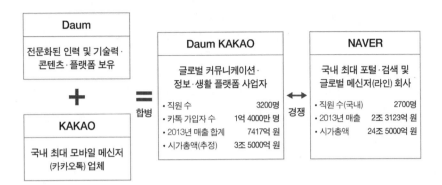

〈그림 5-11〉 다음 카카오 합병

자료: ≪한겨레≫(2014.5.26).

후 사업은 카카오 위주로 개편되었다(장세진, 2021: 398).

제작 및 유통 부문 제휴를 위한 주식 양도 사례

한편, 국내 대표적 방송제작사인 스튜디오 드래곤은 콘텐츠의 해외 유통을 위해 OTT 사업자인 넷플릭스와 전략적 제휴를 맺었다. 스튜디오 드래곤은 넷플릭스와 콘텐츠 제작 협력을 위해 주식 4.99%를 넷플릭스에 양도했으며(2대 주주), 2020년부터 3년간 넷플릭스의 오리지널 콘텐츠를 제작하기로 합의했다.

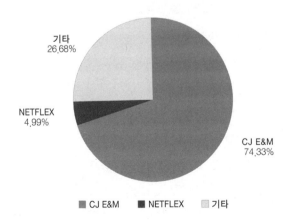

〈그림 5-12〉 스튜디오 드래곤 지분 구조

신설 법인, 합작 투자 사례

웨이브는 2019년 9월 SK텔레콤과 지상파 3사가 합작해 만든 인터넷 동영상 서비스OTT 플랫폼으로, SK텔레콤이 30%, 지상파 3사가 각 23.3%의 지분을 보유하고 있다. 공정거래위원회는 합병안을 승인하면서 통합 OTT 출범으로 인한 독점 등을 막기 위해 지상파 3사가 앞으로 3년간 다른 OTT에 주문형비디오VOD를 안정적으로 공급해야 한다는 조건을 제시했다.[6]

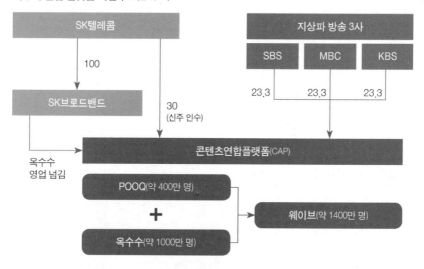

지상파 연합 플랫폼 지분구조(단위 %)

〈그림 5-13〉 **연합 OTT 플랫폼 웨이브 지분 구조**
자료: 홍윤정(2019.8.20) 재인용.

라인은 네이버와 소프트뱅크가 지분 투자한 합작법인의 자회사이다. 2000년 9월 설립된 NHN JAPAN은 2011년 6월 LINE을 첫 출시하고 2013년 4월 라인주식회사로 상호를 변경했다. 2016년 7월 뉴욕 및 도쿄 증시에 동시 상장한 LINE

---

[6] 공정위는 "OTT 시장이 급변하고 있고 지상파방송사 영향력이 갈수록 줄어드는 점 등을 고려해 조건을 붙였다"고 설명했다(홍윤정, 2019.8.20).

은 17개 언어로 서비스되고, 230개국에서 5억 명이 사용하고 있다.

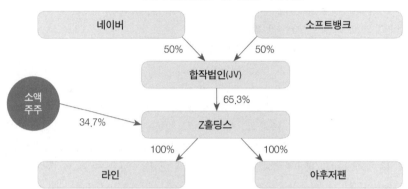

〈그림 5-14〉 네이버-소프트뱅크 합작법인 지배구조
자료: 이다인(2020.12.24).

SUMMARY

기업이 추구하는 전략은 각각의 사업 영역에서 "어떻게 경쟁할 것인가"를 결정짓는 것이기 때문에 경쟁 전략이라고도 한다. 그러나 기업마다 처한 환경과 대면하게 되는 경쟁자, 추구하는 기업의 방향이 다를 수 있으므로 획일적인 전략이 동일하게 적용될 수는 없다. 본 장에서는 미디어 기업이 외부 환경에 대한 분석과 내부 자원 및 역량에 대한 분석을 기반으로, 어떤 전략을 선택하고 기업의 경쟁 우위를 구축해 나가는지 살펴보았다.

생각해 볼 문제

1. 국내 미디어 기업의 기업 유형별 다각화 방향은 무엇인가?
2. 수직적 통합과 수평적 통합의 장점과 단점은 무엇인가?
3. 기업 제휴의 유형은 어떠한가?
4. 글로벌 미디어 시장 진출 시 고려해야 할 점은 무엇인가?
5. 국내 미디어 기업의 성장 일변도 전략에 관한 문제점은 무엇인가?

참 고 문 헌

유병국. 2007. 「엔터테인먼트사의 TV 드라마 제작 열풍현상에 관한 연구」. 중앙대학교 신문방송
    대학원 석사논문.
장세진. 2021. 『경영전략』 11판. 박영사.
정순진. 2010. 『경영학 연습』 6판. 법문사.
최혜긍 외. 2019.7. ≪방송통신연구≫. 한국방송학회.

기사
김재섭. 2014.5.26. "다음, 카카오 합병 ⋯ 네이버 맞수로". ≪한겨레≫.
이다인. 2020.12.24. "네이버자회사 라인과 야후재팬의 경영통합가속화". ≪뉴스퍼블릭≫.
원요한. 2015.6.23. "스타크래프트 속 저그가 프로토스를 압도한 배경은?". ≪매경 프리미엄≫.
서진욱. 2018.12.11. "네이버, 자회사투자 1.5조, 글로벌·핀테크 역량키운다". ≪머니투데이≫.
김유경. 2020.2.17. "영상 등 콘텐트 사업 확대, AI 플랫폼 기업 지향 ⋯ 수익배분·계약 등 갑질·
    횡포에 불만 터져". ≪중앙시사매거진≫, 1521호.
박현익. 2021.4.6. "계열사 105개 중 최고 효자는 매출·이익 2배 뛴 카카오커머스". ≪중앙시사매
    거진≫.
홍윤정. 2019.8.20. "지상파 '푹'과 SKT '옥수수' 합친다". ≪한국경제신문≫.

웹사이트 및 보고서
금융감독원, CJ ENM 연차보고서, DART
공정거래위원회
CJ ENM 사업보고서. 2017.12.
HBO 홈페이지 https://www.hbo.com
에스엠타운 홈페이지 http://www.smtown.com/
금융감독원 전자공시시스템 http://dart.fss.or.kr/
컴투스 홈페이지 https://www.com2us.com

06 미디어 기업의 인수·합병과 글로벌화

박주연

미디어 기업의 인수·합병은 신성장 동력 발굴을 위한 효과적인 수단이며, 특히 글로벌 영역으로 시장을 확대하는 데 유용한 전략이다. 기술 발전의 속도만큼이나 빠른 속도로 새로운 시장에 진출할 수 있기 때문이다. 인터넷 환경 자체가 지리적 시장의 경계가 무의미하므로 태생적으로 글로벌 시장을 사업 영역으로 삼을 수밖에 없는 특성을 가진 미디어 기업들은 인터넷으로 대변되는 네트워크 환경에서 기술 메커니즘을 이용해 시장 지배력을 확장하며 글로벌화 전략을 추구하고 있다. 콘텐츠 수출입 등으로 이루어졌던 기존의 국제시장과는 다른 차원의 글로벌 미디어 시장이 형성됨에 따라 국적을 구분하지 않는 미디어 기업들의 활동이 활발하다. 글로벌 경쟁으로 기업의 효율성 증대 압력이 높아지면서 미디어 기업들은 시장의 변화에 빠르게 대응하고 새로운 시장에 진입할 필요성이 높아졌다. 미디어 기업들은 생존 또는 새로운 수익 창출을 위해 끊임없이 다른 미디어 기업들과 교류·협력하거나 경쟁 미디어 기업들을 인수·합병하게 되었는데, 이러한 전략은 글로벌 시장으로 확대되었다. 미디어 기업들은 그동안 세부 시장에서 쌓은 사업 경험을 바탕으로 다양한 형태의 인수·합병과 해외 시장 진출을 시도하고 있다.

미디어 기업의 사업 확장 전략

시장에서 지배력 강화를 위해 기업이 관행적으로 취하는 방식은 사업의 확장이다. 기업의 규모를 확대해 시장에서의 시장 지배력을 확보하기 위한 것이다. 모든 기업 전략의 궁극적인 목적은 이윤 극대화이다. 미디어 기업 역시 이를 위해 전략적 방법으로 사업을 확장해 신규 시장을 형성하고 수익 모델을 개발한다. 미디어 상품이라는 동일 자원을 두고 경쟁하는 미디어 기업들이 사업 확장 전략으로 이용하는 방법은 사업 다각화diversification이다.

사업 다각화는 생산의 분산 또는 통합을 의미하는 것으로 상품이나 시장의 범위를 수량적으로 또는 통합적으로 확대하는 것을 의미한다(Hollifield et al., 2015). 한 기업이 단일 산업이나 상품시장을 넘어서 복수 상품시장 혹은 여러 산업으로 기업 활동을 넓혀가는 행위라고 할 수 있다(Porter, 1998). 기업의 다각화 전략은 기업이 보유한 자산을 활용해 일종의 규모의 경제 및 범위의 경제를 추구하는 행위이다. 특히 미디어 기업의 경우 거래 상품의 경제적 속성으로 인해 다각화를 통해 사업을 확장하고자 하는 의지가 다른 분야에 비해 더욱 큰 편이다. 다각화가 성공적으로 안착할 경우 전체 시장 규모를 확대하고, 유통 창구를 늘릴수록 미디어 기업의 채산성은 증가하게 된다.

미디어 기업은 미디어 상품이라는 독특한 속성을 지닌 재화를 가지고 거래를 하는데, 미디어 상품의 대표적인 경제적 속성 중 하나는 '규모의 경제'이다. 미디어 상품의 경우 생산하는 초판 제작비용은 많이 들지만 단위당 부가 생산에 따른 한계비용은 거의 0에 가깝다. 영화나 텔레비전 프로그램 등을 제작하는 초판 비용은 매우 높을 수 있지만, 일단 제작된 상품을 수용자에게 추가로 공급하는 데 드는 비용은 실질적으로 거의 없다는 것이다. 시장이 커지면 커질수록 기업의 이윤 극대화에 유리하고 규모의 경제를 이룰 수 있기에 미디어 기업들이 미디어 시장을 확대하는 것은 당연한 귀결이다. 또한, 자국 시장에서 수익이 창출된 미디어 상품은 글로벌 시장에서 차별화된 전략으로 판매할 수 있다. 미디어 상품은 문화적 장벽을 중심으로 차별화된 가격이 형성되고, 지역별 정치, 사회, 문화 등의 배경에 따라 소비가 달라지는 특성이 있지만, 해외시장에서 지역별 현지화 전략을 구사하는 것도 가능하다. 글로벌 영역에서 통제력을 높이려는 수단으로 미디어 기업들은 수출을 넘어 해외시장에 자회사를 설립하거나 현지 기업을 인수하는 직접투자 전략도 수행한다.

　미디어 기업의 사업다각화는 목적과 방법에 따라 수평적 다각화, 수직적 다각화, 혼합적 다각화로 구분할 수 있다. 수평적 다각화는 규모의 확장을 통해 시장에서의 지배력을 강화하는 전략으로 같은 산업 내에서 동일하거나 유사한 상품과 서비스를 생산하는 기업 간에 발생한다. 수평적 다각화를 통해 기존 사업이 보유하고 있는 관련 기술이나 경험을 신규 사업에 이전하거나 시설 등을 공유함으로써 비용을 절감하는 효과를 기대할 수 있다. 수직적 다각화는 가치 사슬인 생산과 유통, 배급의 단계에 있어 내부적 통합을 이루는 것으로 미디어 산업에서 빈번하게 나타난다. 미디어 기업은 거래비용을 줄이고 협상력을 증대시키기 위해 미디어 상품과 서비스의 제작과 유통, 분배를 기업 내부로 통합하는 수직적 다각화 전략을 행한다. 예컨대 미디어 산업에서 콘텐츠 제작 단계를 통합해 제작 역량을 확보함으로써 거래비용을 감소시키고 순환을 촉진해 시장 경쟁력을 강화하는 것이 대표적 사례이다. 마지막으로 두 가지 방식을 결합한 혼합적 다각화는 교차 보조Cross-Subsidization나 상호 구매Reciprocal Buying, 상호 자제 Mutual Forbearance를 통해 시장 지배력을 확장하는 것이 특징이다.[1] 결국, 다각화를 통해 시장 지배력을 확장하려는 목적은 기본적으로 동일하지만 어떻게 이를 시행할 것인지에 따라 다각화 전략이 결정된다고 할 수 있다. 미디어 기업의 대표적 사업 확장 전략은 인수·합병M&A: Mergers & Acquisition, 전략적 제휴strategic

---

[1] 교차 보조는 한 시장에서 발생한 이윤을 다른 시장에서의 지배력을 강화하기 위해 사용하는 지원성 내부 거래를 의미한다. 상호 구매는 다각화한 기업들이 매우 다양한 분야에서 활동함에 따라 서로 상대 기업의 상품을 구매해 주는 것을 조건으로 거래하는 것을 의미한다. 상호 자제는 다각화된 기업들이 여러 시장에서 접촉하는 기회가 많아짐에 따라 다각화 기업 간에 서로 경쟁을 자제하고 공생 관계를 유지함으로써 개별 시장에서의 경쟁을 감소시키는 것을 의미한다.

alliance, 해외시장 진출 사례에서 나타난다.

미디어 기업의 인수·합병 전략

인수·합병 개념

인수·합병 M&A은 문자 그대로 Mergers(합병)와 Acquisition(인수)이 결합한 약어로 경영 지배권에 영향을 미치는 일체의 경영 행위를 의미한다. 좁은 의미로는 기업 간의 인수·합병을 뜻하며, 넓은 의미로는 회사 분할과 기술 제휴, 공동 마케팅 등 전략적 제휴까지 확대된 개념이다. 인수·합병은 기업이 경쟁 환경에서 새로운 기업을 설립하지 않고 기업이 성장하는 데 도움을 줄 수 있는 다른 기업을 사거나 팔거나 결합하는 것으로 급변하는 환경에 대응하는 전략이다. 기업들은 인수·합병을 통해 내적 성장의 한계를 극복하고자 하며, 신규 시장에 진출하고자 할 때는 이에 소요되는 시간과 비용을 절감해 빠른 시간 내에 경쟁력을 확보하고자 한다.

인수·합병은 다각화 전략 방식의 하나로 수평적 결합이나 수직적 결합을 강화하는 것을 의미한다. 수평적 결합은 경쟁 기업을 인수해 시장 내에서의 지배력을 확대하는 것으로 규모의 경제라는 이점뿐만 아니라 가격 결정권을 행사할 수 있는 장점이 있다. 수직적 결합은 새로운 영역에 있는 기업과의 통합을 통해 상호 구매와 판매력을 증진하는 전략으로 범위의 경제성을 통해 시너지를 추구하는 것이다. 인수·합병을 통해 기업은 기업 규모를 확대해 시장 지배력을 확보하고자 한다. 많은 경우 기업들은 사업 분야에 필요한 경영 자원과 핵심 역량을 모두 갖추고 있지 않고, 이를 취득하는 데 긴 시간이 소요되므로 인수·합병을 통해 신속하게 진행하고자 한다. 스스로 인프라를 구축하는 것보다 기존 기업 인수가 더 쉽고 용이하기 때문이다.

인수·합병은 기업이 자신의 사업 영역과 거리가 있는 새로운 시장에 진입할 때 이미 시장에서 성숙한 단계에 있는 기업을 이용해 시장에 빠르게 진입하는 수단으로도 이용된다. 새로운 시장에 대한 시장 정보, 유통망 확보, 생산시설 확보는 상당한 시간과 자금이 소요되므로 기존 기업을 인수하는 것이 더 쉬운 방법일 수 있다. 또한, 경영상 문제로 인해 기업가치가 저평가되고 있는 경우라면, 인수·합병 후 구조 조정을 통해 기업 가치를 높일 수도 있다. 합병이나 인수는 기업을 개선하는 한편 기업 활동을 합리화하며 수많은 경쟁 기업이 있는 큰 규모의 시장에서 경쟁에 필수적인 자원을 확보하는 방안이다. 그러나 인수·합병이 반드시 긍정적인 결과를 담보하는 것은 아니므로 기업 간 인수와 합병의 기저에는 이로 인해 기업의 경쟁력을 높일 수 있다는 확신이 있어야 한다. 이를 위해 인수·합병을 시도하는 기업들은 다양한 방식으로 인수·합병 결과가 가져올 수 있는 경제적·사회적 비용 및 편익을 고려한다.

인수·합병의 동기와 목적

미디어 기업이 인수·합병 전략을 사용하는 이유는 치열한 경쟁 상황에서 시장 지배력을 확보하고 사업 영역을 확대하기 위해서이다. 미디어 기업들은 시장에서 인수·합병을 거듭하고 있다. 인수·합병 동기에 대해서는 다양한 차원의 이론들이 존재하는데, 인수·합병을 실행하는 기업의 목적에 따라 인수·합병의 동기는 다르다(Picard, 2011; Hollifield et al., 2015). 효율성 추구 동기는 여러 형태의 자산 재배치 활동이 시너지 효과를 발생시켜 사회적 이익을 증가시킨다는 관점으로 기업이 합병을 통해 비효율성을 제거해 기업의 이익을 확대하는 것이다. 기업 성장 동기는 인수 기업에 대한 투자를 통해 외적 성장을 달성할 수 있다는 관점이다. 외적 성장을 위해서는 큰 비용과 시간이 투입되어야 하는데, 기회비용을 고려하면 해당 시장에서 성숙한 기업을 인수하는 전략적인 행위가 외적 성장에 걸리는 시간을 단축하면서 규모를 확대할 수 있는 것이다. 조직 개혁 동기는 기업이 인수·합병을 통해 기업 자산에 대한 조직적 차원의 개혁을 수행한다는 관점으로 피인수 기업의 비효율적인 경영이나 불안한 재무구조를 개선하는 것이다. 지배 구조 개선을 목적으로 기업은 인수·합병을 통해 기업가치가 하락한 기업의 가치를 상승시키고자 한다. 또한, 기업을 둘러싼 환경 변화에 대응하고 시너지 효과를 통해 시장 점유율을 높이기 위해 인수·합병을 실행한다. 따라서 기업이 인수·합병을 하는 목적은 기업이 처한 당면 상황에 따라 다양하다.

인수·합병을 통해 기업이 궁극적으로 추구하는 것은 기업의 가치 증대와 성장이다. 기업이 경제활동을 하는 최종 이유는 이윤의 극대화이다. 인수·합병을 통해 기업은 단기적으로는 기업 가치를 증대하고, 이를 축적해 장기적 성장을 이끌어내며, 이를 기반으로 성장 목표를 달성하고 새로운 기업 가치를 창출할 수 있다.

인수·합병의 과정

인수·합병은 단계별로 이루어지는데, 국제적인 단위에서 인수·합병이 진행되는 과정을 살펴보면 〈그림 6-1〉과 같다. 먼저 기업이 인수·합병을 실시하기 위한 목적에 맞는 적정 지역이나 인수 대상을 선정하는 과정이 첫 단계이다. 인수 대상을 결정했다면, 다음 단계에서는 기업에 대한 실사 및 가치 평가가 이루어져야 한다. 인수할 만한 가치가 있는지, 있다면 어떤 규모로 하는 것이 합리적인지에 대해 경제적으로 평가해야 실질적인 거래가 성사될 구체적인 기준이 마련되기 때문이다. 국제적인 단위로 인수·합병이 이루어질 때는 국제적인 전문가로부터 인수 시 쟁점이 되는 지식재산권 등 법률적인 조언을 받아야 한다. 평가가 이루어졌다면 다음으로 인수·합병을 위한 계약 구조를 수립해 협상에 들어가야 한다. 협상 시에는 다양한 거래 구조를 활용해 인수 방식과 자금 조달 방안을 결정해야 한다. 이때 위험 분담을 위해서는 인수 기업과 피인수 기업의 협업을 극대화해야 한다. 협상이 이루어졌다면 이제 계약이 완료된다.

계약 시에는 협상의 내용이 반영되고, 특히 비경제적인 측면의 요인들에 유념해야 한다. 가령 국제 규모로 인수·합병이 이루어지는 경우 인수 기업이 속한 국가의 사회적·문화적·정치적인 환경이 인수·합병에 미치는 영향을 충분히 고려해야 한다. 그리고 이러한 상황들을 고려해 인수 후 통합 계획을 준비하는 것

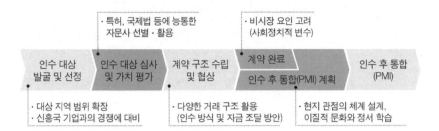

〈그림 6-1〉 인수·합병의 일반적 과정

이 중요하다. 계약이 완료되면 마지막으로 인수 후 통합 체계를 확실히 세워 피인수 기업과 조화로운 결합을 위해 노력해야 한다. 그리고 피인수 기업이 서비스하는 지역의 정서를 수용해 문화적 충격을 완화하도록 통합 이후에도 지속해서 노력하는 시간이 필요하다. 기업의 인수·합병 거래 규모가 커지고 복잡해짐에 따라 인수·합병 거래와 절차에는 대체로 외부 전문기관을 활용하는 것이 보편화되었다. 인수·합병 중개 기관intermediary은 인수·합병 절차가 원활하게 이루어지도록 다양한 활동을 수행한다.

인수·합병의 유형

인수·합병은 지배권 취득 방식, 결합 형태, 거래 의사, 지불 수단에 따라 유형화할 수 있다. 먼저 지배권 취득 방식에 따라서는 합병, 인수, 매각의 세 가지 유형으로 구분할 수 있다. 합병은 두 개의 기업이 하나로 합치면서 두 기업의 자산과 부채를 떠맡는 것으로 다시 신설 합병과 흡수 합병으로 나뉜다. 반면에서 인수는 상대 기업의 소유권과 경영권을 가질 정도의 일반주를 인수하는 것을 의미하는 주식 인수와 자산 인수 거래에서 상대 기업의 운영 자산 전부 혹은 일부를 인수하는 자산 인수로 구분된다. 그리고 매각은 기업을 분할한 다음 매각해 기업 구조를 재편성하는 기업 구조 조정을 의미하는 것으로 매각 방식에 따라 분리 설립spin-off, 분할 설립split-off, 분리 매각sell-off로 나뉜다.

분류 기준	유형	개념
지배권 취득 방식에 따른 분류	합병	둘 이상의 회사가 하나의 회사로 결합하는 행위(흡수 합병, 신설 합병)
	인수	인수 기업이 인수 대상 기업의 경영 지배권 획득을 목적으로 주식이나 자산을 취득하는 행위(자산 인수, 주식 인수)
	매각	기업을 분할한 다음 매각해 기업 구조를 재편성하는 기업 구조 조정(분리 설립, 분할 설립, 분리 매각)
결합 형태에 따른 분류	수평적 M&A	동일한 산업 내에서의 기업 간 결합
	수직적 M&A	생산 과정에서 단계가 다른 기업들 사이의 결합 형태
	혼합적 M&A	수평적, 수직적 M&A가 혼합된 형태이며, 대체로 사업 다각화를 목적으로 생산이나 판매 면에서 서로 관계가 없는 기업 간의 결합 형태
거래 의사에 따른 분류	우호적 M&A	인수 기업과 피인수 기업의 합의에 의한 인수
	적대적 M&A	피인수 기업의 의사와 무관하게 이루어짐
지불 수단에 따른 분류	현금 인수	대금을 현금으로 지불
	주식 교환 인수	인수 대가를 인수 기업의 기존의 주식 혹은 새로이 발행하는 주식, 전환사채, 신주인수권부사채 등의 유가증권을 인수 대상 기업의 주식과 일정 비율로 교환하는 방법
	LBO (Leveraged Buy-Out)	인수 회사가 인수 대상 기업의 자산을 담보로 금융기관으로부터 자금을 조달하거나, 정크본드를 발행해 인수하는 방식. 차입금 상환은 인수 후 피인수 기업의 자산을 매각하거나 기업 활동으로부터의 잉여금에 의존

〈표 6-1〉 분류 기준에 따른 인수·합병 유형

결합 형태에 따라서는 동일한 산업 내에서의 기업 간 결합인 수평적 M&A, 생산 과정에서 단계가 다른 기업들 사이의 결합인 수직적 M&A, 이 두 가지 형태가 모두 적용되는 혼합적 M&A가 있다. 혼합적 M&A는 대체로 사업 다각화를 목적으로 생산이나 판매 면에서 서로 관계가 없는 기업 간에 결합한다. 거래 의사에 따라서는 우호적 M&A와 적대적 M&A로 구분할 수 있다. 우호적 M&A는 인수 기업과 피인수 기업의 합의에 의해 인수가 일어나는 반면에 적대적 M&A는 피인수 기업의 의사와 무관하게 인수가 이루어진다. 지불 수단에 따라서는 대금을 현금으로 지불하는 현금 인수, 인수 대가를 인수 기업의 기존 주식 혹은 새로 발행하는 주식, 전환사채, 신주인수권부사채 등의 유가증권을 인수 대상 기업의 주식과 일정 비율로 교환하는 주식 교환 인수, 인수 회사가 인수 대상 기업의 자산을 담보로 금융기관으로부터 자금을 조달하거나, 정크본드junk bond를 발행해 인수하는 방식인 LBO가 있다. 기업 간 인수·합병이 단일한 유형으로 이루어지는 것은 아니며, 인수·합병의 목적 및 인수 기업과 피인수 기업의 사정에 맞게 다양한 유형들이 혼합된 채로 이루어진다.

미디어 기업들은 다양한 형태의 인수·합병에 참여해 왔다. 시장 지배력을 확대하기 위해 미디어 기업들은 자사와 유사 분야에 있는 경쟁 기업을 인수·합병해 경쟁 기업의 숫자를 줄이고 시장 지배력을 확대할 기회를 마련했다. 또한, 생산, 유통, 배급 등을 수직적으로 결합하기 위해 인수·합병에 참여해 왔다. 예를 들어, 콘텐츠 제작과 유통 플랫폼을 함께 소유할 경우 거래비용이 감소하고 공급 시장이 안정화되어 지속적인 성장을 도모할 수 있다. 새로운 시장 진출의 교두보로 삼거나 비연관 사업 부문에 투자하기 위해 인수·합병을 실행해 왔다. 인수·합병 전략을 통해 미디어 기업은 자신의 전문 분야를 넘어서는 영역으로 진출할 수 있고, 새로운 시장으로 진입할 때 필요한 시간을 절약하고 진입 장벽을 낮출 수 있다. 기존 미디어 기업 핵심 사업 분야와 연계성은 높지 않지만, 미래를 위해 시장 성장률이 높은 신성장 분야 기업들을 인수·합병하는 것 등도 해당한다. 미디어 기업들이 내부적으로 사업을 추진해 나가는 것보다 인수·합병을 시도하는 것은 급변하는 환경에서 경쟁적 우위를 점하기 위해 신속한 시장 진입을 우선시하기 때문이다.

미디어 기업의 인수·합병 사례

최근 미디어 영역에서는 OTT 서비스와 연관이 있는 인수·합병이 활발하다. 미디어 영역의 인수·합병 활성화는 새로운 플랫폼의 성장과 기존 미디어 시장 구조의 변화에 기인한다. 방송통신의 융합과 더불어 기존 시장 포화에 따라 새로운 수익 창구가 필요한 미디어, 통신 기업들은 OTT 등 신규 미디어 인수·합병에 참여하고 있다. 미디어와 통신 기업 간의 M&A도 활발한데, M&A를 통해 기존 유료 방송 시장의 이용자를 추가 확보하거나 다양한 콘텐츠 확보 및 배급 체계를 갖추는 방식으로 시장 변화에 대응하고 있다. 미디어 관련 주요 인수·합병 사례는 다음과 같다.

AT&T와 타임워너

미국 통신사 AT&T는 거대 미디어 그룹인 타임워너Time Warner를 854억 달러(약 93조 원)에 인수한다고 발표했고, 2018년 인수·합병을 마무리했다. 미디어와 통신의 결합을 통해 AT&T는 타임워너가 보유하고 있는 콘텐츠 경쟁력을 확보하고자 한 것이다. 두 회사의 결합은 컴캐스트와 NBC유니버설의 합병 이후 미디어 업계 인수·합병 가운데 가장 큰 규모의 인수·합병으로 거대 미디어 기업이 탄생하게 된다는 점이 주목을 받았다. AT&T는 타임워너 인수를 통해 워너 브러더스 영화사와 방송사인 터너 브로드캐스팅 시스템을 갖게 되어 미디어 기업으로서의 콘텐츠를 갖게 되었는데, 할리우드 최대 영화회사 워너브러더스, 케이블 영화 채널 HBO를 비롯해 글로벌 뉴스 전문채널 CNN, 만화 전문방송 카툰네트워크Cartoon Network, 각종 스포츠 중계권 등 다양한 콘텐츠 포트폴리오를 얻게 되었다. AT&T의 타임워너 인수 사례는 현재 미디어 산업의 가치 사슬에서 오리지널 콘텐츠 자산의 중요성을 보여주고 있으며 인수·합병으로 AT&T 가입자들은 스마트폰·태블릿 PC·TV 등에서 타임워너 콘텐츠를 독점적으로 볼 수 있게 되었다. 타임워너는 1989년 주간지 ≪타임≫, ≪포천≫ 등 38종의 잡지를 발행하던 타임 출판사와 케이블 채널 'HBO', 영화제작사 '워너 브러더스' 등을 보유한 워너 커뮤니케이션스의 합병으로 출발했고, 이후 138회에 이르는 인수·합병을 통해 폭넓은 콘텐츠를 보유한 글로벌 미디어 기업으로 성장했다. AT&T는 타임워너 인수·합병 이후 2021년 현재 워너 미디어를 기업 분할한 뒤 디스커버리와 합병해 새로운 미디어 기업을 설립하며 또 다른 구조 변화를 보여주고 있다.

디즈니와 21세기 폭스

미디어 그룹 디즈니의 인수·합병은 수평적 결합과 수직적 결합의 사례를 모두 보여준다. 디즈니 성공의 발판인 2006년 픽사Pixar에 대한 인수·합병은 대표적인 수평적 결합의 형태이다. 디즈니는 픽사를 인수해 뛰어난 애니메이션 제작 기술과 콘텐츠 제작 능력을 흡수했다. 특별한 점은 인수·합병 후 디즈니는 픽사의 기술력과 생산되는 콘텐츠 품질을 보존하기 위해 픽사 고유의 조직 문화와 생산 방식을 인정해 독립적 운영을 지속했다. 픽사와 경쟁 관계였던 디즈니는 인수·합병 이후 두 기업의 독립성과 상생을 도모하는 전략으로 성공했고, 추후 이루어진 인수·합병에서도 디즈니는 이 방식을 적극적으로 이용했다. 또한, 디즈니는 온라인 동영상 시장 대응을 위해 스트리밍 기술 보유기업 밤테크BAMTech를 인수했다(KPMG, 2019b). 디즈니의 스포츠 콘텐츠 스트리밍사 밤테크와의 인수·합병은 독자적 스트리밍 서비스 운영을 위한 수직적 결합의 형태로 볼 수 있다. 이를 기반으로 디즈니는 ESPN 스포츠 콘텐츠를 스트리밍 방식으로 제공하는 OTT 서비스 ESPN 플러스를 개시했고, 다양한 자체 플랫폼을 기반으로 콘텐츠 IP를 보유한 디즈니는 훌루, ESPN플러스, 디즈니플러스 등 세 개의 독자 OTT 서비스를 제공하게 되었다. 이밖에 디즈니는 콘텐츠 영역에 대한 지배력 확대를 위해 21세기 폭스 인수를 발표했고, 2019년 인수 작업을 마무리했다. 디즈니의 21세기 폭스에 대한 인수·합병은 영화, TV 사업 부문에 대한 수평적 결합의 형태를 보여주고 있지만, 거대 미디어 기업 간의 인수·합병이었다는 점과 인수 과정이 복잡했다는 점에서 주목할 만하다. 디즈니는 21세기 폭스의 엔터테인먼트 부문을 인수하며 훌루 지분을 확보했다. 21세기 폭스 인수로 스트리밍 서비스 훌루의 지분 60%를 차지한 대주주가 되었고, 컴캐스트로부터 훌루 지분 33%를 다시 확보하며 훌루에 대한 운영 및 통제권을 확보했다(KPMG, 2019b). 훌루는 원래 2007년 디즈니를 비롯해 21세기 폭스, 컴캐스트, 타임워너 등이 넷플릭스에 대항하기 위해 공동으로 설립한 스트리밍 기업인데, 디즈니가 공동 지분을 소유했던 기업들에 대한 인수·합병을 통해 독자적 운영권을 확보한 것이다. 디즈니는 21세기 폭스 산하의 영화 스튜디오와 TV 프로덕션 사업부 등을 합병해 OTT 플랫폼의 콘텐츠 경쟁력을 확보하고자 한 것으로 평가된다.

컴캐스트와 스카이

미국 케이블 네트워크 기업 컴캐스트는 글로벌 인수·합병으로 2018년 유럽 유료 방송 1위 사업자 스카이Sky를 297억 파운드(약 43조 원)에 인수했다(KCA, 2019). 컴캐스트는 미국 유료 TV 산업 포화로 인한 새로운 수익 창구 개발을 위해 유럽의 유료 방송 사업자 스카이를 인수해 해외시장으로 사업을 확장하고자 했다. 유럽 전역에서 약 2700만 명이 가입된 스카이는 유럽 지역 유료 TV 시장에서 최대 가입자 수를 보유한 기업이다. 컴캐스트의 유럽 유료 방송 사업자 스카이에 대한 인수·합병에 대해 유럽에서는 우려의 목소리가 있었는데, 이는 넷플릭스, 아마존 프라임 등 전 세계 방송 플랫폼 시장이 미국 기업에 의해 독점되는 것에 대한 비판이었다(KCA, 2019). 우려를 잠식시키기 위해 컴캐스트는 기존에 스카이가 진출한 국가(영국, 아일랜드, 독일, 오스트리아, 스위스, 이탈리아) 이외에도 유럽 전역에 스카이 유료 TV 서비스 유지를 밝히며 노력했고, 결국 인수·합병 계약 체결에 성공했다.

인수·합병의 성과와 실패

모든 산업에서 M&A 비중이 늘어나고 있지만, 특히 미디어 엔터테인먼트 산업은 기업들이 적극적으로 인수·합병을 확대해 온 대표적인 분야이다. 통신 기업 AT&T의 미디어 그룹 타임워너 인수는 이러한 추세를 반영하는 대표적 사례이다. 미디어 기업의 인수·합병에 나타난 특징을 살펴보면, 미디어 기업이 비즈니스 모델을 변경하고 이용자들이 해당 플랫폼에 오래 머무르게 할 수 있는 콘텐츠 IPIntellectual Property 확보 움직임을 찾을 수 있다. AT&T의 타임워너 사례나 디즈니의 21세기 폭스 인수·합병 사례는 독점적 콘텐츠 IP 확보를 통해 경쟁사를 견제하려는 전략으로 OTT 시장의 경쟁을 보여주고 있다. 미디어 영역의 인수·합병 사례에 나타나는 피인수 기업 유형은 플랫폼, 콘텐츠, 기술 보유 기업 등 다양하다. 플랫폼 기업에는 가입자를 보유한 케이블 등 유료 방송이나 OTT

서비스가 포함되며, 인수를 통해 직접적인 OTT 가입자나 잠재 고객을 확보하고 자 했다. 콘텐츠 기업은 제작 경쟁력을 갖춘 스튜디오나 차별적인 IP를 보유한 기업으로 독점 콘텐츠 확보로 연결되고 있다. 예를 들어, 마블 IP를 보유한 디즈 니가 자체 OTT 플랫폼 디즈니플러스를 위해 넷플릭스 제휴 파트너에서 이탈했 을 때, 넷플릭스는 대안으로 IP 보유 코믹스 기업 밀러월드 인수에 나섰는데, 이 는 IP 보유 콘텐츠의 파급력을 보여주는 사례다. 또한, OTT 관련 기술은 고효율 의 영상, 오디오 압축을 통한 스트리밍 기술, 콘텐츠 큐레이션과 추천에 필요한 인공지능AI 등이 필요한데, 이를 보유한 기술 기업에 대한 인수·합병을 통해 기 술 경쟁력을 확보하고자 하는 노력도 다양하게 나타난다(KPMG, 2019b).

국내에서도 통신-유료 방송 등 미디어 사업자 간의 인수·합병(LG유플러스-CJ 헬로, SKT-티브로드 등) 사례가 변화하는 미디어 기업 대응력을 보여준다. 기술과 온라인 플랫폼을 중심으로 재편되고 있는 통신 및 방송 시장의 변화는 과거와는 다른 패러다임으로 전개되고 있고, 새롭게 등장한 경쟁 압력들은 국가와 서비스 의 경계를 넘어 확대되고 있다. 미디어 기업들은 경쟁과 혁신적 성장을 위해 신 규 시장 진출의 기회를 적극적으로 도모하고 있는데, 국내뿐 아니라 세계적 기 업들도 통신사업자 간 M&A, 통신 및 방송 사업자 간 M&A를 넘어 성장 잠재력 을 지닌 기업과의 인수·합병으로까지 전방위적인 전략을 펴고 있다. 특히, 통신 사업자들은 네트워크 사업자로 전락하는 것을 막고 신규 수익원을 창출하기 위 해 플랫폼 시장에 진출하고 있을 뿐만 아니라 탈통신 행보가 두드러지게 나타나 고 있다. 통신 기업이 전통적인 미디어 기업 인수를 통해 콘텐츠 사업 영역을 강 화하거나, 디지털 미디어, 광고, 사물인터넷 분야의 기업들을 인수·합병하며 서 비스 영역을 확장하는 등 다양한 형태의 인수·합병이 발생하고 있다.

인수·합병을 통해 기업은 시장 지배력을 확대하고 재구조화를 통해 기업의 가치를 증진하고자 한다. 기업의 인수·합병은 적정한 가격과 조건으로 인수·합 병이 성공해 경쟁 환경에 대응할 수 있는 추가 여력이 남아 있거나, 예상한 전략 대로 작전을 완수한 경우에는 해당 기업에 성공을 가져온다. 그러나 모든 인수·

합병이 애초의 예측대로 원활하게 진행되어 성공하는 것은 아니다. 역사상 최악의 인수·합병으로 불리며, 인수·합병의 대표적인 실패 사례로 언급되는 것이 바로 '타임워너와 AOL의 인수·합병'이다. 타임워너와 AOL은 방송 사업자와 인터넷 사업자가 결합한 경우이다. 당시 미국 최대의 인터넷 서비스 제공업체인 AOL이 거대 전통 미디어 기업인 타임워너를 인수했지만, AOL 타임워너의 주식 가치가 폭락했고, 결국, 합병된 회사의 이름에서 AOL을 떼어 내어 타임워너로 바꾸고, 회사의 주식부호도 원래로 다시 변경되었다.

인수·합병의 실패는 전통적 미디어 기업과 신생 미디어 기업의 경영 방식 및 가치관이 상이하다는 점에서 비롯되었다. 타임워너 출신 경영진은 역사가 긴 거대 기업들이 공통으로 가지고 있는 운영 방식을 그대로 계속하려는 성향을 보였다. 즉, 사업 부문 간의 치열한 경쟁을 통해 회사 전체의 경쟁력을 유지한다는 생각이다. 사업 부문 간의 경쟁은 때로는 회사 전체의 이익에 반하는 결과도 발생시키므로 AOL 출신 경영진은 이를 바람직하지 못한 것으로 보았다. 타임워너 출신 경영진은 고객 관계 등의 장기적인 혜택을 생각하는 경향이 있었으나 AOL 출신 경영진은 단기적인 실적에 치중했다. 특히 AOL 출신들은 회사의 주가에 대단히 민감했으므로 회사 전체의 시너지를 중시했다. 문화와 철학이 다른 두 기업이 합쳐졌을 때 발생할 수 있는 실패 사례라고 할 수 있다. 두 기업은 새로운 인터넷 환경에서 서로의 성장 동력에 엔진이 된다는 목적이 있었음에도, 비용 절감도 새로운 기술 개발도 고객 기반 공유도 네트워크의 활용도 그 어느 것 하나 원활하지 못했다. 합병 후 양사는 협력하기를 거부함으로써 결국 잠재적 시너지를 얻는 데 실패한 것이다. AOL과 타임워너의 인수·합병 '사건'은 기업 간의 인수·합병이 그 자체만으로 단순히 시너지가 발생되는 것이 아님을 보여주는 대표적 사례이다.

미디어 기업의 글로벌화 전략

　미디어 기업이 국경을 넘어 다른 지리적 위치의 국가로 사업을 확장하는 것은 해외시장 진출 전략이다. 미디어 환경이 다양한 뉴미디어 영역과 융합하면서 미디어 기업들은 해외시장을 무대로 기업 전략을 펼치고 있다. 미디어 상품이 가진 규모의 경제, 범위의 경제, 통합의 경제 등과 같은 경제적 속성들은 해외시장으로 진출할수록 수익 규모를 확대할 수 있다는 점에서 미디어 분야의 해외시장 진출은 활발하다. 미디어 기업이 해외시장에 진출하려는 이유는 다양하다. 새로운 가치 사슬을 구축해서 이윤 확보를 안정화하기 위한 것일 수도 있고, 신규 성장 산업에 진출해 수익을 확보하기 위한 것일 수도 있으며, 잠재적인 시장의 규모를 확대하는 것이기도 하다. 해외시장 진출은 제한된 지리적 시장을 탈피해 기업 자산을 효율적으로 활용하고 시장 규모를 확장함으로써 위험을 분산시킬 수 있다(Picard, 2011).

해외시장 진출 유형

　미디어 기업의 해외시장 진출은 넓은 시장을 기반으로 기업의 자원을 공유하고, 규모의 생산을 모색하며 다국적인 커뮤니케이션 네트워크를 구축할 수 있다는 점에서 긍정적이다. 그러나 문화적 배경과 취향이 다른 소비자, 규제의 차이, 유통망 접근의 어려움 등 성공을 장담하기 쉽지 않은 전략이다. 따라서 기업은 해외시장에 진출 시 기업이 축적한 경험과 재무적 능력, 그리고 진출하고자 하는 시장에 대한 이해력 등을 적확하게 판단해서 어떠한 방식으로 진출할지 결정해야 한다.

　해외시장 진출의 유형은 해외 직접투자, 전략적 제휴 등으로 나타난다. 해외 직접투자로는 단독 또는 합작에 의한 신규 법인 설립을 의미하는 그린 필드 투자Green Field Investment, 합작 법인 설립JV: Joint Venture, 인수·합병M&A 등이 포함되며, 합작 법인 설립의 경우 일정 투자를 동반해 협력 기업과 신규 법인을 설립한다는 측면에서 전략적 제휴의 범주에 포함되기도 한다. 단, 모든 합작 법인 설립이 전략적 제휴로 간주되는 것은 아니며, 그러기 위해서는 참여 기업 간 지속적·적극적 협력 관계 유지가 전제되어야 한다. 자본 투자는 통제권 확립이 쉽고, 지리적 시장의 시너지 효과를 창출하기가 용이하며, 수익률이 높기 때문에 대자본을 확보한 글로벌 미디어 기업이 해외시장을 개척할 경우에 빈번하게 추진하는 전략 중의 하나다.

미디어 기업의 해외시장 진출 시 가장 활발하게 이용되는 전략이 전략적 제휴와 인수·합병이다(전범수, 2013). 전략적 제휴란 공통의 전략 목표를 성취하기 위한 기업 간의 협력적 계약이며 두 개 이상의 기업이 공동의 전략적 목적을 위해 협력하는 방식이다(Hollifield et al., 2015). 인수·합병보다 위험 부담을 분산시키며 핵심 역량을 강화하기에 유리한 전략이라고 할 수 있다. 경제학적 시각에서 보았을 때 경쟁적인 시장 환경에서 기업들이 서로 제휴를 맺는 것은 기업이 지닌 유형과 무형의 자산이 타 기업들과 장기적인 관계를 형성하는 데 쉽기 때문이다(Picard, 2011).

미디어 기업의 사업 확장 전략은 주로 시장에서의 시장 지배력이나 내수 시장의 한계를 메워줄 새로운 시장 진출을 위한 경우가 많다. 특히 해외시장으로의 진출은 기업의 핵심 자원을 국제시장으로 확대함으로써 잠재력 있는 시장을 확보해 기업의 성장을 지속할 수 있다는 점에서 매력적이다. 미디어 기업은 환경 변화의 새로운 사업 기회에 대응하기 위해 서로 보완 자산을 결합하고, 내부 자원이 부족한 분야에서 파트너로부터 새로운 자원과 능력을 획득해 경쟁 우위를 확보하기 위한 수단으로 전략적 제휴를 이용한다(Picard, 2011). 전략적 제휴는 자산 투자를 동반하는 주식 기반 전략적 제휴Equity-based Strategic Alliance와 자산 투자 없이 협력을 수행하는 비주식 기반 전략적 제휴Nonequity-based Strategic Alliance로 구분할 수 있다. 그러나 이와 같은 구분이 절대적인 것은 아니며, 각 방식을 병행해 해외시장에 진출하는 것이 일반적이다.

전략적 제휴의 형태 중 하나는 조인트 벤처joint venture이다. 조인트 벤처는 2인

유형	내용
해외 직접투자	• 현지에 법인을 설립(단독 또는 합작)하거나 현지의 기존 기업을 인수하는 방식, 현지 기업에 대한 투자 10% 이상 지분 보유(IMF 정의). ※ 인수·합병, 그린 필드형(합작 투자, 단독 투자), 합작 투자로 구분 가능
인수·합병	• 기존 기업의 지분 확보를 통한 경영권 인수·합병 방식.
그린 필드형 투자	• 신규 법인 설립 방식의 직접 투자. ※ 합작 투자, 단독 투자
합작 투자 (Joint Venture)	• 공동 투자를 통한 합작 법인 설립. 단, 조인트 벤처가 전략적 제휴로 간주될 수도 있음 ※ 조인트 벤처가 전략적 제휴로 간주되기 위해서는 지속적이며 적극적인 협력 관계가 유지되어야 함. • 조인트 벤처 설립을 통한 투자 이익에만 관심을 갖는 수동적인 파트너십은 전략적 제휴로 인정되지 않음.
전략적 제휴 (Strategic Alliance)	• 2개 이상의 기업이 공동의 전략적 목표(기술 개발, 생산, 판매, 자본 조달 등)를 달성하기 위해 협력하는 것. M&A와 달리 양 법인의 독립성은 유지 ※ 자본 투자를 병행하는(JV, FDI 등 중소 자본 투자) 지분 기반 제휴와 자본 투자 없이 계약에 의해 양방의 책임과 제휴 방법 등을 명시하는 비지분 기반/계약 제휴 방식으로 구분

〈표 6-2〉 기업의 해외시장 진출 유형

자료: KOTRA 해외투자협력센터(http://www.kotra.or.kr/kh) 재구성.

이상의 사업자 간에 단일한 특정의 일을 행하게 하는 출자 계약 또는 공동 계약을 의미한다(Hollifield et al., 2015). 미디어 기업은 해외시장에 진출하기 위해 조인트 벤처를 빈번하게 이용한다. 조인트 벤처의 장점은 우선 투자 위기의 분산 효과가 있다. 지역 업체와의 직접 경쟁이 감소해 신규 시장 진입으로 발생하는 소모적이고 불필요한 경쟁 상황에서 벗어날 수 있다. 무엇보다 현지 기업과의 제휴를 통해 제한된 시장에서 자원 접근이 가능하다. 이런 이유로 조인트 벤처는 불확실성이 높아 위험도가 큰 미디어 시장에 많이 이용된다. 가령, 미디어 사업자들은 시리즈물이나 영화를 공동 제작해 진출하고자 하는 지역 시장에서 1차 독점권을 확보함으로써 위험은 분산시키고 신규 수익을 창출하기 위해 조인트 벤처를 선택하는 경우가 많다. 그러나 수익을 기업이 온전히 취할 수 없고 나누어 가져야 한다는 점, 그리고 조인트 벤처 기업 간의 이익보다는 개별 회사의

구분	단독 투자	인수·합병
장점	• 자회사에 대한 통제 용이 • 불필요한 통합 비용 방지	• 스피드(신규 시장 적응성) • 경쟁사의 제거 • 회사의 자원과 역량 향상
단점	• 단독 진출에 따른 시장 적응력 저하 • 시행착오 위험 증가	• 통합에 따른 적응 비용 발생 • 문화적 이질감에서 오는 기업 역량 저하
구분	전략적 제휴	인수·합병
장점	• 스피드(신규 시장 적응성) • 모기업 독립성은 그대로 유지 • 파트너 변경의 용이성 • 경쟁자의 제거 • 부족한 경영 자원 확보(기술, 노하우, 브랜드) • 불요불급한 투자 방지	• 스피드(신규 시장 적응성) • 파트너 기업 자산에 대한 높은 통제력 • 경쟁자의 제거 • 부족한 경영 자원 확보
단점	• 낮은 통제력(공동 의사 결정 필요) • 핵심 역량(기술, 노하우 등) 유출 우려	• 인수·합병 비용(프리미엄 발생 가능) • 양사 문화, 직원 간 충돌 가능성 • 불필요한 통합 노력 필요

〈표 6-3〉 해외시장 진출 유형
자료: KOTRA 해외투자협력센터(http://www.kotra.or.kr/kh) 재구성.

이익을 우선시할 때 발생할 수 있는 문제점들이 단점이다. 미디어 산업에서의 조인트 벤처는 자본 투자와 콘텐츠의 가치 활용이라는 측면에서 결합 유형별로 자본 결합형, 콘텐츠 결합형, 자본 및 콘텐츠 결합형 세 가지로 구분될 수 있다 (Hollifield et al., 2015). 이 중 자본이 개입된 전략적 제휴는 기업 간에 일정 정도의 신뢰도가 전제되기 때문에 상대적으로 안정적이지만, 자본이 배제된 채 콘텐츠만으로 결합하는 전략적 제휴는 관계의 불안정성이 있다.

글로벌 시장으로 진출하는 데 인수·합병과 다른 진출 방식의 장단점을 비교해보면, 단독 투자의 경우 자회사에 대한 통제가 용이하고 불필요한 비용이 드는 것을 방지한다는 장점이 있으나, 시장 적응력이 저하되고 시행착오의 위험이 크다는 단점이 있다. 반면에 인수·합병은 잠재력 있는 기업의 자원을 인수하는 형태이기 때문에 신규 시장에 대한 적응력이 높고 의도대로 시너지 효과를 창출할 경우 기업의 자원과 역량이 향상된다. 그러나 통합에 대한 적응 비용이 발생하고 다른 문화권 간 결합이면서 다른 조직 문화를 가진 기업 간 결합이기 때문에 이로 인한 부작용 발생이 우려된다. 전략적 제휴와 인수·합병, 두 가지 방식

모두 신규 시장 적응력이 빠르고, 잠재적 경쟁자를 협력자로 만들어 미래 경쟁자를 제거하는 효과를 얻을 수 있다는 점, 그리고 기술이나 노하우와 같은 부족한 경영 자원을 확보할 수 있다는 장점을 갖고 있다. 여기에 좀 더 유연한 접근 방식인 전략적 제휴의 경우 모기업의 독립성은 유지할 수 있을 뿐 아니라 파트너 변경이 용이하다는 추가적인 장점이 있다. 그러나 이러한 장점이 악용될 경우 핵심 역량이 외부로 유출되어 느슨한 기업 경영이 행해질 수 있다. 인수·합병의 최대 단점이라고 한다면 AOL과 타임워너의 사례가 보여준 것처럼 양사의 조직 문화의 충돌이 경영 악화라는 극단적인 비극을 초래할 수 있다는 것이다.

미디어 기업의 해외 진출 사례

넷플릭스

넷플릭스는 2021년 기준 전 세계 시장에서 2억 명이 넘는 가입자를 확보하고 있고, 전체 가입자의 절반 이상은 미국이 아닌 해외 이용자이다. 넷플릭스는 글로벌 미디어 서비스 특성을 보여주고 있으며 로컬 콘텐츠를 글로벌 시장에 공급하며 규모의 경제를 확보하고 있다. 넷플릭스의 성공은 사업을 전 세계로 확장한 것에 기인한다. 넷플릭스는 거의 모든 국가의 미디어 시장에 진출해 전 세계 미디어 산업의 변화를 견인하고 있다.

넷플릭스의 해외시장 진출 사례는 크게 두 가지 전략으로 나타나는데, 신규 시장 진입 전략과 진입 후 시장 동화 전략이다. 넷플릭스는 해외시장에 동시에 진입하지 않고, 시장들 간의 지리적·심리적 거리감 또는 인식 차이를 감안해 신규 해외시장에 점차적으로 진출했다. 먼저, 미국과 지리적으로 가깝고, 비슷한 점이 많은 캐나다에 진출해 경험과 교훈을 얻고, 이를 통해 여러 시장으로 확장하는 역량을 개발해 사업을 확장했다. 넷플릭스는 2010년 캐나다에 처음 진출한 이후 캐나다 인구의 절반 가까이를 넷플릭스 가입자로 만들었고, 2011년 브라질 시장에 진출했다. 넷플릭스는 캐나다, 브라질, 호주, 스페인, 이스라엘 등 해외시장을 점차 확장하며 해당 로컬시장 사업자와의 협업 기반을 마련했다 (Lobato, 2019). 시장 간의 유사성, 광대역 인터넷의 보급 정도 같은 요건을 바탕으로 진출할 해외시장을 선택했으며, 지역 이해관계자들과 협력하는 전략과 빅데이터 분석에 대한 기술적 투자, 해당 지역의 선호도에 맞는 콘텐츠 개발 투자를 병행했다(Brennan, 2018).

해외시장 진출을 본격화한 후부터 넷플릭스는 규모의 경제를 확보하고, 오리지널 콘텐츠 제작으로 가입자 규모를 키우는 순환 구조를 통해 해외시장에서의 콘텐츠 제작과 유통을 변경시켰다. 글로벌 전략에도 지역 시장의 정보를 잘 활용하는 것이 성공에 필수라는 사실을 넷플릭스가 보여준다. 넷플릭스는 진입한 시장에서 주요 기기 제조업체, 모바일 및 TV 사업자, 인터넷 서비스 제공 업체들과 협력하며 기업들과 파트너십 관계를 맺었고, 통신사, 케이블 사업자 등과 전략적 제휴를 통해 다양한 플랫폼에서 넷플릭스 서비스를 이용할 수 있도록 했다. 넷플릭스는 자막을 포함해 다양한 언어로 된 콘텐츠를 추가하며 전 세계적인 콘텐츠 라인업을 갖추는 동시에 알고리즘을 통해 가입자별 최적화된 맞춤 서비스를 제공하고자 주력했다.

넷플릭스의 특징은 점진적인 세계화, 지역과의 동기화로 요약할 수 있다 (Brennan, 2018). 넷플릭스는 해외시장을 캐나다 시장을 시작으로 점차 진출 지역을 확대해 나갔는데, 이러한 전략은 위험을 줄이고, 경험과 데이터로 단점을 보완하며 진출 지역의 특성에 맞는 맞춤 서비스 제공이 가능하도록 했다. 상대적으로 비슷한 문화권을 지닌 국가부터 진출하기 시작하면서 쌓인 경험을 다른 문화권을 가진 국가로 확장하며 글로벌 확장에 활용한 것이다. 또한, 빅데이터를 활용한 맞춤 알고리즘으로 다양한 국가에 진출하면서 해당 지역과 사람들의 선호도에 적합한 콘텐츠에 투자했고, 진출 이후에도 각 지역에 맞춰 제작된 콘텐츠를 다른 지역 빅데이터와 비교 분석하며 상호 보급하는 형식으로 수익을 창출했다.

넷플릭스는 지역 미디어, 콘텐츠, 플랫폼 등과 협약을 통해 진출 지역에 있는 미디어와의 동화를 시도했는데, 해당 지역의 콘텐츠를 넷플릭스에 유치해 가입자 구독을 유도하고, 동시에 콘텐츠의 해외시장 유통을 가속화했다. 오리지널 콘텐츠 제작을 통해 지역 동기화와 현지 특색을 보여주었는데, 넷플릭스는 해당 국가의 제작사, 제작진, 배우 등을 활용한 콘텐츠를 제작했고, 이러한 콘텐츠는 인기를 끌며 넷플릭스의 글로벌화에 도움이 되었다. 국내도 넷플릭스 지원으로 제작된 봉준호 감독의 〈옥자〉와 김은희 작가의 〈킹덤〉이 현지화 전략으로 제작된 넷플릭스 오리지널 콘텐츠이다.

글로벌 ICT 기업

기술의 진보로 미디어 사업 영역의 경계가 모호해지고 지리적 경계가 무너지면서 미디어 시장의 규모가 글로벌 단위로 확장되었다. 미디어 산업은 기술의 영향을 직접 받으면서 서로 이질적인 산업이 융합 시장으로 재편되었고, 이러한 미디어 시장의 융합화 현상은 미디어 시장 구조를 변화시켜 미디어 기업에게 기회와 위험을 제공하고 있다. 지리적 한계를 초월한 미디어 기업들은 글로벌 환경과 기술 변화에 맞서 핵심 역량을 정비하고 기술 자산을 강화하며 글로벌 시장에서 경쟁력을 확보하고자 한다. 인터넷 환경 자체가 지리적 시장의 경계가 무의미하므로 태생적으로 글로벌 시장을 사업 영역으로 삼을 수밖에 없는 특성을 가진 미디어 기업들은 인터넷으로 대변되는 네트워크 환경에서 기술 메커니즘을 이용해 시장 지배력을 확장하며 글로벌화 전략을 추구하고 있다.

디지털 전환Digital Transformation의 전개로 글로벌 ICT 기업들은 신규 기술력 확보를 위한 적극적인 M&A를 주도하고 있다. OS 플랫폼 경쟁력을 기반으로 글로벌 ICT 산업을 주도하고 있는 애플, 구글, 아마존, 페이스북 등의 성장은 인수·합병 추세에서 살펴볼 수 있다. ICT 산업 내 주요 기업들은 인터넷 및 ICT 제조 분야의 기업들과 적극적으로 M&A를 체결하고 있다(Deloitte, 2019). ICT 산업은 기술 발달과 시장 변화가 빨라서 내부적인 요인만으로는 경쟁에서 뒤처질 수 있고 사업 영역의 경계가 모호해서 다양한 분야에 걸쳐 경쟁력을 갖추어야 시장에서 살아남을 수 있으므로 다른 분야보다 활발한 인수·합병이 이루어지고 있다. ICT 기업이 유독 경쟁적으로 인수·합병에 나서는 이유는 기술 혁신의 속도가 빨라서 혼자 힘으로 그 속도를 따라갈 수 없기 때문이다. 인수하는 기업들은 대부분 최신 기술력을 보유하면서 잠재력을 보유한 신생 IT 기업이거나 인터넷의 네트워크 권력을 확보하기에 쉬운 자원을 보유한 기업이다. 시장과 기술이 빠르게 변화하고 있어서 모든 기술을 자체 개발하거나 사 올 수 없으므로 파트너십을 통해 하드웨어, 소프트웨어, 플랫폼을 자사의 서비스와 통합하거나 협력 관계를 맺는다. 매출 성장, 기술 자산, 지식재산권IP 확보를 위해 인수·합병을 하기도 하지만, 새로운 시장 진출과 이용자 기반 확대를 위한 인수·합병도 다양하게 나타난다.

ICT 기업들은 여러 가지 목적으로 인수·합병을 시도한다. 사업 확장을 위한 인수·합병은 자사가 보유하지 못한 역량을 획득하거나 잠재적인 경쟁자를 인수하기 위한 목적이다. 페이스북은 사진 기반 SNS 사진 플랫폼으로 성장하던 인스타그램을 인수했다. 새로운 유망 사업을 획득함과 동시에 인스타그램이 페이스북의 강력한 경쟁 기업으로 성장해 위협이 될 가능성을 조기에 차단했다. 구글은 인터넷 배너 광고 솔루션 업체인 더블클릭을 인수해 검색 결과에 배너 광고를 결합하는 수익 모델을 창출했다. 또한, 사용자 및 데이터 확보를 위한 인수·합병도 활발한데, 비슷한 서비스를 이용하는 새로운 이용자 확보를 위한 인수이다. 마이크로소프트는 구인 구직 소셜 플랫폼인 링크드인을 인수했는데, 링크트인 인수는 마이크로소프트가 보유한 오피스 사용자와 링크트인의 비즈니스 전문가 네트워크가 서로 다른 사용자 데이터를 기반으로 비즈니스 영역에서 시너지를 창출할 것이라는 기대감에서 이뤄졌다. 이밖에 인공지능, 자율주행, 로보틱스 등 신기술 확보를 위한 인수·합병이 있다. 구글은 영국의 인공지능 기술업체인 딥마인드를 인수해 자사의 딥러닝 솔루션에 딥마인드의 기술을 적용했고, 아마존은 로봇 기술 확보를 위해 미국의 로봇 기업인 키바시스템스를 인수했고,

로봇 기술은 아마존의 물류센터 운영에 중요하게 활용되고 있다(KPMG, 2019a).

아마존

전자상거래 플랫폼을 통해 성장한 아마존은 '아마존 효과Amazon Effect'라는 신조어가 생겨났을 정도로 여러 산업에 영향력을 끼치고 있는데, 이는 아마존의 인수·합병 사례에서 확인할 수 있다(*Washington Post*, 2021.4.21.) 아마존은 인공지능, 사물인터넷과 같은 신기술을 플랫폼에 접목하며 기존 산업에 변화를 일으켰다. 아마존은 유기농 식료품 유통 기업인 홀푸드 마켓Whole Foods Market을 인수해 아마존의 기술을 집대성한 '아마존고Amazon Go' 매장을 만들었다. 아마존은 신기술에 대한 투자 목적으로 로봇기술을 통해 물류의 효율성을 높이고 있다(Deloitte, 2019). 아마존은 2020년 자사 클라우드 서비스 AWSAmazon Web Service를 기반으로 '루나Luna'를 론칭하고 구글, 마이크로소프트 등 IT 기업과의 경쟁에 합류했다. 아마존은 클라우드 플랫폼을 강화하기 위해 관련 기술을 보유한 기업을 인수했다. 동영상을 스마트폰이나 TV 등 다양한 웹 기반 장비에 제공하는 엘리멘털테크놀로지Elemental Technology를 인수했으며, 이스라엘의 사이버 보안 스타트업인 클라우드인듀어Cloud Endure를 2억 달러에 인수한 바 있다(KPMG, 2019a). 아마존은 클라우드상에 IT 인프라뿐만 아니라, 인공지능, 보안, 모바일, 사물인터넷, 가상현실VR 기능까지 추가하며 클라우드 플랫폼 경쟁력을 강화하고 있다. 아마존은 핵심 기술을 클라우드 내 애플리케이션 형태로 제공하고 있으며 새로운 기능을 아마존웹서비스에 추가하고 있다(KPMG, 2019a). 아마존은 유료 멤버십 회원제인 '아마존 프라임Amazon Prime'을 기반으로 사업을 확장했는데, 아마존은 '프라임 비디오Prime Video'를 통해 전 세계적 플랫폼으로 TV 프로그램과 영화, 음악스트리밍 서비스를 제공하고 있다. 아마존은 2014년 동영상 스트리밍 플랫폼 트위치Twitch를 인수했고, 이는 전 세계 게임 이용자들이 집결하는 동영상 스트리밍 플랫폼으로 자리 잡게 되었다. 2019년에 아마존은 게임 스트리머 간 경기를 매칭시켜 주는 베보Bebo를 인수했고, 이를 통해 동영상 플랫폼 트위치의 기술력을 강화했다(KPMG, 2019a). 전 세계 1억 명에 달하는 트위치 사용자를 루나Luna 유료 구독자로 전환·유치하기 위해 아마존은 루나를 게임 스트리밍 플랫폼 트위치Twitch와 연동시켜 루나 구독자가 게임 라이브 스트리밍을 시청하며 영상을 통해 게임을 할 수 있도록 했다. 이밖에 2021년 아마존은 영화 제작사 MGMMetro-Goldwyn-Mayer을 인수했고, 콘텐츠 IP 확보를 기반으로 OTT 동영상 스트리밍 서비스 아마존 프라임 서비스를 강화하고 있다. MGM은 007 시리즈 등 다수 영화의 판권을 갖고 있고 프리미엄 유료 케이블 채널 에픽스Epix를 운영하고 있다.

SUMMARY

미디어 기업들은 시장에서의 지배력을 향상하고자 인수·합병을 끊임없이 거듭하고 있다. 인수·합병은 기업이 경쟁 환경에서 새로운 기업을 설립하지 않고 기업이 성장하는 데 도움을 줄 수 있는 다른 기업을 사거나 팔거나 결합하는 것으로 급변하는 환경에 대응하는 전략이다. 미디어 기업들은 여러 가지 목적으로 인수·합병을 시도한다. 수직, 수평적 다각화 기반의 인수·합병, 사업 확장을 위한 M&A, 사용자 및 데이터 확보를 위한 M&A, 신기술 확보를 위한 인수·합병 등도 있다. 인수·합병이나 글로벌화 전략이 반드시 긍정적인 결과를 담보하는 것은 아니므로 기업들은 다양한 방식으로 결과가 가져올 수 있는 경제적·사회적 비용 및 편익을 고려해야 한다. 이 장에서는 미디어 기업의 인수·합병과 관련된 개념과 유형들을 제시하고, 최근 미디어 기업의 인수·합병 및 세계화 전략에서 나타난 사례들을 소개했다.

생각해 볼 문제

1. 미디어 기업이 유독 글로벌 차원의 경쟁 상황에 직면한 이유는 무엇인가?
2. 미디어 기업이 인수·합병 전략을 수행하는 목적이 일반 기업과 다른 점은 무엇인가?
3. 넷플릭스의 해외시장 진출 및 세계화 전략에서 중요하게 고려된 요소는 무엇인가?
3. OTT 서비스와 관련된 미디어 기업의 인수·합병 사례를 살펴보고, 그 성과를 도출해 보자.
4. 글로벌 ICT 미디어 기업의 인수·합병에서 나타나는 특징이 무엇인지 살펴보자.

참 고 문 헌

전범수. 2013. 『미국과 유럽의 미디어기업 인수·합병』. 커뮤니케이션북스.

Deloitte. 2019. 「테크 기업 인수 후 기업가치 증대하기」. ≪인더스트리 포커스≫, 75호.

KCA. 2019. 「글로벌 방송 미디어 M&A 동향」. ≪KCA 미디어 & 트렌드 리포트≫, 2019/1.

KOTRA 해외투자협력센터. http://www.kotra.or.kr/kh

KPMG. 2019a. 「플랫폼 비즈니스의 성공 전략」. *Samjong INSIGHT*, 67.

_____. 2019b. 「OTT 레볼루션, 온라인 동영상 시장의 지각 변동과 비즈니스 기회」. *Issue MONITOR*, 109.

Brennan, L. 2018 10. 12. "How Netflix Expanded to 190 Countries in 7 Years." *Harvard Business Review*. https://hbr.org/2018/10/how-netflix-expanded-to-190-countries-in-7-years

Hollifield, C. A., J. l. Wicks, G. Sylvie, & W. Lowrey. 2015. *Media Management: A Casebook Approach*. Routledge Communication Series. 5th Edition. Routledge.

Lobato, R. 2019. *Netflix nations: The geography of digital distribution*. NYU Press.

Picard, R. G. 2011. *The Economics and Financing of Media Companies,* Second Edition. Fordham University Press.

Porter, M. E. 1998. *Competitive Strategy: Techniques for Analyzing Industries and Competitors*. New York: Free Press.

Washington Post. 2021.4.21. "How Big Tech got so big: Hundreds of acquisitions." https://www.washingtonpost.com/technology/interactive/2021/amazon-apple-facebook-google-acquisitions/

07 미디어 기업의 조직 및 인적자원 관리

곽규태

조직·인적자원 관리로 대변되는 매니지먼트 활동은 경영의 본질에 해당한다. 어떠한 조직이든 공동의 목표 달성을 위해서는 전략을 반영한 창의적이고 효율적인 조직 설계와 변화 관리, 필요 인재의 확보와 육성 체계 정립이 필수적이기 때문이다. 미디어 기업의 경우도 예외일 수 없다. 미디어 기업은 다차원적 상품 속성을 지닌 콘텐츠의 생산, 관리, 유통 등에 관련한 비즈니스를 수행하기에, 시시각각 변화하는 수요와 경쟁 환경에 기민하게 대응해야 한다. 따라서 창의적인 조직을 구축하고 고유한 문제 해결 능력을 확보하는 것은 미디어 기업의 성과와 생존에 필수적인 요건이며, 결국 그러한 고민은 조직과 사람관리 차원의 문제로 귀결될 수밖에 없다. 이 장에서는 조직·인적자원 관리와 관련한 핵심 개념과 논의들을 정리해 보고, 미디어 기업이 당면한 조직·인적자원 관리의 주요 현안들에 대한 해결책을 고민해 본다.

흔히 경영관리management로 불리는 '조직 인사 관리(혹은 인사 조직 관리)'는 경영에서 업무 수행을 효과적으로 행할 수 있도록 경영 조직을 체계적으로 운영하는 것을 의미한다. 이는 조직의 경영 활동을 보조하거나 지원하는 소극적 의미라기보다, 환경 변화 상황에서 조직이 어떻게 지속가능할 수 있는지에 대해 경영 전반을 체계적으로 관리 운영하는 것에 가깝다. 따라서 학문 분야에 따라 그 범위나 구성 요소에 대한 입장이 다소 상이한 측면은 있으나, 공통적으로 조직 인사 관리는 고유 목적을 위해 형성된 조직의 구성 요소인 개인, 집단, 그리고 조직의 체계적 관리와 적용 방법, 결과 예측 등에 관심을 기울인다.

여기서 '조직 관리'와 '인사 관리'의 범주와 영역을 명확히 구분하는 것은 쉽지 않다. 왜냐하면 인사 관리와 조직 관리 분야는 초기부터 동일한 이론을 사용해 왔고, 상호 중첩되거나 유기적으로 연결된 부분이 많기 때문이다. 조직행동론과 같은 미시조직이론이 인사 관리의 기본 바탕이라는 관점에서 보면 조직 관리의 큰 범주에 인사 관리가 포함되는 것으로 볼 수도 있겠으나, 인사 관리 영역이 다양한 학문 분야와 융합 교류하며 '인적자원 관리'라는 독립적인 학문 분과로 성장해 온 측면에서 본다면 조직 관리의 전통적 테마와 차별화되는 독립적인 심화 영역으로 이해할 필요성도 상존한다. 때문에 조직 관리와 인사 관리는 필요에 따라 경영관리의 맥락에서 통합적으로 회자되기도 하고, 연구자의 관심에 따라 독립적으로 논의되기도 한다.

한편 본 단원에서는 인사 관리 대신 인적자원 관리라는 명칭을 활용한다. 기업 현장에서 관례적으로 쓰이는 인사 관리personnel management는 사실상 화이트칼라 대상의 관리 용어에 가까워 오늘날 다양한 관계로 확장된 노무관리labor management나 노사관계 관리labor relations management를 모두 포괄하기는 한계가 있다. 또, 전통적 인사 관리의 경우 종업원을 대체로 '비용' 중심으로 사고하고 판단하는 문제점을 지닌다. 종업원을 주체적 존재로 인식하기보다 하나의 생산 요소인 도구적 수단으로 바라본다. 반면 인적자원 관리는 종업원을 비용의 측면보다 '자원'이나 '자산'으로 여기고, 교육이나 훈련, 학습 등을 통해 이들의 역량과 기술을 계발시키는 데 초점을 두고 있다. 따라서 인적자원 관리의 관점이 조직 내 인간의 심리와 행동에 대한 심화된 이해와 관찰, 조직과 인간의 상호작용을 이해하는 포괄적인 논의 기반을 제공해 줄 것으로 기대한다.

조직의 이해

오랜 과거부터 현재까지 대다수 사람들은 다양한 조직에 속해 삶을 영위하며, 조직 생활을 통해 사회화되고 있다. 조직 생활이 인간 삶의 근간이며, 나아가 이러한 조직들의 집합체가 곧 사회인 셈이다. 여기서 조직organization 은 '공동의 목표를 수행하기 위해 사람들이 모여 업무를 나누고 상호 관계를 하는 사회적 구성체'를 말한다. 즉, 조직은 구성원들이 공유할 수 있는 공동 목표common goal 를 설정하고, 이의 달성을 위해 효율적으로 과업을 나누어 추진하는 분업 체계 division of labor 와 이들 과업을 조정·통제할 수 있는coordination & control 권한과 지휘 체계hierarchy of authority 를 갖추고 있다. 쉽게 말해 이윤 극대화를 목표로 하는 기업, 국가 발전과 국민의 안전을 영위하는 정부 등이 조직의 대표적 형태이며, 넓게는 비영리조직, 봉사조직, 결사단체(동호회 등)와 같이 다양한 목표와 운영 방식을 가진 집단 모두 조직에 해당한다.

그렇다면 조직은 어떠한 필요성에 의해 등장했을까? 이 질문이 중요한 이유는 조직의 탄생에 대한 조명이 조직의 목적과 역할을 이해하게 해주기 때문이다. 일반적으로 조직, 특히 영리 조직의 탄생에 대한 기원은 다음 두 개의 논거를 통해 설명된다(이학종 외, 2001). 첫째, 효율적 노동에 대한 필요성이다. 이는 공동 작업과 대량생산의 효율성을 극대화하기 위한 관리 체계의 필요성, 즉 분업을 통한 전문화 노력이 생산성 향상에 도움을 줄 것이라는 기대가 조직 형성에 동인으로 작용했다는 주장이다. 둘째, 거래비용경제학에서 말하는 것처럼, 조직을 통한 계층적 지배구조 관리hierarchical governance structure 가 때때로 시장market 을 통한 지배구조 방식보다 효율적이어서 조직이 생성되고 성장해 왔다는 주장도 제기된다(Williamson, 1985). 일정한 규칙과 절차로 운영되는 조직은 경제 행위자들의 정보 비대칭information asymmetry 해소, 기회주의opportunism 예방, 제한된 합리성bounded rationality 의 제약 극복에 도움을 주어 예측 가능성 향상과 불확실성 감소에 효과적이다(Chandler, 1977). 따라서 조직의 태동에 대한 거래비용 관점의 이해는 공동 목표 달성에 필요한 자원 활용과 이들의 용이한 연결과 결합, 환경 변화에 대한 대응, 비용효과적인 제품과 서비스를 생산하기 위한 경제적 수요가 조직의 탄생에 밀접히 연관되어 있다고 여긴다.

한편 조직을 이해하는 시각은 미시적 그리고 거시적인 관점으로 구분할 수 있으며, 각각의 접근법에 따라 주요 관심사가 달라진다. 먼저 조직행동론OB: Organizational behavior 으로 대변되는 미시적 관점은 조직을 특정한 목적을 달성하기 위해 서로 '상호작용하는 인간들의 협동 집단'으로 이해하기에, 조직에 속한 개인이나 인간 행동에 초점을 맞춘다. 따라서 미시적 조직 이해에서는 조직 내부 intra-organizational 의 합리화를 위한 구성원의 역량 개발과 동기부여, 조직 공동 목표 달성을 위해 헌신하게 하는 직무 만족과 리더십, 커뮤니케이션과 갈등 관리, 조직 문화 등의 요소가 주요 관심 사항이다. 반면 거시적 관점의 조직 이해OT: Organizational theories 는 외부 환경 혹은 타 조직의 영향inter-organizational 을 고려하는 방식으로, 조직을 살아 있는 개방 시스템으로 이해한다. 따라서 목표 달성을 위해 구성원들의 역량을 유도하는 도구로써 조직을 조망하기보다 생존을 위해 환경에 적응하고 변화하는 조직의 모습에 집중한다. 즉, 조직에 속한 구성원들의 행동보다는 조직 자체에 초점을 맞추고 조직이 환경 변화에 적응하며 벌이는 제반 조직 활동에 관심을 기울인다. 때문에 거시적 관점에서는 조직 구조의 설계, 조직의 성장과 변화, 외부 환경을 대하는 조직의 태도, 조직과 조직 간의 협력과 갈등, 조직 성과와 경쟁 등이 주요 관심 사항이다.

조직 관리의 주요 의제

조직 관리organizational management는 '조직의 목표를 달성하기 위해 조직 자원을 수집하고, 이를 할당하여, 과업을 구조화하는 기능'으로 요약할 수 있다. 예컨대 경영자는 자신이 이끄는 조직이 변화하는 환경에 효과적으로 대처할 수 있도록 어떤 과업을 할 것인지, 누구에게 그 일을 맡길 것이며, 어느 수준의 권한과 책임을 부여할지, 최종적으로 누가 그 과업에 대한 의사 결정을 해야 하는지 등을 결정해야 한다(Robins et al., 2013). 즉, 조직목표 달성을 위한 조직 설계, 조직의 환경 대응, 조직 변화와 조직 학습, 조직 정치와 권력의 관리, 조직 의사 결정 관리, 조직 갈등 및 조직 문화 관리 등이 조직 관리의 주요 관심사다. 지면 관계상 본 단원에서는 조직 관리의 핵심 의제인 조직 설계와 조직 구조, 조직 변화 관리, 조직 정체성을 중심으로 논의를 정리한다.

조직 관리에서 가장 주요한 의제 중 하나는 조직을 어떻게 만들 것인지와 관련되어 있다. 이는 구체적으로 조직 만들기의 동태적 과정인 조직화organizing와 정태적 측면인 조직 구조organizational structure로 대변되는 문제다(쉽게 조직을 구상해 완성하기까지의 조직 설계의 전 과정을 조직화, 완성된 조직의 형태를 조직 구조라 이해하면 된다). 일반적으로 조직은 다양한 과업을 맡고 있는 개인들 혹은 집단으로 구성되어 있기에, 이들 과업을 효율적으로 나누고(분업화), 이들 과업의 연결 정도를 조정·통제할 수 있어야 하며(통합화), 권한의 배분과 위임을 통해 최적의 의사 결정이 가능한(분권화) 구조로 설계해야 한다. 조직 설계 방식에 의해 조직의 유형(조직 구조)이 결정되며, 조직 설계 방식은 기능별 조직, 사업부 조직, 매트릭스 조직, 네트워크 조직과 같은 네 개의 범주가 대표적이다.

먼저 기능별 조직functional organization은 마케팅, 생산, 회계, 인사, 총무 등과 같이 필수적인 회사의 기능별로 업무를 나누고, 이를 위계에 따라 감독하고 계획하며, 절차를 통해 업무를 통제하고 조정하는 방식이다. 의사 결정은 중앙에서 이루어지며, 성공적으로 조직이 작동하기 위해서는 부서 간의 교류가 많이 필요하고 상호작용이 활발해야 한다. 기능별 조직은 전문성을 확보하고 규모의 경제를 이룰 수 있는 등 자원 이용 효율성을 높이는 장점이 있으나, 경영진의 기능별 활동 조정에 많은 자원과 시간이 소요되고, 이에 따라 환경 변화에 반응성이 떨어질 수 있는 단점이 있다. 따라서 기능별 조직은 조직 규모가 상대적으로 작거나, 조직을 통제할 수 있는 강력한 리더십이 있는 경우, 혹은 비교적 간단한 기술을 토대로 안정적이고 동질적인 시장 환경에 있는 경우가 아니면 효과적이지 못할 수 있다.

이어서 사업부 조직divisional organization은 기능별 조직과 달리, 사업 부문과 산출물에 따라 업무를 나누는 방식이다. 예컨대 부서를 제품별, 시장별, 지역별로 조직하고, 각 사업부서가 경영의 주요 기능을 독자적으로 수행하는 독립채산제 형태의 조직 설계 방식이다. 이러한 조직 유형은 사업부별로 환경이 서로 다른 점을 반영해 권한과 책임을 사업부에 대폭 이양하기에 기능별 조직에 비해 중앙의 조정과 통제가 적고 신속하게 환경 변화에 대응해 책임 경영을 할 수 있다는 이점이 있다. 다만 사업부 조직은 이질적인 복수의 시장에서 비즈니스를 영위하는 기업이나 부서 사이의 기술이 서로 상이한 경우에는 효과적이나, 전사 차원의 부서 간 상호 조정과 시너지 유도 등을 위한 조정 작업이 기능별 조직보다는 상대적으로 어렵다는 문제점을 지닌다.

다음으로 매트릭스 조직matrix organization은 과업을 기능별로 묶고(생산, 판매, 재무 등), 동시에 사업 혹은 제품별로도 묶어서(제품 1, 제품 2 등) 복합적으로 조직을 설계하는 방식이다. 투입과 산출 모두를 고려해 업무를 구분하기에 기능과 제품별로 업무를 조정하는 보고 체계가 양분되어 있는 특징이 있다. 매트릭스 조직은 분리하기 어려운 생산도구가 있든지, 하나의 단일 제품이 여러 이질적 시장에 나가든지, 투입 및 산출 양방향 모두에서 불확실성이 클 경우 등에 대비하기 위한 조직 구조로 고도의 지식 및 기술을 가진 사람들이 소규모의 팀을 이루어 프로젝트 성격의 일을 하는 경우가 많을 때 효과적이다. 다만 이러한 방식은 한 개인이 서로 다른 두 상급자의 관리를 통해 업무를 수행하게 되므로, 부서

간 통합과 불일치 의견 조정을 위한 효과적인 상호 접촉과 의사소통 장치가 없다면, 조직 운영의 어려움이 높아질 수 있는 문제점이 있다.

끝으로 네트워크 조직network organization은 개인, 팀과 같은 조직 내 구성 단위들의 유기적 연계를 극대화시켜 최대한의 연결망을 가진 조직 유형을 말한다. 네트워크 조직은 전통적인 위계 조직과 달리 수평적인 연결 및 개방적인 참여와 토론을 통해 조직 내 필요한 정보의 흐름, 공유 및 축적의 최적화를 지향하며, 물리적 공간이나 장벽에 제한받지 않고 가상 조직virtual organization의 형태로도 존재한다. 네트워크 조직에서는 누가 핵심 지식을 갖고 있는지에 따라 업무를 분화하고, 의사 결정이 분권화되어 있으며, 필요한 지식과 자원에 근거한 권한이 부여된다. 조직의 문제 해결을 위해 문제에 따라 필요한 사람들이 스스로 일시적인 네트워크를 구성해 해결하기 때문에 조직이 유연하게 환경 변화에 대응할 수 있다는 것이 장점이다.

오늘날 조직은 복잡다단한 문제 해결을 위해 다양한 협력 기업과 정보와 경험을 서로 공유하는 구조와 문화를 가져야 할 필요성이 높아지고 있으므로, 조직의 구조도 외부 환경 변화와 내부 전략 변화 등에 따라 지속적인 변화를 요구받고 있다. 예컨대 조직 유연성을 높이면서도 동시에 조직 전체를 잘 통합할 수 있어야 하는 비교적 어려운 주문을 동시에 받고 있는 셈이다. 그렇다면 예측하기 어렵고 복잡한 환경에 대응하기 위해 조직 구조도 복잡해져야 하는가? 대답은 '그렇지 않다'이다. 환경이 복잡해진다고 전략과 조직 구조가 복잡해져야 하는 것은 아니며, 오히려 위기를 타개하고 기회를 잘 살리기 위해서는 너무 복잡한 조직 구조는 좋지 않다는 것이 정설이다. 예컨대 조직에 지나치게 사람의 의사 결정과 행동을 제약하는 많은 규칙이 있을 경우 예측하지 못한 상황에서는 제대로 된 의사 결정을 내릴 수 없게 된다. 따라서 이 경우 오히려 주요 프로세스에 집중해 그 프로세스가 잘 이루어질 수 있는 간단한 원칙을 만들고 그 원칙 안에서 상황에 맞는 의사 결정을 유연하게 내리는 것이 더 바람직하다는 견해가 우세하다(김영규, 2015).

조직 관리의 두 번째 의제는 조직의 변화 관리change management **에 관한 것이다.** 기본적으로 조직이라는 생명체는 생존을 위해 조직을 둘러싼 기술, 수요, 정책 등의 환경 변화에 적응하기 위해 끊임없이 변화해야 한다. 이와 동시에 외부 환경 변화와 관계없이 조직 자체의 성장에 따른 변화의 필요성에도 직면한다. 예컨대 조직이 처음 창업되었을 때는 창업자의 역할이 매우 크고, 조직 구성원의 수가 대체로 적고, 관료주의적이지 않은 경우가 많다. 그러나 시간이 흘러 조직이 성장하면서 경영자의 역할은 커지며, 정해진 원칙과 절차에 의해서 업무를 진행하는 관료주의적 방식이 보편화된다. 따라서 조직은 연차가 늘고 규모가 커질수록 형식주의의 타파와 새로운 혁신을 지속시키기 위한 새로운 시도를 해야 할 필요성이 높아진다. 한편 조직 변화는 새로운 관행을 제도화institutionalization 하는 과정이기에, 조직 구성원의 입장에서 보면 기본적으로 이러한 변화가 달갑지 않을 수 있다. 기존의 제도화된 조직의 원칙과 문화에 익숙한 상황에서(설령 그 원칙이 불합리하더라도) 끊임없이 새로운 변화에 내몰리는 것은 피로한 과정이기에 조직 변화의 과정은 적지 않은 조직 관성organizational inertia 의 저항에 직면하게 된다. 따라서 경영자는 바람직한 방향으로 조직 변화가 이루어질 수 있도록 조직 구성원들을 설득하고 이들과 소통하기 위해 끊임없이 노력해야 하며, 이 과정에서 조직 변화의 장애 요인을 극복할 수 있도록 구성원들에게 동기를 부여하고 영감을 주어 바람직한 방향으로 조직 변화를 이끌어낼 리더들의 역할과 조직 문화의 형성을 위해 고심해야 한다.

조직 변화의 성공적 수행을 위해서는, 〈그림 7-1〉의 변화의 수레바퀴 모형The Change Wheel(Moss Kanter, 2011)에서 제시한 10가지 요소가 조직이 지향하는 변화 목표 달성에 제대로 기여하고 있는지를 점검해 보는 것이 도움이 될 수 있다. 여기서 10가지 요소는 반드시 순차적으로 진행되는 것은 아니며, 이 중 일부에서만 변화가 일어나고 그치는 경우 체계적인 조직 변화가 일어나지 못하게 된다는 것에 초점이 있다. 10가지 요소는 다음과 같다. 참고로 〈그림 7-1〉의 '변화의 소레바퀴 모형'에서 축의 반대편에 있는 대칭 요소들(1-6, 2-7, 3-8, 4-9, 5-10)은 상호

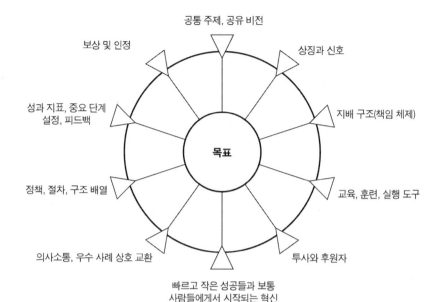

공통 주제, 공유 비전

보상 및 인정

상징과 신호

성과 지표, 중요 단계
설정, 피드백

지배 구조(책임 체제)

목표

정책, 절차, 구조 배열

교육, 훈련, 실행 도구

의사소통, 우수 사례 상호 교환

투사와 후원자

빠르고 작은 성공들과 보통
사람들에게서 시작되는 혁신

〈그림 7-1〉 변화의 수레바퀴: 10가지 요소
자료: 김영규(2015)에서 재인용.

보완적이다.

① 공통 주제, 비전 공유common theme & shared vision : 변화에 대한 메시지는 반드시 그리고 폭넓게 잘 이해되어야 한다. 즉, 다수의 사람에 의해 공유되고 내부화되어야 한다.

② 상징과 신호symbols & signals : 일반적으로 사람들은 리더가 실제로 변화를 중요하게 생각하고 있는지에 대한 신호를 찾는다. 따라서 작은 상징이 큰 결과를 가져오기도 하기에, 경영자의 상징적인 행동은 신뢰를 줄 수 있어야 한다.

③ 지배 구조, 책임 체제governance & accountability structure : 조직 변화를 주도적으로 수행하고 그 과정을 통제할 사람들을 정하는 것은 매우 중요한 일이며, 각각의 책임을 명확하게 하는 과정이 필요하다. 특히 이 과정에서 조직 구성원들이 비공식적 네트워크에서 차지하고 있는 위치와 영향력을 이해해야 필요한 조직 변화를 성공적으로 수행할 수 있게 된다.

④ 교육, 훈련, 실행 도구education, training, & action tools : 변화를 실행할 때 조직의 각 부분마다 서로 다르게 해석할 수 있으므로, 변화의 필요성과 내용에 대한 교육이 필수적이며, 변화에 따른 행동 변화를 위한 훈련이 제공되어야 한다.

⑤ 투사와 후원자champions & sponsors : 변화를 위해서는 먼저 행동하며 다른 사람들의 변화를 촉구하는 리더가 필요하고, 또한 그러한 변화를 위해 행동하는 사람들을 지원하는 사람들이 필요하다.

⑥ 작지만 빠른 성공들과 보통 사람들에게서 시작되는 혁신quick wins & local innovations : 짧은 시간 내에 나타나는 작은 성공들은 변화가 가능하다는 것을 조직 구성원들에게 보여준다. 특히 일반 사람들이 변화를 실행하는 과정에서 새로운 변화를 만들어내는 사례가 중요하다.

⑦ 의사소통, 우수 사례 상호 교환communications, best practice exchange : 변화를 위해서는 일반적으로 수행하는 활동보다 훨씬 더 많은 의사소통이 필요하며, 의사소통이 부족할 경우 변화는 혼돈으로 이어진다.

⑧ 정책, 절차, 구조 배열policies, procedures, & system alignment : 조직 변화가 원하는 방향으로 이루어질 수 있도록 정책, 절차, 시스템, 조직 구조 등에 대한 변화가 지원되어야 한다.

⑨ 성과 지표, 중요 단계 설정, 피드백measures, milestones & feedback : 변화가 제대로 이루어지고 있는지에 대해 평가할 수 있는 지표가 필요하며, 변화를 위해 필요한 세부 단계를 설정해 제대로 변화가 이행되고 있는지 점검과 피드백이 필요하다.

⑩ 보상 및 인정rewards & recognition : 변화에 대한 동기부여를 위해 보상 및 인정이 필요하다.

끝으로 조직 관리의 또 다른 중요한 의제는 조직 문화, 특히 조직 정체성의 형성과 관련된 것이다. 이는 앞서 설명한 조직 변화 관리의 주요한 성공 요인이기도 하다. 일반적으로 조직 문화organizational culture는 '조직 구성원의 생각이나 행동에 영향을 주는 조직이 갖고 있는 믿음, 가치, 행동 규범 등'으로 구성된다. 여기서 조직 문화는 통일된 형태일 수도 있지만, 각 사업부마다 서로 다른 문화를 가질 수도 있고, 이로 인해 다양한 분열이 초래되기도 한다. 또 강한 조직 문화는 조정과 협력을 용이하게 하는 측면이 있으나, 필요한 조직 변화가 일어나지 못하도록 조직 관성의 주요 원인으로 작동하기도 한다. 즉, 조직 문화가 너무 확정적이고 획일적이어도 문제고, 동시에 너무 산만하게 다양해도 조직 일체감 형성에 문제일 수 있다.

이와 관련해 최근 조직의 문화적 요인 중 중요하게 고려되는 것이 바로 '조직이 갖고 있는 핵심적이고, 다른 조직과 구분되며, 지속적으로 발현되는 성격'인 조직 정체성organizational identity과 관련된 논의다. 조직 정체성은 조직을 둘러싼 다양한 이해관계자들과의 협력을 통해 만들어지는 것이기에, 이러한 조직 정체성은 내부 조직 구성원뿐 아니라 외부 이해관계자들과의 관계 및 활동을 조정하고 통제하는 데 중요한 역할을 한다. 일반적으로 기업은 가치를 창출하기 위해 필요한 활동 전체를 내부에서 수행하기도 하지만 일부를 조직 외부에 아웃소싱하는 경우가 많다. 이 경우 협력 관계에 있는 기업의 행동이 해당 기업에게 중요한 영향을 주는 경우가 있기 때문에 조직 정체성을 잘 조정하고 통제해야 불필요한 위기 상황에 처하지 않을 수 있다. 아울러 조직 정체성은 소비자 청중의 해당 기업에 대한 조직 이미지 형성에도 영향을 주기에 조직이 맞이한 새로운 비즈니스 기회의 실현을 촉진하기도 혹은 방해하기도 한다. 특히 해당 기업이 특정 산업의 가치 사슬에서 리더 역할을 수행하는 경우, 즉 소비자와 소통하는 접점에 있는 경우 조직 정체성의 관리 필요성은 더욱 높아진다. 조직이 스스로 인지하고 있는 정체성과 다른 이해관계자들이 인지하고 있는 정체성이 일치하지 않는 경우가 많이 발생하기 때문이다. 따라서 다양한 채널을 통해 이해관계자들과 소통하며 조직의 궁극적 목표나 전략에 맞는 정체성을 형성해 나가는 과정이 중요하다.

인적자원 관리의 개념

기업 경영에 있어 '인사人事가 만사萬事'라는 말은 예나 지금이나 바이블처럼 통한다. 이는 조직에 필요한 인재를 확보하고 육성하는 인적자원 관리가 매니지먼트 활동의 가장 중요한 본질임과 동시에 조직의 투입 자원resource으로서의 '사람 관리'가 생각처럼 쉽지 않음을 보여주는 의미로 통용된다.

일반적으로 인적자원 관리HRM, human resource management는 '조직 성과의 극대화를 위해 인적자원을 확보·개발·활용하거나, 이들의 성과 관리, 임금 설계, 정서 관리 등 인적자원과 관련한 제반 업무 활동'으로, 이러한 관리 활동의 목표는 자아 만족과 개인 발전을 원하는 직원 개인의 목표와 조직의 성과 향상을 기대하는 조직 목표를 일치시키고, 목표 달성을 위한 핵심 역량의 개발 및 관련 지식의 습득, 바람직한 인재상의 정립 등에 있는 것으로 알려져 있다(Robins et al., 2013). 쉽게 말해 조직 내 사람 자원 관리와 관련한 모든 업무, 그리고 종업원 스스로 잠재 능력을 최대한으로 발휘해 기업의 목표를 달성하도록 그들을 조직하고 관리하는 방법에 대한 고민 모두가 인적자원 관리의 영역인 셈이다.

인적자원 관리의 핵심적인 업무 활동은 경영진, 노동조합, 법률 환경 등과 같은 다양한 이해관계와 경영 환경 변화에 의해 수시로 영향을 받게 된다. 따라서 조직이 처한 환경이나 특성에 따라 인적자원 관리의 실천적 개념과 관심 사항은 달라질 수 있다. 그럼에도 불구하고 일반적으로 통용될 수 있는 인적자원 관리의 주요 관심 사항은 〈그림 7-2〉에서 보는 바와 같이 3단계의 업무 내용으로 설명 가능하다. 우선 인적자원 관리의 첫 단계는 '우수 인력 식별identification 및 선발selection' 과정으로, 인력 확보 계획employment planning 수립, 인재 채용recruitment 절차의 진행, 직원 선발 등의 세부 업무 활동이 이에 해당한다. 다음으로 인적자원 관리의 두 번째 단계는 조직 경쟁력 강화를 위해 '핵심 역량core competencies/capabilities을 개발하거나 육성'하는 과정이며, 이 단계의 업무에서는 직원의 부서 배치 및 조직 문제 해결 및 경쟁력 강화에 필수적인 핵심 역량의 배양이 주요 관

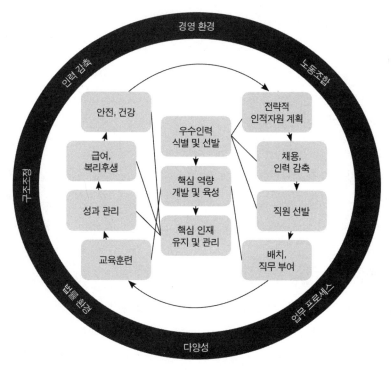

〈그림 7-2〉 인적자원 관리의 주요 관심 사항과 영향 요인들

자료: Robins et al.(2013).

심사항이다. 통상 직무 기술job skills, 지식knowledge, 직업 능력abilities 등을 규명하고 교육 훈련과 조직 학습 체계를 통해 이를 습득하게 하는 제반 업무가 이에 해당한다. 끝으로 인적자원 관리의 마지막 세 번째 단계는 '핵심 인재 유지 및 관리'와 관련된 것으로, 성과 관리 및 평가performance management & appraisal, 근로자의 근로 여건, 임금 수준과 복리후생의 결정, 직원 퇴직 관리 및 기존 인력 감축downsizing 등과 같은 제반 업무가 이 단계에 속한다.

물론 설명한 3단계의 인적자원 관리 업무 활동 외에도 조직 내에서 사람과 사람의 관계를 규정하거나 직원 개인의 사회적·문화적 적응 및 조직의 문제 해결 능력 배양과 관련한 제반 업무들이라면 모두 큰 범위에서 인적자원 관리의 영역에 포함된다고 볼 수 있다. 따라서 조직 관리에서의 주요 관심사였던 상사와 부하 간의 관계에서 발생하는 리더십과 의사 결정, 조직 내에서 소통하는 방법, 조직 문화 형성 및 비공식 조직 관리 등과 같은 이슈들은 오늘날 인적자원 관리 분야에서도 중요하게 논의되는 주제들이다.

인적자원 관리의 주요 의제

인적자원 관리와 관련한 이론은 조직 내 인간과 그들의 관계를 고찰하는 학문 체계인 인간관계론Human relation theory에 기초해, 경영학, 경제학, 행정학, 심리학, 교육학, 커뮤니케이션학 등 다양한 학문 분야와 상호 소통하고 융합하며 발전해 왔다(Robbins et al., 2013). 기본적으로 인간관계론은 제한된 합리성bounded rationality을 지닌 불완전한 개체인 조직 구성원들의 사회적·심리적 욕구에 대한 이해에서 출발하기에, 사람을 획일적인 투입 자원으로 보고 노동의 투입과 산출을 1:1로 정확히 관리해 높은 성과 창출을 시도했던 과학적 관리법scientific management과는 출발 자체가 다르다. 즉, 인간관계론에 기초한 인적자원 관리 이론은 물리적 근무 환경, 업무 매뉴얼 등의 작업 환경보다 오히려 직원의 마음과 정서 관리, 대인관계, 종업원의 감정, 근로 동기부여, 직원 간 소통 방법과 조직 심리 등이 조직 목표 달성과 생산성 증대에 미치는 영향에 오히려 더 큰 관심을 기울여왔다. 본 단원에서는 인적자원 관리의 이론적 발전에 기여해 온 경제학과 경영학적 관점의 주요 의제들을 중심으로 논의를 정리한다.

먼저 전통적 경제학은 아주 오래전부터 '인적자본human capital'의 개념을 경제 성장 및 기업 전략의 성공 요인으로 제기해 왔다. 기본적으로 조직이 발전하기 위해서는 경쟁 기업보다 우수한 고숙련 노동자를 필요로 한다(Konow, 1996). 이들 노동자는 직무를 수행하기 위한 명시적 지식explicit knowledge뿐 아니라 기술과 기술 간의 관계, 산업의 특성, 조직 문화와 같은 것들에 대한 암시적 지식implicit knowledge도 배양되어 있어야 하는데, 이들이 기업 경영 활동의 주요 투입 요건이기에 경제학자들은 이를 '인적자본'이라 명명해 왔다. 경제학자들은 기술이나 시장 규모의 극대화와 같이 국가나 기업의 생산 함수 중 설명하기 힘든 요소들의 상당수를 인적자본human capital의 개념으로 설명해 왔고, 다양한 경제 주체가 한데 모여 새로운 자원과 가치를 만들어내는 과정 속에도 인적자본이 중요한 역할을 할 것이라고 보았다(Polanyi, 2015).

경제학적 관점의 연구들이 많은 관심을 갖고 있는 인적자원 관리의 의제는 크게 두 가지로 귀결되는데, 그중 하나는 '보상compensation'이다. 기본적으로 경제학에서는 기업의 고용 문제를 경제적 합리성에 기반을 둔 계약contract 관계로 정의한다. 물론 이 계약의 이면에는 특정 직무에 유난히 뛰어난 지식이나 기술적 능력을 지닌 사람을 고용하고 싶어 하는 기업의 욕구와 자신이 갖고 있는 특수한 지식, 정보 등을 바탕으로 조직에 완전히 충성하지 않고 오히려 그 우위를 이용하려는 피고용인의 '정보 비대칭information asymmetry' 현상이 배태되어 있다. 따라서 기업은 우수 인재의 유입과 자신의 지속적인 지위 보존을 위해 어려움을 회피하는 피고용인의 충성도를 자극할 수 있는 더 많은 보상과 금전적 조건을 제시하게 되며, 적절한 보상이 주어질 경우 직원들이 자신의 가치를 끌어올려 근로할 것이고, 이를 통해 기업의 성과가 효율적으로 향상될 수 있다는 기대가 보상 이론이 주장하는 논거다.

다음으로 경제학적 관점의 주요한 인적자원 관리 의제는 '공정성fairness'과 관련한 것이다. 애커로프와 쉴러(Akerlof & Schiller, 2010)는 기업 안에서 개인이 가장 민감하게 반응하는 요소 중 하나가 공정성에 대한 지각이라고 밝힌 바 있다. 예컨대 효율성efficiency 극대화를 목표로 개인의 참여 동기를 자극하기 위해 보상을 차등적으로 지급할 경우, 필연적으로 발생할 수 있는 또 다른 문제는 공정성에 대한 논란이다. 사실 공정성은 경제학 분야뿐 아니라 경영학에서도 매우 심도 있게 다루는 주제이기도 한데, 인적자원 관리에 있어 개개인의 성과와 노력에 합당한 '배분allocation의 공정성', 그리고 보상 자원을 나누는 절차를 얼마나 합당하게 설계하느냐와 관련된 '절차적procedural 공정성'은 모두 중요하다. 이 때문에 기업은 성과와 효율성 위주의 보상 정책만을 고수하기보다, 전체 직원의 사기 진작과 동기부여를 위해 적절히 공정성을 가미한 시도를 많이 한다. 예컨대 기업이 성과형 연봉제를 시행할 때 인재의 능력에 따라 차등적 보상을 시행하면서도, 일부 급여 항목에 대해서는 전 직원에게 혜택을 주기도 하는데, 이는 효율성에 근거해 조직 안에 만들어진 불평등 구조에 대한 구성원들의 불만을 잠재우기 위한 공정성 확보 노력으로 이해 가능하다.

한편 정보기술IT, 문화 콘텐츠와 같은 지식 기반 생산요소들이 경제 시스템상에서 주목받게 되면서, 초기의 인적자본 개념은 '각자가 새로운 방식으로 문제에 접근하고 이를 해결하는 속성'을 가리키는 창의성creativity과 연계된 개념으로 확대되었다. 예컨대 도시 경제 정책 분야 권위자인 리처드 플로리다는 인적자본에 대한 연구를 진행하며 경제성장 과정에서 남다른 기여를 하는 창조적 계급 creative class이 존재함을 주장한 바 있고(Florida, 2002), 창조적 계급과 인적자본을 결합한 연구들은 조직 안에서 개개인의 기업가적 동기entrepreneurial motivation를 자극하기 위한 인센티브 등의 방법을 고민하며 현재까지도 지속적인 관심을 이끌고 있다(Amabile, 1996).

경제학 관점의 인적자원 관리 논거들은 어떤 현상에든 범용으로 적용하기 쉽다는 것이 가장 큰 장점이다. 특히 개개인의 교육 수준, 숙련도(직무 능력이나 경력), 조직 물적 투자 등의 행위들을 포괄적으로 설명하는 데 유용하다(Boxall, 1996). 아울러 사람에 대한 투자, 보상에 근거한 인적자원 관리가 조직의 성과로 이어진다는 도식을 논리적으로 연결하게 도와준다(Akerlof & Schiller, 2010). 다만 경제학적 접근은 이러한 높은 설명력과 범용성에도 불구하고 나름의 한계점도 있다. 예컨대 인적자본에 대한 투자 규모와 경제적 보상을 통한 동기부여가 조직의 효율성이나 생산성 향상에 기여하지 못하는 경우가 많다는 점, 또 인적자본 가치의 측정 방법이 지나치게 '양quantity' 중심의 화폐 효용 관점에 의존하고 있어 개별 조직원의 질적qualitative 경쟁력을 충분히 설명해 주지 못한다는 점 등이 주요한 문제점으로 거론된다(이학종 외, 2001).

한편 경제학적 관점과 달리, 경영학적 관점의 인적자원 관리는 다소 비합리적이면서 관습적인 의사 결정 경향을 가진 인간의 현실적 모습을 조명하는 데 집중해 왔다. 그렇다 보니 경영학적 관점의 인적자원 관리는 조직 안에서 벌어지는 다양한 상황과 문제 해결 방법에 대해 설명하는 분야로 발전해 온 측면이 강하다. 경제학 연구의 전통이 비즈니스 프로세스에서 주로 '자원 투입input의 효율성'과 '성과 산출output 및 측정'과 관련한 논의의 정교함에 집중해 왔다면, 경영학 관점의 연구들은 상대적으로 투입과 산출의 중간 과정process에 해당하는 부분을 설명하기 위해 많은 노력을 기울여온 셈이다. 즉, 경영학은 전통 경제학이 상정하는 초합리적인 인간관을 부인하고 비합리적 의사 결정의 성향을 보이는 인간, 그리고 그들의 집합체인 조직의 현실적 모습을 조망해 왔다(Boxwall, 1996).

경영학적 관점의 인적자원 관리 논의에서 가장 중요한 의제는 바로 전문성 및 업무 능력과 밀접한 '역량competence'이다. 맥클러랜드(McClelland, 1967)에 따르면, 역량은 '태도', '기술', '지식'과 같이 세 가지 요소로 나뉘는데, 기술과 지식의 경우 빙산에서 솟아 있는 표면적 역량에 해당하고, 태도는 빙산의 깊고 중요한 부분을 차지하는 심층적 역량에 해당한다. 오늘날 많은 기업에서는 이러한 역량을 측정하고, 그에 합당한 면접·채용, 교육·훈련, 그리고 직무 전문성 배가 노력 등을 시도하고 있다. 그러나 사실상 역량이 회사 안에서의 다양한 문제를 해결하기 위한 '지식'이나 '순발력'을 가리키는 것인지, 아니면 어떤 산업이나 조직 특성을 막론하고 개인이 갖고 있는 범용적 기초 능력인지에 대해서는 오래전부터 지속적인 논쟁과 고민이 이어지고 있다(Martell & Carroll, 1995).

다음으로 동기motivation와 헌신commitment도 경영학적 관점에서 중요하게 취급되는 의제다. 조직은 개인적 목표를 추구하는 공간이 아니라 회사의 비전과 가치를 달성하는 곳이기에, 조직 구성원은 특수한 업무나 과제 등을 통해 조직 발전에 기여하고, 나아가 자신의 가치도 제고할 수 있는 책임성이 제고될 필요가 있다. 이와 관련해 일찍이 사회심리학자들은 인간 행동의 원인을 '동기'로 규명하고, 자신이 정말 재미있고 좋아해서 어떤 과제를 수행하는 내재적 동기intrinsic motivation와 보상 및 이후의 성과에 대해 기대하는 외재적 동기extrinsic motivation가 존재한다고 밝힌 바 있다(Amabile, 1996). 한편 헌신은 조직 몰입organizational commitment이라 불리기도 하는데, 이는 자신의 목표를 회사의 목표와 일치시키는 일체화의 과정이다. 가장 대표적인 요인으로는 애착attachment, 정서적 몰입affective commitment과 같은 '우리 회사 인식'이 있다. 이 외에도 변호사, 의사와 같은 특정 직업이 주는 사명감과 기술적 전문성을 바탕으로 한 규범적 몰입normative commitment이나 직무 몰입job commitment, 자신의 커리어를 끊임없이 관리하는 차원에서 주어진 과제를 성공적으로 수행하려는 경력 몰입career commitment 등도 연관된 개념이다(이학종 외, 2001).

끝으로 팀과 리더십에 관련한 사항들도 경영학적 인적자원 관리의 관점에서 주요하게 고려하는 의제다. 본래 조직이라는 것이 다수의 구성원이 모여 각기 역할과 자원을 배분하며 특정한 논리에 의해 통제되는 권력 집단의 속성을 갖고 있기 때문에, 조직 성과를 견인하는 팀과 리더십의 효과를 어떻게 배가시킬 수 있는지에 대한 심층적 논의의 전개는 어찌 보면 필연적인 이론적 흐름으로 볼 수 있다. 참고로 와플스(Whaples, 1995)는 사회적 힘social power 개념을 강조하며 팀워크와 조직 운영을 위한 원동력에는 강제적, 합법적, 준거적 영향력 등이 동원될 수 있다고 강조한 바 있다. 따라서 팀을 이끌고 가는 사람들은 고유의 리더십 스타일을 구사하며 특정한 자원을 두고 가치를 교환하는 거래적transactional 리더십을 발휘할 수도 있고, 목적 달성을 위해 강한 지도력으로 구성원을 감화시키는 변혁적transformational 리더십 등으로도 영향을 미칠 수 있게 된다.

미디어 기업의 조직·인적자원 관리 현안 및 대응 방안

주지하는 바와 같이 미디어산업은 지식 집약 산업이다. 따라서 일반적인 제조업이나 서비스업에 비해 수준 높은 상품이나 서비스(콘텐츠 등) 제작 및 기획 역량을 필요로 한다. 예컨대 방송사의 PD, 신문사의 기자, 게임회사의 개발자와 같이 미디어 기업 내 핵심 직무는 여타 산업의 기업체보다 인적자원의 창의력과 전문성에 더욱 의존한다. 결국 창조적 마인드를 가지고 다양한 스토리텔링 이슈들을 재해석해 낼 수 있는 인적자원의 보유, 시장의 흐름을 적시에 파악할 수 있는 조직 학습organizational learning 체계의 구축, 환경 변화에 유연하게 대응할 수 있는 조직 민첩성의 확보가 미디어 기업의 핵심 무기인 셈이며 기업 경쟁력의 원천인 것이다.

한편 미디어 기술 및 이용 환경의 급격한 변화와 글로벌화는 미디어 기업의 조직·인적자원 관리 환경을 더욱 복잡하게 만들고 있다. 경쟁 강도가 매우 치열한 가운데 환경 불확실성이 지속적으로 높아지고 있고, 과거에 비교적 정형화되어 있던 조직의 핵심 역량 또한 유동성이 증가하고 있다. 더불어 조직 생존을 위한 내·외부 지식의 유입과 공유도 중요한 문제로 대두되고 있다. 때문에 최근 미디어 기업들은 혁신과 창의성에 기반한 문제 해결 능력problem-solving capabilities을 배양하고, 지속적인 조직 학습 체계의 구축을 통해 경쟁력을 배가하기 위한 다양한 조직·인적자원 관리 문제 해결에 골몰하고 있다. 이 단원에서는 현재 국내 미디어 기업이 고민하고 있는 대표적인 조직·인적자원 관리 현안들을 살펴보고 이의 해결책을 모색해 보고자 한다.

먼저 미디어 기업이 직면한 조직 관리 현안을 정리해 보자. 조직 관리와 관련해 가장 먼저 고민되어야 할 첫 번째 현안은 '창의성과 효율성을 동시에 추구할 수 있는 조직 설계'의 방식에 관한 것일 수 있다. 미디어 기업은 콘텐츠라는 이름으로 지속적으로 문화 상품 또는 서비스를 만들어내야 하기에 다른 어떤 산업보다 창의성을 발현시킬 수 있어야 한다. 그러나 동시에 기존 콘텐츠를 잘 활용해 불필요한 비용을 줄이고 최대 가치를 실현시킬 수 있도록 조직을 효율적으로 운영해야 할 필요성도 무시할 수 없는 상황이다. 따라서 오늘날 미디어 기업은 창의성과 효율성의 양자 사이에서 최적화된 조직 운영이 가능한 조직 설계를 위해 고심 중이며, 이를 위해 일상의 활동을 잘 해내는 데 최적화되어 있는 공식적 조직 구조 외에 유연하게 환경 변화에 대응하기 위한 이원화된 조직 구조를 가지는 경우가 많아지고 있다. 예컨대 콘텐츠 제작을 통해 인기 있는 지적재산권(IP: intellectual property)을 만들고 이러한 IP를 활용하는 다양한 비즈니스 모델을 갖고 있는 디즈니의 사례를 보자. 기본적으로 디즈니는 전략을 수립하고 사업부별로 자원을 배분하고 전사 차원의 커뮤니케이션 기능은 본부에 두고, 실행은 각 사업부에서 책임 경영하도록 하는 사업부 제도를 채택하고 있다. 예컨대 테마파크와 리조트 분야처럼 콘텐츠를 활용하는 사업 분야에 효율성을 최대치로 부여하는 방식이다. 다만 디즈니는 콘텐츠 제작의 창의성 확보를 위해 픽사, 마블, 루카스필름 등의 경우에는 디즈니 본사와 달리 프로젝트 중심의 네트워크 조직 운영을 가미하고 있다(김영규, 2015). 서로 다른 성격의 비즈니스를 서로 다른 방식으로 운영함으로써 기업 전체 측면에서 더 큰 가치를 창출하도록 하고 있는 셈이다. 이처럼 미디어 기업의 조직 설계는 비즈니스의 유사성과 가치 창출 방식을 면밀히 고찰해, 효율성과 창의성을 모두 증진시킬 수 있는 방향으로 수행되어야 한다. 다음에 제시된 하이브의 사례 "방시혁, BTS 소속사 하이브 대표직 내려놓는다 '조직개편 단행'"도 같은 맥락에서 이해 가능하다.

방시혁, BTS 소속사 하이브 대표직 내려놓는다 '조직개편 단행'

(기사요약) 방탄소년단(BTS)의 소속사 하이브가 글로벌 경쟁력을 강화하기 위해 대대적인 조직 개편을 단행하고, 한국·미국·일본 등 거점 지역에서의 리더십을 강화하기 위해 C-레벨 임원들을 현지에 전방위 배치하며 이들의 권한과 책임을 전반적으로 상향시켰음

자료: ≪스포츠투데이≫, 2021.7.1. http://stoo.asiae.co.kr/article.php?aid=73261718491

이어서 '조직 창의성을 높이는 기업 문화'의 형성도 미디어 기업의 주요한 조직 관리 현안이다. 미디어 기업이 여타 제조업, 서비스업 기업들과 갖는 차이점

은 비단 콘텐츠로 대변되는 상품에만 국한되지 않는다. 대표적으로 기업 문화와 일하는 방식도 일반 기업과는 차이를 보인다. 미디어 기업은 극단의 소비자 지향형 콘텐츠를 생산한다. 따라서 산업의 후방뿐 아니라 전방을 고려한 소비자 트렌드 해석 능력, 스토리텔링 발굴 능력, 마케팅 능력 등이 중요하기에, 이들 기업의 인재들은 기존의 다양한 지식들을 모아 새로운 패턴으로 조합하고 변형시키는 조직적인 능력, 즉 조직 창의성organizational creativity이 필요하다. 미디어 기업에서의 조직 창의성이란, 결과적으로 '대중들의 이목을 끌 수 있는 콘텐츠 스토리텔링을 협업을 통해 상품화하는 능력'으로 귀결된다. 따라서 이를 촉진시키기 위해 다양한 아이디어를 교환하고 숙성시키는 조직 내부 프로세스의 정착 및 체계화가 필수적이다. 개방성openness, 실험experimentation, 조직의 격려organizational encouragement, 사회적 지지social support와 같은 요소를 조직 문화에 내재화하는 한편(Amabile, 1996), 개인의 지속적인 조직참여와 발전 동기의 자극, 자아 정체감self identity의 보장 등을 위해 업무 프로세스를 설계하고 혁신적인 기업 문화를 형성하기 위해 노력할 필요가 있는 것이다. 예컨대 회사에서 업무를 수행하는 동안 가급적 많은 유연한 아이디어flexible thinking를 낼 수 있도록 놀이방 같은 회의실, 게임과 같은 서비스 기획 프로세스 등과 같은 물리적 촉진제physical artifact를 다양하게 설계한 구글의 사례, 조직 내 창의적인 분위기 형성 또는 개방적 조직 문화 등을 장려하기 위해 서로에게 사용하는 언어 습관이나 소통 방법 등을 변화시킨 SK텔레콤이나 제일기획의 사례들은 수평적인 조직 문화 구축을 통해 다양한 세대 간 갈등을 해소하고 일하는 방식을 혁신하려는 이들 기업의 노력을 보여준다. 그러나 이러한 노력에도 불구하고, 다음 글상자의 기사 "'갑질이다? 아니다?' … 사내 세대 갈등 어떻게 해야 할까?"에서와 같이 조직 문화의 변화 유도는 그리 쉬운 작업이 아니다.

끝으로 미디어 기업의 조직 관리에서 '조직 구성원 네트워크의 이해와 비공식 조직의 관리'도 매우 중요하다. 복잡하고 빠르게 전개되는 환경 변화에 잘 대응해 조직을 성공적으로 운영하고 또 필요한 조직 변화를 성공적으로 수행하기 위

> ### '갑질이다? 아니다?' … 사내 세대 갈등 어떻게 해야 할까?
>
> (기사요약) 세대 간 갈등이 조직 문화의 새로운 쟁점으로 부상하고 있어 '상명하복' 혹은 '집단주의' 기반의 기업 문화가 바뀔 필요가 있는 것으로 나타남. 특히 워라밸을 중시하는 MZ세대는 업무 외 시간 연락 등 전통적인 조직 문화와 커뮤니케이션 방식에 대해 큰 거부감을 보이는 것으로 확인됨
>
> 자료: ≪이데일리/스냅타임≫, 2021.05.17. https://www.edaily.co.kr/news/read?newsId=01108646629050560

해서는 조직 구성원 네트워크를 이해하는 것이 선행될 필요가 있다. 예컨대 어떤 기업이 새로운 제품을 개발할 때 공식적 조직 구조에서는 마케팅 또는 연구개발부서의 인력이 이를 담당할 것으로 생각할 수 있다. 그러나 고객의 성향과 요구를 좀 더 잘 파악하기 위해서는 연구개발부서의 담당자가 지역 담당자나 영업 인력, 그리고 기술이 필요한 경우 엔지니어 등에게 개인적으로 조언을 구할 수도 있을 것이다. 이렇게 조언을 주고받는 관계들을 잘 파악하고 있다면 조직을 더 효율적이고 효과적으로 운영할 수 있다. 또한 조직 구성원들이 비공식적 네트워크에서 차지하고 있는 위치와 이에 따른 영향력에 대해 이해함으로써 필요한 조직 변화를 성공적으로 수행할 수 있다(김영규, 2015). 일례로 조직 구성원이 업무를 해결하기 위해 주로 누구에게 조언을 구하는지를 설문을 통해 파악해 보면, 조직 구조상에서 상위 직급에 속한 사람이 반드시 조직에서 가장 영향력이 있는 사람이 아닌 경우가 많다. 따라서 조직 관리의 측면에서 구성원들의 업무 관계 및 친분 관계를 파악하고, 공식 조직과 다른 비공식 조직의 관계를 이해하려는 시도는 조직 변화의 측면에서 매우 중요하다.

다음으로 미디어 기업이 직면한 인적자원 관리의 현안들도 살펴보자. 먼저 미디어 기업의 인적자원 관리 이슈에서 가장 중요한 관건은 '전문 인력의 수급과 조직 다양성'과 관련된 문제다. 미디어 기업의 경우 개별 노동자에게 요구되

는 전문화 수준이 지속적으로 높아지고 있는데, 가장 큰 원인은 소비자들의 수요가 다양해지고 눈높이가 높아졌기 때문이다. 과거에는 새로운 소식을 접하는 것만으로 만족했지만 이제는 동시다발적인 콘텐츠들 사이에서 연관성을 얻기를 원하고 정보와 자료를 해석하는 문해력literacy이 제공되기를 원하는 세상이다. 따라서 미디어 기업의 종사자는 자기 분야에서 전문가여야 할 뿐만 아니라 타 분야와 자기 분야의 연관성까지도 명쾌하게 설명할 수 있을 정도의 지식을 요구받고 있다. 이와 함께 핵심 역량의 빠른 변화도 주목할 필요가 있다. 과거의 경우 비교적 해당 직무에 필요한 역량의 내용이 정형화되어 있었고 그 변화의 폭이 작았지만, 최근 미디어 비즈니스에서는 핵심 역량이 시시각각으로 변화하고 이전에 없던 다양한 새로운 역량들이 많이 필요한 상황이다. 이 때문에 미디어 기업에서도 일반적 역량을 지닌 범용형 인재들보다는 특정 분야를 중심으로 한 전문 지식과 네트워크를 갖춘 특화된 인재에 대한 요구가 점차 높아지는 추세다. 그 결과 미디어 기업들의 공채 기반 순혈주의는 점점 더 약화되어 경력 채용이 많은 비중으로 증가하고 있으며, 인재 선발 과정의 기준 역시 과거와는 많은 차이가 존재한다. 한편 미디어 기업의 전문화 과정에서 고려되는 요소는 조직 다양성organizational diversity의 문제와도 관련이 깊다. 즉, 전문성을 유지하면서도 다양성을 구현할 수 있는 인적자원의 구성과 확보가 미디어 기업이 직면한 가장 큰 숙제인 셈이다. 다양성은 인력 구조의 복잡성variation을 받아들여 조직 유연성과 창의성을 증진시키고, 이를 통해 조직이 환경 변화와 혁신에 적용해 나가기 위한 전략적 방법이다(Boxall, 1996). 전통적인 인적자원 관리 이론들에서 제기된 대로, 미디어 기업의 문제 해결 능력 배양을 위해서도 성별 다양성 gender diversity, 정치적 다양성political diversity, 인종적 다양성race diversity의 문제가 여전히 유효하다. 특히 서로 다른 문화적 배경을 지닌 사람들끼리 소통하고 협업하기 위한 조직 구성이 무엇보다 중요하므로 종업원 국적 구성의 동질성 탈피를 시급히 고려할 필요가 있고, 고위 간부로 올라갈수록 남성에게 유리한 유리 천장의 문제를 해소하기 위한 적극적인 노력이 요구된다.

이어서 '동기부여와 균형적 보상'의 문제도 미디어 기업의 중요한 인적자원 관리 이슈 중 하나다. 기본적으로 미디어 기업의 경영 환경은 일반 제조업이나 서비스업과 달리 개별 구성원들의 조직 참여 동기 그리고 재량권을 어느 정도 보장한다. 이와 더불어 미디어 기업은 타 분야와 달리 조직 구성원의 무한한 사명감과 자아 정체감을 요구한다. 비교적 적은 연봉과 낮은 복지 수준에도 불구하고 높은 수준의 조직 몰입과 충성도를 기반으로 조직 체계를 유지하는 것이다. 따라서 미디어 기업에 입사하려는 이들이 오랜 시간 공을 들여 미디어기업 입사를 준비하는 이유는 특유의 사명감과 자아 정체감 때문이라는 사실을 이해할 필요가 있다. 상대적으로 높은 업무 강도, 과업과 성과의 불분명한 관계 등에도 불구하고, 자신들이 기획하고 생산한 콘텐츠나 서비스가 사람들의 생각을 바꾸고 또 다른 사회 트렌드를 형성한다는 사명감과 자부심은 이들 인적자원의 근원적 직업 동기인 셈이다. 따라서 미디어 기업의 인적자원 관리에서 가장 적극적으로 고려해야 하는 이슈는 개개인의 동기 관리motivation management다. 개인 업적 기반의 엄밀한 평가를 통한 양적 보상체계의 정립과 함께, 개인의 동기부여를 위한 질적 보상의 두 가지 차원이 모두 조화될 필요가 있다. 특히 미디어 기업들의 보상 정책은 비단 금전적 수단인 급여와 연봉에만 국한되지 않는다. 많은 수의 근로자들은 임금, 승진 제도와 더불어 복지까지를 통합적으로 고려해 보상체계를 생각하는 경향이 강하기 때문에, 특색 있는 복리후생제도의 도입과 실행은 오히려 단순한 급여의 양적 증가보다 효과성이 뛰어난 경우도 많다. 예컨대 복리후생제도의 적절한 시행은 애사심과 충성심, 동기부여 등 종업원의 감성적 측면을 자극해 종업원 만족감과 직무성과 향상을 높이는 것으로 보고되고 있다. 따라서 경제적 성취보다는 일과 삶의 균형, 워라밸work-life balance을 오히려 중시하는 MZ세대의 특성과 취향을 고려한 보상제도의 설계 등을 고려할 필요성이 더욱 높아지고 있는 상황이다.

'고용유연성과 비정형 근로, 노사 갈등'의 문제에 대한 대처도 최근 미디어 기업의 인적자원 관리 현안으로 부상 중이다. 일례로 게임업계에서는 대기 발령,

전환 배치 등 구조조정 국면을 고려한 인사 체계를 단행하며 노사 갈등이 고조된 바 있었다. 특히 인터넷이나 게임 기업의 경우 벤처 설립 당시 혁신적으로 참여했던 개발자와 디자이너, 기획자들이 대부분 40~50대 이상의 의사 결정자 또는 준의사 결정자 수준이 됨에 따라 전체적인 기업 인적자원의 노령화aging 현상이 큰 문제로 떠오르고 있다. 노령화 현상은 직무 루틴의 고착화로 인한 혁신 저항을 낳을 수 있다. 따라서 인적자원개발HRD, human resource development 을 통해 이들을 더욱 수준 높은 전문화 인력으로 양성하고 활용할 것인지, 아니면 장기적으로 고용유연성 확보가 어려운 인력을 과감하게 임금 피크제나 퇴직제도 등을 통해 조절할 것인지의 문제가 지속적으로 발생하고 있다. 고숙련·고연령 노동자 비중의 증가는 시간이 흐르면서 비정형 근로, 즉 비정규직 증가 문제로 이어진다. 고용유연성을 확보하려는 기업 측의 고민이 기간제 근로자를 활용해 고용형태를 유연화하려는 움직임으로 이어지고, 조직의 본질적인 사업 역량과 관계없는 업무를 과감하게 외주를 통해 축소하거나 계열화된 분리 회사를 통해 운영해 비용 절감을 꾀하게 되기 때문이다. 따라서 이미 성숙기 혹은 쇠퇴기에 접어든 국내 미디어 기업에서는 인적자원 효율화 정책으로 인한 비정형 근로 문제가 지속적으로 중요 이슈로 대두되는 상황이다. 이와 더불어 미디어 기업의 수익이 악화되면서 많은 기업들의 사례에서 일반적인 직무를 새로운 형태로 통합하거나 줄이는 등의 구조조정도 시도되고 있다. 가장 대표적인 사례가 신문사의 조직 변화다. 일례로 일본의 ≪요미우리신문≫은 편집부 기자제도를 완전히 없앴다. 이유는 수많은 조직들이 정보 시스템 기반의 업무 프로세스를 채택하면서 기존 오프라인 종이 신문 비중을 축소함에 따라 편집 기자의 전문성 활용 비중이 적어졌기 때문이다. 여기에 상당수 제작 역량을 지닌 취재 기자들이 편집 기능 등을 습득하고, 편집 전문 부서보다는 개별 부서의 데스크들에 의한 윤문 및 주제 편성 관행이 정착되면서 편집부 기자의 설 자리가 없어졌기 때문이다. 한편 미디어 기업의 고용유연성 문제는 아래 기사 "꿈의 직장인 줄 알았는데 … 현실은 '잠못드는 밤'[판교역 1번 출구]"에서와 같이 노사문제의 첨예함과도 연계된다. 노동조합이 실질적으로 기능하지 못하고 있는 상태에서 복지, 연봉 등의 편익을 효과적으로 추구하는 기업이 있는가 하면, 강성 노동조합과 경영진 간의 대결로 인해 종업원의 업무와 복지에 대한 논란이 일어나는 경우도 자주 목격된다.

꿈의 직장인 줄 알았는데 … 현실은 '잠못드는 밤' [판교역 1번 출구]

(기사요약) 성과주의와 수평적 커뮤니케이션을 표방하며 급성장한 국내 IT기업에서 아이러니하게 '직장 내 괴롭힘', '갑질' 등을 감내하는 비합리적 조직 문화가 상존해 있음이 사회적 이슈로 대두됨. 2018년 이후 IT업계에 노조 설립이 본격화되면서 다양한 근로 문제에서 노사 간 갈등이 예견되는 상황

자료: ≪매일경제≫. 2021.06.05. https://n.news.naver.com/article/009/0004804639

끝으로 미디어 기업의 인적자원 관리 관련 현안 중 '인재 유출' 현상을 유심히 바라볼 필요가 있다. 최근 국내외 미디어업계에서는 우수 인재를 둘러싼 유치 경쟁이 치열하다. 특히 개인 이직을 넘어, 팀 이직turnover of team 현상까지 발생하고 있는 상황이다. 디자인, 개발, 기획 등 서로 특화된 업무를 맡으며 오랫동안 협업해 온 경험을 살리기 위해 마음이 맞는 동료끼리 동시에 특정 회사에 조건을 걸어 이직하는 식이다. 이 경우 개인의 직무 특수성뿐만 아니라 팀워크를 위한 직무 루틴work routine까지 경쟁사에 이전 혹은 유출되는 효과를 낳는다. 그 결과 피인수기업 입장에서는 기업 경쟁력과 직결되는 핵심 역량과 지식의 유출이 있을 수 있는 반면, 인수 기업의 입장에서는 해당 인력들의 네트워크 역량까지 함께 받아들일 수 있기 때문에 경력 채용의 효과를 두 배로 누리는 결과를 맛볼 수 있게 된다. 한편 해외 기업으로 유출되고 있는 국내 미디어 기업의 핵심 인적 자원을 어떻게 보호할지 또는 어떻게 이들을 회유 혹은 회귀시킬 것인지에 대해

서도 현재보다 적극적인 고민이 필요하다. 삼성과 LG, 대형 게임회사 등에서 화웨이, 샤오미, 텐센트 등으로 이직한 개발자나 디자이너의 사례에서와 같이, 고숙련 노동자의 수준 높은 지식 자원이 상당 부분 타국의 경쟁 기업 등에 이전되는 상황은 매우 우려스럽다. 다만 아래의 기사 "미국 빅테크 "메타버스 인재 연봉 3억"…한국 대학원생까지 입도선매"에서와 같이 이들을 윤리적 차원에서 구속하려는 당위적인 호소보다는 현실적으로 이들의 능력에 걸맞은 차별적인 금전적·비금전적 보상 체계와 처우에 대한 고민이 국내에서도 심화될 필요가 있다.

미국 빅테크 "메타버스 인재 연봉 3억" … 한국 대학원생까지 입도선매

(기사요약) 가상세계와 가상현실 기술이 모바일 이후의 플랫폼 기술로 각광받게 되면서, 구글, 애플 등의 글로벌 빅테크 기업은 한국을 포함한 전 세계에서 유망한 우수 인재를 '싹쓸이' 스카우트 하기 위해 많은 자원을 투입하고 있음. 메타버스 산업의 핵심인 확장현실(XR) 시장이 글로벌 빅테크 기업의 '독무대'가 될지 모른다는 우려가 증대되는 상황

자료: 《한국경제》, 2021.6.14. https://n.news.naver.com/mnews/article/015/0004562187

SUMMARY

미디어 기업이 전략을 잘 실행하기 위해서는 적합한 조직 구조를 설계하고, 조직 변화 관리를 통해 변화하는 환경에 유연하게 대처하는 것이 중요하다. 따라서 공식적·비공식적 조직 관리에 대한 이해를 넓혀야 하며, 바람직한 조직 문화를 정립하기 위해 부단히 노력해야 한다. 또한 미디어 기업은 조직성과의 극대화를 위해 특유의 창의성, 혁신성, 개방성을 증진시킬 수 있는 인적자원 관리 방안을 고민할 필요가 있다. 이를 위해 전사 전략과 연계된 인적자원 관리 전략을 수립하고 관련 업무를 체계적으로 운영해야 한다.

생각해 볼 문제

* 관심을 가지고 있는 미디어 기업을 선정한 후 그 기업의 전략과 조직 구조를 확인해 보자.

1. 선정한 기업의 조직 구조는 전사 전략 이행을 잘 반영하고 있는가?

2. 선정한 기업에서 만약 내가 조직 변화를 시도하는 주체가 된다면, 어떤 사람들이 나를 도울 수 있으며, 어떤 사람들이 나의 생각에 반대 입장을 가지게 될 것인가? 아울러 나의 생각에 반대하는 사람들을 어떻게 설득할 것인가?

3. (앞서 선정한 기업에서) 내부 직원과 고객들이 생각하는 조직 정체성은 무엇이며, 이는 동일하게 인식되고 있는가? 선정한 기업은 조직 정체성과 관련한 내외부 소통을 위해 어떠한 노력을 하고 있는가?

4. 미디어 기업의 인적자원 관리 이슈 중 한국적 상황에서 특히 중요하게 고려해야 할 사안은 무엇인가?

5. 미디어 기업의 핵심 인재 유출을 막기 위해 고려할 수 있는 인적자원 관리 방안에는 어떤 것들이 있을까?

참 고 문 헌

김영규. 2015. 「미디어 기업의 조직 관리」. 김성철 외 엮음. 『미디어 경영론』. 한울엠플러스.

이학종·신동엽·강혜련 외 엮음. 2001. 『21세기 매니지먼트 이론의 뉴패러다임』. 위즈덤하우스.

Akerlof, G. A., & R. J. Shiller. 2010. *Animal spirits: How human psychology drives the economy, and why it matters for global capitalism.* Princeton University Press.

Amabile, T. 1996. *Creativity in context.* Westview Press.

Boxall, P. 1996. "The strategic HRM debate and the resource-based view of the firm." *Human Resource Management Journal*, 6(3), pp.59~75.

Chandler, A. 1977. *The visible hand: the managerial revolution in American business.* Cambridge MA: The Belknap Press of Harvard University Press.

Florida, R. 2002. *The rise of the creative class* (Vol. 9). New York: Basic books.

Konow, J. 1996. "A positive theory of economic fairness." *Journal of Economic Behavior & Organization*, 31(1), pp.13~35.

Martell, K. & S. J. Carroll. 1995. "How strategic is HRM?." *Human Resource Management*, 34(2), pp.253~267.

McClelland, D. C. 1961. *Achieving society* (Vol. 92051). Simon and Schuster.

Moss Kanter, R. 2011. "The change wheel: elements of systemic change and how to get change rolling." *Harvard Business School Marketing Unit Case* (312-083).

Polanyi, M. 2015. *Personal knowledge: Towards a post-critical philosophy*. University of Chicago Press.

Robins, S. P., D. De Cenzo, & M. Coulter. 2013. *Fundamentals of management: Global edition*, 8th edition, Pearson Education.

Whaples, R. 1995. "Changes in attitudes among college economics students about the fairness of the market." *The Journal of Economic Education*, 26(4), pp.308~313.

Williamson, O. 1985. *The economic institutions of capitalism*. New York: Free Press.

08 미디어 기업의 재무관리

김성철

미디어 기업이 생존하고 성장하기 위해서는 인력, 기술, 자금 등의 다양한 경영 자원이 필요하지만 그중에서도 자금이 가장 중요하다. 미디어 기업이 자금을 관리하는 활동을 재무관리라고 하는데 미디어 기업의 재무관리는 크게 보면 미디어 기업이 필요로 하는 자금을 어떻게 조달하며 조달한 자금을 어디에 투자할 것인가에 관한 것이다. 이 장에서는 미디어 기업의 재무관리와 재무제표의 개념을 설명하고 자금 조달과 투자의 원리와 방법을 소개한 후 미디어 기업의 재무분석 기법을 요약한다.

재무관리의 개념

기업이 경영 활동을 제대로 수행하기 위해서는 여러 자원을 필요로 한다. 기업은 노동시장으로부터 노동력을, 자본시장으로부터는 자본을, 원자재나 생산 설비 시장으로부터는 원자재나 생산 설비를 조달해 이를 기업 내부의 생산 활동에 투입하며 그 결과로 산출된 재화나 서비스를 소비자에게 공급한다. 그 결과로 기업은 이익을 창출해 자본을 제공한 투자자나 채권자에게 배당이나 이자의 형태로 이익을 배분하거나 기업 내부에 유보하게 된다. 미디어 기업이 생존하고 성장하기 위해서도 인력, 기술, 자금 등의 다양한 경영 자원이 필요하지만 어찌 보면 그중에서도 자금이 제일 중요하다. 자금이 없으면 다른 자원을 획득할 수 없을 뿐만 아니라 사업을 제대로 영위할 수 없고 결국에는 도산하게 되기 때문이다.

기업이 자금을 관리하는 활동을 재무관리라고 한다. 결국 재무관리는 자금과 관련된 기업의 활동을 계획하고 실행하며 통제하는 일련의 의사 결정을 의미한다. 재무관리에서는 자금을 어떻게 조달할 것인가, 조달한 자금을 어디에 투자할 것인가, 운영자금은 어떻게 관리할 것인가 그리고 이익을 어떻게 분배할 것인가 등의 문제에 대한 의사 결정을 하게 되는 것이다. 따라서 미디어 기업의 재무관리는 크게 보면 미디어 기업이 필요로 하는 자금을 어떻게 조달하며how to fund, 조달한 자금을 어디에 투자할 것인가where to invest, 그리고 단기적인 운영자금을 어떻게 관리할 것인가how to manage working capital에 관한 체계적인 의사 결정이라고 할 수 있다. 예를 들면, 영화사가 새로운 영화를 제작한다는 결정을 내렸다면 이는 투자에 관한 의사 결정이며 만약 이를 위한 자금을 크라우드 펀딩crowd funding 방식으로 조달하기로 했다면 이는 자금 조달에 관한 의사 결정이다. 또한 제작 기간 동안 일상적인 자금 유입 및 지출에 대해 결정을 내렸다면 이는 운영자금과 관련된 의사 결정이라고 할 수 있다. 이러한 의사 결정들을 모두 재무관리 행위로 볼 수 있는 것이다.

한편 기업의 형태는 소유와 경영의 분리 여부와 부채에 대한 책임의 범위에 따라 달라지는데 개인회사, 합명회사, 합자회사, 유한회사 및 주식회사 등으로 다양하다. 특히 시장경제에서 활동하는 기업의 형태 중에서 가장 큰 비중을 차지하는 것은 주식회사이다. 주식회사는 필요한 자본을 불특정 다수의 투자자들에게 주식의 형태로 매각해 조달하며, 투자자는 납입한 자본에 대해서 투자한 금액 범위 내에서만 유한책임을 진다. 주식회사는 유한책임에 따라 위험을 분산시키는 효과가 있고 소유와 경영이 분리됨으로써 경영의 전문화를 도모하면서 투자 규모를 확대할 수 있다는 장점이 있다.

다만 주식회사는 기업의 주체(주주, 채권자)와 대리인(경영자)과의 상충된 이해관계로 인해 대리인비용agency cost이 발생하는 단점이 있다. 대리인비용은 대리인의 행위가 주체의 이익으로부터 이탈하는 것을 제한하기 위해 주체가 부담하는 감시 비용, 대리인이 주체에게 해가 되는 행위를 하지 않고 있음을 확증하기 위해 대리인이 부담하는 확증 비용, 그리고 확증 비용과 감시 비용이 지출되었음에도 불구하고 대리인 때문에 발생한 주체의 잔여 손실로 나뉜다(두산백과, 2015). 이 장에서 다루는 미디어 기업의 재무관리는 어떤 형태의 기업에도 적용할 수 있으나 가장 보편적인 주식회사 형태를 전제로 한다.

기업의 재무관리에 적용되는 다음 몇 가지 원칙들을 이해하면 미디어 기업의 재무관리를 쉽게 이해할 수 있다. 첫째, 자금은 시간 가치time value가 있다. 다시 말하면 오늘의 1원의 가치가 내일의 1원의 가치보다 높다는 것이다. 만약 현재의 1원을 금융 상품에 투자하면 내일에는 하루 이자를 합한 금액을 얻게 된다. 내일의 1원을 현재 가치로 환산한다면 하루 동안의 이자를 감안해서 할인한 금액이 되어야 하므로 내일의 1원은 오늘의 1원보다는 낮은 가치를 가질 수밖에 없는 것이다. 따라서 자금을 조달, 투자, 집행할 때는 항상 자금의 시간 가치를 염두에 두어야 할 필요가 있다. 예를 들어 보자. 게임 기업 A가 1억 원을 투자해서 새로운 게임 B를 개발하려고 한다. 만약 새로운 게임 B가 미래에 창출할 모든 수익들을 수익이 발생하는 시점을 고려해서 현재가치로 환산한 다음에 모두 더한 가치의 합이 1억 원(사실은 1억 원과 1억 원을 금융상품에 투자할 경우에 얻을 이자의 합계)이 넘는다면 A 기업은 현재의 1억 원을 새로운 게임 B를 개발하는 데 사용하는 것이 타당하다. 그러나 새로운 게임 B가 창출할 수익의 현재 가치가 1억 원에 미달한다면 게임 기업 A는 새로운 게임 B를 개발하지 않는 것으로 결정을 내려야 한다.

둘째, 위험과 수익 간에는 상충 관계tradeoff가 있다. 일반적으로 투자자들은 미래 현금 흐름의 위험이 크면 클수록 그에 대한 대가로 더 많은 수익을 요구하게 된다고 가정할 수 있는데, 이를 '위험과 수익의 상충 관계'라고 말한다. 예를 들어 위험과 수익의 상충 관계가 존재하기 때문에 높은 위험을 부담하는 영화 산업은 높은 수익률을 기대하게 되며high risk, high return, 만약 일반 제조업처럼 낮은 위험을 부담하면 낮은 수익률을 보상받게 되는 것이다. 같은 이치로 통상 유명 연예인의 보수가 고위 공무원 보수보다 높은 것은 연예인 직업이 상대적으로 공무원보다는 높은 위험을 감수하기 때문이다. 만약 1억 원을 들여 한국에서 드라마를 제작해서 1년 뒤에 1억 5000만 원을 얻을 수 있는 A안과, 중국에서 드라마를 제작해서 1년 뒤 1억 5000만 원을 얻을 수 있는 B안이 있다면 투자자들이 어느 것을 선택할까? 당연히 A안이 상대적으로 안전하고 확실하게 1억 5000만 원을 벌 수 있기에 A안을 선택하는 것이 맞다. 투자자들이 B안을 선택하게 만들려면 B안의 위험이 더 큰 만큼 1년 뒤에 1억 5000만 원보다 더 많은 수익이 발생하게 해야만 한다. 투자자의 추가 위험부담에 대한 이러한 보상을 위험 프리미엄risk premium이라고 한다. 정리를 하면, 기업의 투자 행위에는 반드시 기대수익과 위험을 동시에 반영하는 것이 필수적이라고 할 수 있다.

셋째, 지속적인 현금 흐름에 주목해야 한다. 이익은 회계적인 개념이며 매출총이익, 영업이익, 당기순이익 등 여러 종류가 있다. 수익에서 비용을 제외하고 남은 것이 이익인데 설사 회계적인 이익이 발생해도 만약 장부상의 이익에 그치고 실제적인 현금 흐름이 수반되지 않는다면 큰 문제가 된다. 매출채권을 회수하지 못하는 경우도 있을 수 있고 자금이 모두 고정자산에 투자되어 단기적으로 현금화가 되지 않을 수도 있다. 그런데 만약 이런 경우에 급하게 갚아야 할 채무가 있거나 지출해야 할 비용이 있다면 기업은 낭패를 보게 되며 혹자 도산할 가능성도 있다. 이익과는 달리 기업이 창출하는 현금 흐름은 실제적으로 기업이 사용하는 자금을 의미하기 때문에 상당한 가치를 지닌다. 특히 미디어 기업에는 투자 후에 지속적으로 발생되는 현금의 흐름이 매우 중요하다. 예를 들어 디즈니가 2021년 5월에 개봉한 〈크루엘라〉라는 실사 영화를 사례로 들어 보자. 디즈니는 극장에서 관객을 동원함으로써 1차로 수익을 올릴 수 있지만 코로나 19 사태로 인해 극장에서의 장기적인 흥행은 기대하기 어려운 상황이다. 그런데 디즈니는 디즈니플러스라는 글로벌 OTT 플랫폼을 보유하고 있기 때문에 이 영화를 2차로 수익화할 수 있다. 또한 이 영화는 많은 사람들이 디즈니월드를 방문하게 유도하고 디즈니스토어에서 〈크루엘라〉와 관련된 여러 가지 캐릭터 상품들을 구매하게 한다. 그뿐만 아니라 사람들은 〈크루엘라〉 게임, 책, DVD 그리고 음악을 구매하기도 한다. 이와 같이 이른바 원 소스 멀티 유스one source multi use: OSMU가 통용되는 미디어 산업에서는 한 번의 투자로 지속적인 현금 흐름을 창출하는 것이 가능하기 때문에 재무관리에서 현금 흐름을 중시할 필요가 있다. 음악의 경우에는 음악이 출시된 직후의 음원이나 음반의 판매가 이익에 영향을 준다. 그러나 음악에 대한 저작권을 가진 미디어 기업이나 창작자 입장에서는 미래에 지속적으로 발생하는 긴꼬리long tail 매출이나 저작권 수입에서 오는 현금 흐름이 더 가치가 있을 수도 있다.

재무관리의 목표는 위험을 감수한 투자에 대한 적정한 이익을 실현하고 지속적인 현금 흐름을 창출해 기업 가치, 즉 주주의 부를 극대화하는 것이다. 주식회사에서 재무관리 활동은 통상 최고재무책임자chief financial officer: CFO가 책임을 진다. 최고재무책임자는 최고경영자CEO와 이사회의 통제 아래 재무와 회계 활동을 총괄한다. 최근에는 CFO의 역할이 기업의 미래 전략을 수립하고 기업의 가치를 결정하는 방향으로 변화하고 있는데 이를 위해 외부에서 능력 있는 CFO를 영입하는 사례가 늘고 있다. 예를 들면, 카카오의 M&A 투자 전략을 짜고 시장과 밀접한 관계를 맺고 있는 인물은 최고투자책임자chief investment officer: CIO인 배재현 수석부사장이다. 그는 CJ 미래전략실 출신으로 지난 2016년 카카오에 합류했다. 그런데 카카오는 각 계열사가 주도적으로 새 먹거리를 찾도록 하는 '계열사 자율형' 전략으로 전환하고 있다. 카카오모빌리티의 2021년 자금 수혈은 이창민 부사장CFO의 역할이 컸던 것으로 전해진다(≪서울경제≫, 2021.6.20).

미디어 기업의 재무관리에서 고려해야 할 또 다른 목표는 소유와 경영의 분리에서 발생하는 대리인 비용을 최소화하는 것이다. 즉, CEO나 CFO가 주주들의 대리인 역할에 충실하지 않고 상충되는 이해관계를 가짐으로써 발생하는 비용을 최소화할 필요가 있다. 또한 자금을 관리하면서 윤리적인 문제가 없도록 하는 것도 필요하다. 엔론 사태에서 입증되었듯이 회계 분식 등의 행위는 윤리적으로 문제가 될 뿐만 아니라 기업의 장기적인 성공 여부에도 결정적으로 부정적인 영향을 주기 때문이다.

재무제표의 이해

피터 드러커(Peter F. Drucker)는 "측정되지 않는 것은 관리할 수 없다"는 유명한 말을 남겼다(김성철·이치형·주형철, 2014). 재무관리는 측정이 가능한 자금을 다루기 때문에 재무관리의 목표는 쉽게 숫자로 제시되고 효율적이고 효과적인 통제가 가능하다. 또한 특정 기업의 현재와 과거의 재무 상태에 대한 분석도 상대적으로 쉽다.

결국 기업의 재무관리를 제대로 하려면 기업의 재무 상태를 측정·기록해 제시하는 보고서가 반드시 필요하다. 재무제표financial statements란 기업의 활동을 측정·기록해 작성되는 회계보고서로서 기업의 경영 성과나 재무 상태 등을 나타내는 표를 말한다(박정식, 1992). 재무제표에 포함되는 보고서에는 여러 가지가 있으나 한국 한국회계기준원의 한국채택국제회계기준K-IFRS에서는 재무상태표, 포괄손익계산서, 자본변동표, 현금흐름표, 주석, 그리고 이익잉여금처분계산서

주요 항목	2020년	2019년	2018년
영업수익	4,126,629	3,900,013	3,459,014
영업비용	(2,685,815)	(2,506,201)	(2,195,465)
영업이익	1,440,813	1,393,811	1,263,548
기타 수익	50,734	19,881	34,248
기타 비용	206,972	99,543	158,244
이자 수익	4,956	7,819	20,003
금융 수익	412,115	267,155	153,034
금융 비용	41,343	47,629	89,121
법인세 비용 차감 전 순이익	1,660,303	1,541,496	1,223,469
법인세 비용	463,379	448,971	323,047
당기순이익	1,196,924	1,092,524	900,422

〈표 8-1〉 포괄손익계산서 예: 네이버의 지난 3년간 포괄손익계산서(단위: 백만 원)

(또는 결손금처리계산서) 등을 주요 재무제표로 규정하고 있다.

우선 포괄손익계산서는 일정 기간 동안 기업이 달성한 종합적인 성과를 표시하는 재무제표이다. 포괄손익계산서는 일정기간(예: 1년) 중에 발생한 수익과 이에 대응하는 비용을 기재하고 그 기간의 순이익을 표시함으로써 경영 성과를 명확하게 제시한다. 포괄손익계산서에는 회사의 실적을 평가하는 대표적인 잣대인 매출액(또는 영업수익)과 이에 대응하는 영업비용, 영업외수익과 영업외비용 등이 모두 포함된다. 즉, 포괄손익계산서는 매출에서 비용을 차감한 손익을 표시하는 구조로 되어 있다. 〈표 8-1〉은 국내의 대표적인 인터넷 포털 사업자인 네이버의 지난 3년간의 포괄손익계산서이다.

이 표는 실제 네이버에서 작성하고 있는 포괄손익계산서를 단순하게 요약한 것이지만 중요한 항목은 모두 포함하고 있다. 네이버의 영업수익은 국내외 매출을 다 포함하며 주로 광고나 콘텐츠 제공 사업에서 발생하는데 2019년도에는 전년대비 12.7% 증가했으나 2020년도에는 전년대비 5.8% 증가하는 데 그쳤다. 영업비용은 꾸준히 증가했으나 영업수익의 증가에 따라 영업이익은 전반적으로 상승하고 있는 추세이다. 기타 수익과 기타 비용은 둘 다 가변적이다. 이자 수익은 감소하고 있는데 금융 수익은 증가하고 금융 비용은 감소하고 있어 이에 따라 법인세 차감 전 순이익은 계속 증가했다. 〈표 8-1〉의 포괄손익계산서를 자세히 보면 네이버가 매년 비교적 일정한 규모의 당기순이익을 달성해 인터넷 서비스 사업에서 성공하고 있음을 자연스럽게 유추할 수 있다. 예를 들어, 2020년의 경우 영업수익 대비 영업이익의 비중은 34.9%, 당기순이익의 비중은 29.0%에 달한다. 이는 전통 산업에서는 달성하기 어려운 수치로서 빠르게 성장해 온 인터넷 산업의 특성과 네이버의 우수한 성과를 잘 보여주고 있는 것으로 판단된다. 결국 〈표 8-1〉에서 볼 수 있는 네이버의 포괄손익계산서는 지난 3년 동안 네이버가 우수한 성과를 달성했고 그 결과 기업의 성장과 기업 가치의 증가를 도모했음을 알려주고 있다. 다시 말하면 네이버의 포괄손익계산서는 네이버의 재무관리가 목표를 충실히 달성했음을 공개적으로 보고하고 있는 것이다.

포괄손익계산서가 일정 기간의 성과를 표시하는 재무제표라면 재무상태표는 일정 시점의 기업의 재무 상태를 나타내는 보고서라고 할 수 있다. 재무상태표를 대차대조표로 부르기도 한다. 〈표 8-2〉는 네이버의 지난 3년간 재무상태표를 비교해 요약한 것이다.

연도별 재무상태표의 작성시점은 각 연도의 연말이다. 재무상태표는 원래 차변(왼쪽)에 자산을, 대변(오른쪽)에 부채 및 자본을 기재하는데, 자산은 자본과 부채의 합이 된다. 〈표 8-2〉에서는 각 연도의 재무상태표를 비교하기 위해 차변 항목 밑에 대변 항목을 표기했다.

일반적으로 차변의 자산은 기업의 자금을 어디에 사용했는지where to invest를 나타낸다. 네이버의 총자산 규모는 8조 8000억 원 정도이다. 그런데 부채 규모는 1조 5600억 원에 불과한데 이익잉여금은 7조 8000억 원에 달해 네이버가 현금 흐름이 좋고 수익성이 높은 인터넷 플랫폼 산업의 리더임을 분명하게 보여주고 있다. 즉, 부채 비율이 높은 제조업과는 달리 이익잉여금 규모가 큰 인터넷 플랫폼 산업의 특성이 네이버의 재무 상태에 반영되어 있는 것이다.

한편 재무상태표의 대변에 나타나는 부채 및 자본은 자산에 투자하기 위한 자

주요 항목	2020년	2019년	2018년
부채와 자본 총계	8,823,550	6,671,587	5,928,592
자산 총계	8,823,550	6,671,587	5,928,592
유동자산	958,002	880,761	1,226,980
비유동자산	7,865,547	5,790,825	4,701,611
부채 총계	1,561,424	1,142,040	1,371,710
유동부채	1,269,469	908,932	1,210,779
비유동부채	291,954	233,107	160,930
자본 총계	7,262,126	5,529,546	4,556,881
자본금	16,481	16,481	16,481
자본잉여금	675,891	362,406	362,406
이익잉여금	7,803,526	6,699,190	5,655,540

〈표 8-2〉 **재무상태표 예: 네이버의 지난 3년간 연말 시점의 재무상태표(단위: 백만 원)**

금을 어떻게 조달했는지 how to fund 를 나타낸다. 자산의 원천을 보여주고 있는 것이다. 〈표 8-2〉에 따르면 네이버의 유동자산(당장 현금화할 수 있는 자산)은 2020년 말 현재 9580억 원 수준으로서 유동부채(단기간에 갚아야 할 빚) 1조 2694억 원에 약간 못 미치지만 지급불능(부도) 상황에 빠질 가능성은 거의 없는 것으로 판단된다. 네이버는 〈표 8-1〉에서 보여주듯이 해마다 상당한 규모의 당기순이익을 실현해(돈을 벌어서) 사내에 유보함으로써 자본의 규모를 늘려왔다. 그 결과 2020년 말 현재 이익잉여금이 7조 8000억 원에 달하고 있다. 요약하면, 〈표 8-2〉에서 볼 수 있는 네이버의 재무상태표는 네이버의 재무상태가 대단히 양호하고 건전하며 네이버의 재무관리가 성공적임을 공개적으로 보고하고 있는 것이다. 포괄손익계산서나 재무상태표 이외에도 필요한 재무제표들이 있다. 현금흐름표는 일정 기간 동안 해당 기업의 현금이 어떻게 조달되고 사용되는지를 나타내는 표로서 향후 발생할 기업 자금의 과부족 현상을 미리 파악할 수 있게 한다. 또한 이익잉여금처분계산서는 기업의 이익잉여금을 어떻게 처분했고 주주들에게 배당을 얼마나 했느냐를 보고한다. 이러한 재무제표들은 기업의 이해관계자들에게 유용한 재무정보를 보고하는 수단이며 이해관계자들이 기업의 가치와 재무관리 성과를 분석·평가할 수 있는 기본적인 자료이기도 하다. 따라서 주식회사의 경우 재무제표 작성 및 보고가 의무화되어 있고 그 작성 및 보고 방법에 관하여도 규제가 존재한다. 만약 투자자 등 이해관계자가 특정 기업의 재무정보에 관심이 있다면 관련 기업 홈페이지에서 공시 정보를 조회하거나 금융감독원이 운영하는 전자공시시스템DART에 공시된 정보를 간편하게 조회할 수 있다.

투자 의사 결정

기업이 지속적으로 사업을 영위하면서 생존하는 동시에 성장하기 위해서는 자본을 새로 투입해 자산을 취득하는 투자가 필수적이다. 자산을 취득하는 투자는 기업의 수익성을 결정하는 한편 기업의 위험에도 영향을 미쳐 기업의 가치를 결정한다. 즉, 기업의 투자 결정은 기업의 생존과 성장에 직접적인 영향을 주는 것이다. 특히 투자의 효과가 장기적으로 지속되는 투자는 더욱 큰 중요성이 있는데 장기적인 투자 계획을 재무관리에서는 자본예산capital budgeting 이라고 한다. 자본예산의 범위에는 토지·건물·설비 등의 고정자산에 대한 투자나 투자의 영향이 장기에 걸쳐 나타나는 광고나 연구개발 등을 위한 투자도 포함된다.

미디어 산업에서 자본예산의 중요성을 보여주는 대표적인 사례를 예로 들어보자. 1980년대에 이동통신 강자이던 모토로라는 1987년에 총 66개의 저궤도 위성을 발사해서 범세계적인 이동통신망을 구축하는 이른바 이리듐 프로젝트를 추진하기 시작했다. 1992년에 WARC-92에서 주파수를 할당받고 1995년에는 미 연방통신위원회(FCC)로부터 면허를 획득했으며 글로벌 컨소시엄을 구성해 50억 달러의 자금을 투자했다. 결국 통신망 구축에는 성공했으나 단말기가 너무 크고 가격이 높은데다가 기존 셀룰러 이동통신망이 글로벌 로밍을 제공하면서 이리듐 서비스는 1만 명 정도의 가입자를 확보하는 데 그쳐, 시장에서 처참하게 실패하게 되었다. 이리듐은 15억 달러 규모의 부도에 처하게 됐고 이 프로젝

구분	2004	2005	2006	2007	2008	2009
매출	-	216	888	1,197	1,193	1,334
영업이익	△177	△904	△711	△631	△250	81.8
당기순이익	△148	△965	△842	△748	△382	△61.9
누적순이익	△148	△1,113	△1,955	△2,703	△3,085	△3,147

〈표 8-3〉 위성 DMB 서비스의 재무적인 성과(단위: 억 원)
자료: 이홍규·김성철(2011).

트는 미국 역사상 가장 큰 부도 20개 안에 포함되었다. 또한 ≪타임time≫에 따르면 1990년대 10대 기술 실패 사례에도 이름을 올렸다(Time, 2009.5.14). 역사에 가정은 의미가 없다고 하지만 만약 모토로라가 이리듐에 투자하는 대신에 2G 디지털 이동통신에 투자했다면 이동통신 기기 시장에서 노키아에 왕좌를 그렇게 쉽게 내주지는 않았을지도 모른다. 모토로라는 기업의 미래를 바꾸는 야심찬 프로젝트로서 이리듐에 과감하게 투자했으나 이 투자가 실패하면서 사실상 몰락의 길을 걷게 되었다.

한국 미디어 산업에도 실패의 규모는 다르지만 유사한 사례가 있다. 우리나라 이동통신 시장의 리더 SK텔레콤은 방송 시장에 진출하려는 오랜 숙원을 이루고자 자회사 TU미디어를 설립해 2005년 5월 세계 최초로 위성과 갭필러Gap-filler를 이용한 위성 DMB 서비스를 시작했다. 위성 DMB 서비스 비즈니스는 큰 기대에도 불구하고 2009년 말 기준으로 누적 가입자가 200만 명에 불과해 손익분기점에 도달하지 못했고 누적 손실은 3147억 원 규모로 확대되어 2010년 11월 1일부로 SK 그룹 내 기간통신사업자인 SK텔링크에 합병되었고 2012년에는 서비스가 종료되었다(이홍규·김성철, 2011).

방송 콘텐츠에 이동성과 새로운 접근수단을 제공하는 뉴미디어로 기대를 모았던 DMB 서비스는 세계적으로 앞선 기술을 기반으로 몇 천억 원 단위의 의욕적인 투자가 이루어졌음에도 불구하고 사업적으로는 실패했고 결과적으로 SK 텔레콤의 방송통신 융합 전략은 차질을 빚게 됐다. 우리나라 미디어 산업의 융합도 결과적으로 지연됐고 국산 DMB 기술을 개발해서 세계시장에 진출하려고 했던 한국 정부의 바람도 좌초되었다.

그렇다면 신규 사업에 투자해 성공한 대표적인 사례로는 무엇이 있을까? 최근 미디어 생태계의 리더로서 확고한 지위를 구축한 기업들의 이면에는 성공적인 투자 의사 결정이 있다. 애플의 경우 원래 컴퓨터 제조업체였지만 스티브 잡스가 아이폰을 개발하는 데 투자하기로 결정함으로써 스마트폰 시장의 최강자로 부상했고 모바일 생태계의 주춧돌 기업으로 자리를 잡았다. 구글이 안드로이드나 모토로라 이동통신 단말기 사업을 인수하는 데 과감하게 투자해 모바일 생태계의 또 다른 주춧돌 기업이 된 것도 자본 예산이 성공한 경우로 볼 수 있다. 결과적으로 2009년에 미국 대기업들의 시가총액 순위에서 33위에 그쳤던 애플과 22위였던 구글은 2015년에는 각각 1위와 2위를 차지하게 됐다. 삼성전자 역시 고가 스마트폰 갤럭시 S 시리즈 개발에 과감하게 투자해 스마트폰 시장의 열세를 우세로 뒤집었던 경험이 있다. 다만 노키아처럼 스마트폰과 운영체제 심비안Symbian OS 그리고 앱스토어인 오바이Ovi 스토어에 일찌감치 투자했으나 시장에서 실패하고 기존의 시장 지위를 상실한 경우도 있다. 이는 결국 투자 자체가 성공을 보장하는 것이 아니라 성공적인 투자만이 좋은 성과를 보장한다는 점과 기업에서 재무관리의 역할이 중요하다는 점을 시사한다.

투자가 신규 사업이나 제품을 개발하는 것과 관련이 있는 경우가 많지만 단기적인 성과보다는 장기적인 성과를 기대하며 전략적으로 다른 기업의 지분에 투자하는 사례도 많다. 일본의 기업가 손정의 회장이 이끄는 소프트뱅크는 2013년에 220억 달러(약 25조 8000억 원)에 미국의 3위 이동통신사업자인 스프린트를 인수했다. 소프트뱅크 모바일은 일본 3위 이동통신사업자에 불과했지만 스프린트를 인수함으로써 단숨에 세계 3대 통신사업자로 도약하게 되었다. 손정의 회장의 투자 중에서 가장 대박으로 평가를 받는 것은 아마 중국의 전자상거래 업체 알리바바에 투자해서 14년 만에 몇 천 배의 투자 수익을 거둔 일이다(뉴스 1, 2015.8.6). 손정의 회장은 혁신성만 보고 쿠팡에 총 30억 달러(약 3조 원)를 투자해서 쿠팡 지분 38%를 확보했는데 쿠팡이 2021년 3월에 뉴욕 증시에 상장을 하고 쿠팡의 시가총액이 886억 5000만 달러까지 오르면서 그 지분 가치도 336억 8700만 달러(약 38조 원)로 껑충 뛰었다(≪조선일보≫, 2021.3.12).

MS는 페이스북이 성장 단계의 비상장 회사이던 시절에 투자해서 페이스북이 상장(IPO)하면서 막대한 투자수익을 실현했다. MS는 2007년에 페이스북 지분 1.6%를 2억 4000만 달러에 인수했는데 그 당시에는 과도한 인수 가격으로 비판을 받았다. 그러나 MS는 페이스북 IPO 당시 2억 5000만 달러에 가까운 가치를 갖는 지분을 매각하고도 남아 있는 지분의 가치가 25억 달러에 이를 것으로 추정되었다(≪월스트리트저널≫, 2015.8.3). 결국 페이스북에 투자한 MS의 의사 결정은 그 당시의 상식에는 반하는 것이었으나 소셜미디어의 성장과 페이스북의 미래 가치를 정확하게 예측한 훌륭한 조치였음이 입증되었다고 볼 수 있다. 한편 MS는 2014년에 노키아의 휴대폰 사업을 인수했으나 실적 부진으로 2015 회계년도 4분기(4~6월)에 32억 달러(약 3조 7000억 원)의 순손실을 기록했고 노키아 인수 비용 84억 달러는 손실로 처리되었다(≪뉴시스≫, 2015). 스마트폰 시장의 실지를 회복하려 시도했던 전략적인 투자가 오히려 참담한 실패로 끝나게 된 것이다.

지금은 대부분의 국민이 사용하는 메신저이자 다양한 모바일 콘텐츠를 유통하는 새로운 플랫폼으로 자리를 잡은 카카오톡은 2012년까지는 이렇다 할 만한 수익 모델을 찾지 못해 고전을 하고 있었다. 수익 모델이 없다며 모두가 카카오에 대한 투자를 꺼려할 때 중국 인터넷기업 텐센트는 세계 3대 모바일 메신저인 위챗을 운영하고 있음에도 불구하고 2012년에 경쟁사인 카카오에 720억 원을 투자해 13.3%의 지분을 확보했고 카카오가 다음과 합병하면서 다음카카오의 지분의 9.35%를 보유한 3대 주주로 올라섰다. 텐센트는 2014년 3월에는 넷마블게임즈에 5300억 원을 투자해 지분 25%를 확보했다. 텐센트는 이 외에도 네시삼십삼분에 1300억 원, 카오본 아이드에 100억 원, 파티게임즈에 200억 원을 투자함으로써 국내 게임 기업에 대한 영향력을 확대했다(≪이투데이≫, 2015.8.12).

텐센트는 지난 몇 년간 한국 게임 시장의 큰손으로 주목받았다. 라인게임즈에 500억 원을 투자했고 국내 신생 게임사 로얄크로우에도 177억 원을 투자해 2대 주주에 올랐다. 텐센트는 현재 넷마블의 3대 주주(지분 17.52%)이며 카카오게임즈의 지분도 상당수 가지고 있다(≪아주경제≫, 2021.6.17). 텐센트는 이른바 머니게임으로 불리는 공격적인 투자를 통해 자사의 생태계를 확장하는 동시에 글로벌 사업자로 성장하기 위한 기반을 착실하게 확보하고 있는 것으로 판단된다. 결국 미디어 산업에서는 적극적인 투자가 없으면 자국 시장을 벗어나 성장하는 글로벌 기업으로 발전하기가 어려울 것으로 보인다.

미디어 기업에 대한 투자로 대박을 실현한 개인투자자도 있다. 에이티넘인베스트먼트 이민주 회장은 1988년 한미창업투자(현 에이티넘인베스트먼트)를 창업하고 국제통화기금IMF 외환 위기 때 헐값에 케이블TV 기업들을 인수해 종합유선방송 사업자MSO 씨앤앰C&M을 설립했다. 이 회장은 2008년에 씨앤앰 지분 65%를 맥쿼리가 주도한 국민유선방송투자KCI에 1조 4600억 원에 매각하고 '1조 원 클럽'에 합류했다(≪글로벌이코노믹≫, 2015.3.20). 이민주 회장의 사례는 미디어 산업에서는 비록 위험이 따르기는 하지만 산업의 미래를 예견하는 안목과 과감한 투자 의사 결정이 있다면 스마트한 투자자로서 엄청난 성과를 낼 수 있음을 알려준다.

기업에서 투자를 결정하는 과정은 매우 복잡하며 대개의 경우 많은 시간과 노력을 필요로 한다. 투자를 수행하는 과정을 간단하게 정리하면 다음과 같다. 첫째, 투자 기회를 발견하고 투자의 목적을 분명하게 설정해야 한다. 투자 기회는 시설이나 건물을 교체하거나 기존 제품이나 서비스를 확장하는 것 그리고 새로운 제품이나 서비스를 개발하는 것에서 찾을 수 있다. 또한 연구개발이나 기업의 인수·합병 등도 중요한 투자 기회가 될 수 있다. 둘째, 투자 목적이 정해지면 이 목적을 달성하기 위한 여러 가지 대체적인 투자안을 제시하고 이 중에서 최적의 투자안을 선정해야 한다. 셋째, 재무관리 관점에서는 최적의 투자안을 선정하기 위해 각 투자안이 기업가치에 어느 정도 공헌할 수 있는가를 분석해야 하는데 이를 투자안의 경제성 분석이라고 한다.

투자안의 경제성을 분석하는 방법에는 여러 가지가 있다. 우선 가장 단순한 방법으로서 투자에 소요된 자금을 모두 회수하는 데 걸리는 시간을 고려하는 회수 기간payback period법이 있다. 회수 기간법은 단순해서 실전에서 많이 사용된다. 실제로 회수 기간이 짧으면 미래의 현금 흐름에 대한 불확실성을 제거함으로써 위험을 낮추는 효과가 있다. 다만 회수 기간법은 투자의 수익성을 분석하지는 못한다는 한계가 있다.

한편 내부 수익률internal rate of return법은 내부 수익률이 가장 큰 투자안을 선택하는 방식을 말한다. 내부 수익률은 미래의 현금 흐름의 현재 가치를 0으로 만드는, 즉 현금 유입의 현재 가치와 현금 유출의 현재 가치를 동일하게 만드는 할인율(이자율)이라고 할 수 있다.

가장 보편적으로 활용되는 방법은 순현가Net present value: NPV법이다. 이 방법은 투자로 인해 발생할 미래의 모든 현금 흐름을 자금의 시간 가치를 고려해서 적절한 할인율로 할인해 현재 가치로 나타내서 투자 결정에 이용하는 기법이다(박정식, 1992). 만약 어떤 투자안의 순현가가 0보다 크다면 이 투자안은 투자가치가 있다고 판단한다. 여러 개의 투자안이 경합을 할 경우에는 순현가가 가장 큰 투자안을 선택하면 된다. 순현가를 구하는 공식은 다음과 같다.

$$NPV = \sum_{t=1}^{N} \frac{C_t}{(1+r)^t} - C_0 \quad \text{또는 단순하게} \quad NPV = \sum_{t=0}^{N} \frac{C_t}{(1+r)^t}$$

t: 현금 흐름의 기간 N: 사업의 전체 기간 r: 할인율

C_t: 시간 t에서의 순현금 흐름(초기 투자를 강조하기 위해 왼쪽 공식과 같이 C_0를 명시하기도 한다)

C_0: 투하자본(투자액)

그런데 경제성을 위주로 투자안을 평가하는 것은 유용하지만 미디어 산업에

서는 뚜렷한 한계가 있다. 미디어 산업은 우선 기존 제조업과는 달리 고위험-고수익high-risk, high-return의 특성을 갖고 있고 무형 자산을 위주로 자산을 구성하고 있다. 더군다나 일부 대기업을 제외하면 대부분의 미디어 기업들이 상대적으로 영세하다. 따라서 미디어 산업의 특성을 반영한 투자안 평가나 기업 가치 평가 모형의 필요성이 제기되어 왔다.

예를 들어, 문화체육관광부는 콘텐츠의 특성과 장르별 속성을 고려해 콘텐츠 산업에 특화된 콘텐츠 가치 평가 모형을 개발한 바 있다. 방송, 영화, 게임, 애니메이션, 캐릭터 등 5개의 장르에 대해 융자형 등급 모형과 투자형 가치 평가 모형(캐릭터 제외)의 두 가지 형태로 개발되었는데 투자 모형은 장르 특성에 맞는 변수를 선정해 사례 분석을 통해 예상 수입을 산출하는 모형으로서 경제적 가치 평가의 객관성을 높이기 위해 업계 전문가 의견과 광범위한 데이터를 활용했다. 게임의 경우 예상 동시 접속자 수 예측을 통해 경제적 가치를 추정하게 되며 방송드라마는 매출의 핵심인 광고 수입 예측을 통해 경제적 가치를 추정하게 된다. 애니메이션의 경우 매출의 핵심인 국내 머천다이징 매출을 추정하기 위해 우선 노출 정도를 측정하는 지표로서 누적 시청률을 활용한다.

미디어 산업의 특성을 살려서 미디어 콘텐츠나 기술 그리고 기업의 가치를 종합적으로 평가할 수 있는 체계적인 투자안 평가 모형의 필요성은 점점 더 증가할 것으로 예상되는 가운데 방송통신위원회가 진흥 목적으로 방송 콘텐츠 사업자들의 경쟁력을 평가하기 위해 활용하고 있는 콘텐츠 제작 역량 평가 항목은 참고할 만하다. 방송통신위원회는 전문가들의 자문을 거쳐 방송 콘텐츠 사업자의 경쟁력을 콘텐츠의 기획, 제작, 유통에 투입하는 자원, 프로세스 각 단계에서의 역량, 그리고 콘텐츠를 통한 경제적 및 사회적 성과 측면에서 다른 사업자에 비해 상대적으로 우월한 능력으로 정의하고 〈표 8-4〉와 같은 구체적인 평가 항목을 개발해서 방송 콘텐츠 제작역량평가위원회를 통해 실제적으로 활용하고 있다. 비록 이 평가 항목은 정부에 의해 개발되었지만 방송 콘텐츠 기업의 지분에 투자하거나 기업을 인수·합병하는 투자 의사 결정이 필요한 경우에 투자자

구성 요인	세부 요인	세부 평가 항목 (14개)	세부 평가 지표 (17개)	배점	점수산정
자원 경쟁력 (350)	인적 자원 (100)	콘텐츠 인력 전문성	콘텐츠 인력 비중	50	(콘텐츠 인력 종사자 수 ÷ 전체 정규직 종사자 수)
		콘텐츠 인력 계발	콘텐츠 직무 관련 교육비	25	콘텐츠 인력 1인당 연간 교육비 지출액
		콘텐츠 인력 보상	콘텐츠 인력 인건비	25	(콘텐츠 인력 인건비 총액 ÷ 영업비용)
	물적 자원 (250)	자기자본	자기자본 비중	50	(자본총계 ÷ 자산총계)
		제작비	제작비 규모	150	직접 제작비용 총액
			제작비 증가율	50	전년 대비 직접 제작비용 총액 증가율
프로 세스 경쟁력 (380)	제작 (300)	신규 콘텐츠 제작	자체, 공동/외주 제작, 구매 후 제작 콘텐츠 초방 편성시간	250	[자체 제작 초방 시간(×5) +공동/외주 제작 초방시간(×5) + 구매 후 제작 초방 시간] ÷연간 총방송 편성시간
		신기술 콘텐츠 제작	신기술 활용 제작 콘텐츠 초방 편성시간	50	(신기술 콘텐츠 제작 초방 편성시간÷ 년간 총방송 편성시간)
	유통 (80)	국내 시장 유통 역량	국내 시장 판매량	60	국내 시장 판매 편수
		해외시장 유통 역량	해외시장 판매량	20	해외시장 판매 편수
성과 경쟁력 (270)	경제적 성과 (150)	국내 시장 방송 사업 수익	국내 시장 방송 사업 수익 규모	50	국내 시장 방송 사업 수익 총액
			콘텐츠 인력 1인당 국내 시장 방송 사업 수익 규모	50	(국내 시장 방송 사업 수익 총액 ÷ 콘텐츠 인력 수)
		해외시장 방송 사업 수익	해외시장 방송 사업 수익 규모	25	해외시장 방송 사업 수익 총액
			콘텐츠 인력 1인당 해외시장 방송 사업 수익 규모	25	(해외시장 방송 사업 수익 총액 ÷ 콘텐츠 인력 수)
	사회적 성과 (120)	시청자 선호도	시청점유율	20	해당(자사) 방송 채널의 시청점유율
		콘텐츠 내용 심의규정 준수 여부	방송심의 관련 제 규정 준수 여부	50	50 - 제재점수 합
		콘텐츠 수상 실적	콘텐츠 수상 실적	50	수상 점수 합
기타		제출 기한 내 제출(감점 요소)		(-10)	제출 기한을 넘긴 일수 당 1점 감점 (10점 초과 시 평가에서 제외)
총계				1,000	

〈표 8-4〉 2020년도 방송 콘텐츠 제작 역량 평가 항목 및 배점

가 활용할 수 있는 좋은 모델이 될 것으로 판단된다.

자금 조달 의사 결정

기업이 투자 기회를 발견하고 투자의 목적을 분명하게 설정한 후 대체적인 투자안을 비교·분석해 최적의 투자안을 선정했을지라도 만약 투자할 자금이 없다면 투자 기회는 무산될 수밖에 없다. 인체가 정상적인 기능을 하기 위해서는 혈액의 원활한 순환이 필수적이듯이 경제나 기업이 성장하고 발전하기 위해서는 필요한 시기에 필요한 만큼 자금의 공급이 이루어져야 한다(최승빈 외, 1999). 따라서 필요한 자금을 적절하게 기업 내·외부에서 조달하는 것은 재무관리의 중요한 과제가 된다.

내부 자금은 기업 내부에서 조달되는 자금으로서 내부에 유보된 이익이나 고정자산에 대한 감가상각 충당금 등으로 구성된다. 내부 자금은 외부 자금에 비해서 자본비용이 낮고 쉽게 이용이 가능하며 상환 의무가 없기 때문에 가장 바람직한 형태의 자금 조달 방식이라고 할 수 있다. 그런데 필요한 자금을 내부 자금으로 충족할 수 있다면 별 문제가 없겠지만 현실에서 이런 경우는 거의 없다.

기업 외부에서 자금을 조달하는 방법은 우선 금융기관으로부터 자금을 빌리는 간접 금융 방식이 있다. 차입이 가능할 정도의 신용이나 담보가 있다면 간접 금융도 좋은 대안이기는 하나 한국의 경우 대출 문턱이 상당히 높은 편이다. 만약 차입금을 제때 상환하지 못하거나 이자 비용을 지급하지 않을 경우에는 부도의 위험도 있다. 미디어 기업의 경우에는 고정자산의 비중이 낮아 담보 설정이 어렵고 규모가 영세한 경우가 많아 간접 금융에 의존하는 자금 조달에는 한계가 있다.

기업이 금융시장에서 직접 증권을 발행해 자금을 조달하는 방식을 직접 금융이라고 한다. 대개 직접 금융은 장기 금융시장인 자본시장capital market에서 이루어진다. 자본시장은 장기성 유가증권인 주식이나 채권 또는 선물이나 옵션 등의 발행을 통해 자금의 조달이 이루어지는 시장이기 때문에 증권시장과 거의 같은 개념이라고 할 수 있다.

채권, 즉 회사채를 발행해서 자금을 조달하는 직접 금융 방식은 일정 규모의 이상인 기업들이 많이 사용한다. 채권의 발행 방법에 따라 사모private placements와 공모public issues로 나뉘는데 공모의 경우가 통상적으로 자금 조달 규모도 크고 유동성이 높아 사모보다 선호되는 경향이 있다.

간접 금융이든 아니면 직접 금융이든 부채 형태로 자금을 조달하게 되면 사업이나 투자가 성공적인 경우에도 기업의 몫을 나눌 필요가 없고 원금과 이자만 지급하면 된다. 그러나 부채는 이자를 발생시키기 때문에 이자는 비용으로 작용해 수익을 줄인다. 그리고 회사의 성과가 나쁠 경우에도 이자와 원금을 갚아야 하는 부담이 있다(김성철·이치형·주형철, 2014). 타인이나 금융기관에서 차입한 자본을 가지고 투자를 하여 이익을 발생시키는 것을 빌린 돈을 지렛대 삼아 이익을 창출한다는 의미에서 지렛대leverage 효과라고 부른다. 만약 차입금 등의 이자 비용보다 높은 수익률이 기대될 때에는 타인 자본(부채)을 적극적으로 활용해서 투자를 하는 것이 유리하다. 그러나 과도하게 차입금을 사용하면 불황 시에 금리 부담이 발생 수익률보다 높아지게 되는 이른바 '부負의 레버리지 negative leverage' 효과가 발생해 도산 위험이 높아지게 된다(한경 경제용어사전, 2004).

한편 주식회사의 경우 자사주를 거래하거나 새로운 주식을 발행해 필요한 자금을 조달할 수 있다. 기업이 주식을 추가로 발행하고(이를 '3자 배정 유상증자'라고 한다) 이 주식을 팔아야 회사로 자금이 조달되는데, 이 경우 조달되는 자금은 채권의 경우와는 달리 대차대조표에서 부채가 아닌 자본에 편입된다. 수익 모델의 부재로 충분한 수익을 달성하지 못해 자금이 부족하던 카카오가 2012년 4월에 중국 텐센트에 13.3%의 주식지분을 720억 원에 매각함으로써 필요한 자금을 확보한 것이 주식을 통한 자금 조달의 대표적인 사례라고 할 수 있다. 이렇게 외부로부터 투자를 받아 자금을 조달하면 이자를 내지 않아도 되며 최악의 경우

회사가 망해도 투자 원금을 돌려주지 않아도 되는 장점이 있다. 그러나 회사가 성공하면 투자자는 주식 가치의 상승으로 인해 크게 보상을 받게 되는데 그만큼 기존 주주들 몫의 보상이 줄어들게 된다.

그런데 차입과 지분 매각을 혼합한 방식으로 자금을 조달하는 경우도 있다. 회사채를 인수한 주체에게 원금과 이자를 지급받는 대신에 회사 주식을 받을 수 있는 권리를 부여하는 것이다. 이 경우 투자자는 사전에 합의한 시점이 지나고 사업의 성과가 양호해 주식가격이 오르면 원금과 이자 대신에 주식을 선택할 수 있다. 전환사채convertible bond: CB나 신주인수권부채bond with warranty: BW가 대표적인 예인데 이 둘은 투자의 매력도를 높여 기업이 좀 더 쉽게 자금을 빌릴 수 있게 개발된 장치라고 볼 수 있다(김성철·이치형·주형철, 2015).

만약 어떤 기업이 창업 초기 단계에 있다면 이 기업의 지분에 투자할 투자자를 구하기 쉽지 않다. 엔젤angel 투자자는 사업이 본 궤도에 오르기 전에 가능성만을 보고 필요한 자금을 투자하는 이들을 의미한다. 엔젤 투자자는 미래가 불확실한 사업 초기 상황에서 위험을 감수하고 투자하기 때문에 만약 투자를 받은 기업이 성공할 경우 큰 투자수익을 얻게 된다. 반면 벤처 캐피털은 상대적으로 사업이 확장 단계에 접어들었을 때에 투자를 한다. 최근에 크라우드 펀딩crowd funding 방식이 등장했다. 인터넷을 통해 다수의 소액 투자자들을 모으는 방식이다.

주식을 증권시장에 상장listing하는 것도 자금 조달 방식 중의 하나이다. 상장은 기업의 주식을 공개적인 거래 시장에 등록해 거래를 할 수 있게 하는 것인데 상장 기업은 자금이 필요할 때 주식을 발행해 불특정 다수의 일반인들로부터 추가로 자금을 조달할 수 있다. 한편 기업이 일반 대중을 상대로 처음으로 주식(보통주)을 매각하는 것을 최초 공모initial public offering: IPO라고 한다. 통상 기업공개는 최초 공모를 통해 이루어지는 경우가 많다. 상장이나 최초 공모는 엄격한 기업 평가를 기반으로 하는 증권거래소의 심사를 통과해야 이루어지므로 기업의 성공을 나타내는 하나의 상징이라고 볼 수 있다.

기업이 성장하고 자연스럽게 기업공개를 하게 되면 창업주나 대주주의 지분을 초창기만큼 유지하는 것이 어려워진다. 이 경우 기업 지배구조가 안정적이지 않다면 외부 투자자들에 의해 경영권을 위협받는 일이 발생할 위험이 있다. 예를 들면, 네이버의 경우 지배 대주주(오너)의 지분율이 상대적으로 낮다. 창업자이자 오너의 지분율이 낮은 지배구조는 장단점을 동시에 갖는다. 오너의 지분율이 낮으면 경영권의 전횡이 어렵고 외부 주주의 의사를 반영할 여지가 높아져서 경영의 투명성이 제고된다. 그런데 이 경우의 문제는 경영권이 쉽게 위협받을 수 있다는 것이다. 사실 네이버는 상당한 지분을 외국인이 보유하고 있고 지주회사 체제를 갖추지도 못해서 공격적인 인수·합병 시도가 있을 경우에 경영권을 방어하기가 쉽지 않을 수 있다(김대원 외, 2015).

재무분석의 필요성

재무관리의 궁극적인 목표는 기업 가치의 극대화에 있으며 이를 위해서는 기업의 수익성을 높이고 위험을 감소시켜야 한다. 이러한 목표를 달성하기 위해 재무관리 담당자들은 적절하게 자본을 조달해 조달된 자금으로 최적의 투자 결정을 해야 할 의무를 지고 있다. 기업의 재무관리가 제대로 수행되기 위해서는 먼저 기업의 재무 상태가 어떠하며 문제점이 무엇인가를 분석해야 하는데 이러한 분석을 재무분석이라고 한다(박정식, 1992).

재무분석의 대표적인 방법은 재무제표를 이용해 재무비율을 분석하는 것이다. 재무비율은 재무제표에 표기된 한 항목의 수치를 다른 항목의 수치로 나눈 것으로서 통상 기준이 되는 수치와 비교하는 방식으로 분석을 한다. 예를 들어 유동비율은 대차대조표에 있는 유동자산을 유동부채로 나눈 것인데 기업의 유동성을 측정하는 데 많이 사용된다. 부채비율은 총자본을 구성하고 있는 자기자본과 타인자본의 비율을 말하는데 부채의 원금과 이자 상환 능력을 나타낸다. 매출액 순이익률은 순이익을 매출액으로 나눈 것으로서 매출액 1원에 대응해

순이익이 얼마인가를 나타내는 것으로서 영업 활동의 성과를 총괄적으로 파악하는데 사용한다. 주당 이익earnings per share: EPS은 주식을 평가할 때 가장 기본이 되는 자료인데 발행주식 한 주당 순이익이 얼마인가를 보여준다. 재무비율 분석은 쉽고 간단하다는 장점이 있으나 과거의 회계 정보에 의존하기 때문에 미래를 예측하는 데 한계가 있다는 것은 단점이다.

비율 분석 이외에 미디어 산업에도 많이 활용되는 재무분석 방법으로는 손익분기점 분석이 있다. 손익분기점break-even point은 총수익과 총영업비용이 일치하는 점으로서 이 때 영업이익은 0이 된다. 손익분기점은 매출량 또는 매출액으로 나타낼 수 있다. 손익분기점을 알 수 있다면 기업에서 바라는 영업이익을 실현할 수 있는 매출 수준도 분석할 수 있으므로 이 분석은 미래를 위한 계획 수립에 매우 유용하게 활용될 수 있다.

비교적 고위험, 고수익의 특성을 갖는 미디어 산업에서는 손익분기점이 매우 중요하다. 예를 들어, 콘텐츠를 제작하는 데 많은 자금이 소요되지만 사업 초기에는 벌어들이는 수익은 얼마 되지 않는다. 그러나 시간이 경과함에 따라 점점 매출이 늘어나고 어느 시점이 되면 본격적으로 수익이 나기 시작하는 손익분기점에 이르게 된다. 손익분기점까지 자금이 꾸준히 투입되어야 하므로 손익분기점을 알아야 미리 자금 조달 계획을 세울 수 있다. 또한 손익분기점 예측은 수익의 실현 가능성을 추정하는 데도 도움이 된다. 큰 수익이 예상되더라도 손익분기점이 늦게 온다면 좋은 것이 아니다. 미래의 수익일수록 불확실성이 높아지기 때문이다. 따라서 미디어 산업에서는 가급적이면 짧은 기간에 손익분기점에 도달하는 것이 좋다고 할 수 있다. TU 미디어가 제공했던 위성 DMB 서비스의 예를 다시 들면, 2005년 5월에 시작된 위성 DMB서비스가 2009년까지도 손익분기점에 도달하지 못했기 때문에 결국 2012년에 서비스가 종료되는 수순을 밟게 되었다.

SUMMARY

기업이 자금을 관리하는 활동을 재무관리라고 한다. 재무제표는 기업의 재무관리를 위해서 기업의 재무 상태를 측정·기록해 제시하는 역할을 한다. 미디어 산업은 고위험-고수익의 특성을 갖고 있고 무형 자산 의존도가 높아서 이러한 특성을 반영한 투자안 평가나 기업 가치 평가 모형이 필요하다. 또한 필요한 자금을 적절하게 기업 내·외부에서 조달하는 것도 매우 중요하다. 기업의 재무관리가 제대로 수행되기 위해서는 기업의 재무 상태가 어떠하며 문제점이 무엇인가를 분석하는 재무분석을 수행해야 한다.

생각해 볼 문제

1. 재무관리의 기본원칙은 무엇인가? 이 원칙 중에 미디어 기업의 재무관리에서 특히 중요한 원칙은 무엇인가?
2. 재무제표는 왜 필요하며 미디어 기업의 재무제표는 무엇을 알려주는가?
3. 미디어 산업에 특화된 투자안 평가 방법이나 모형이 필요한 이유는 무엇인가?
4. 자금 조달에서 타인자본(부채)에 의존할 경우의 장점과 단점은 각각 무엇인가?
5. 상장과 기업공개의 장점과 단점은 각각 무엇인가?
6. 재무분석이 필요한 이유는 무엇인가?

참 고 문 헌

≪글로벌이코노믹≫. 2015.3.20. "이민주, 손만 대면 성공 '미다스의 손'으로 1조 거부 대열에".
김대원·김도경·이홍규·김성철. 2015. 네이버 지배구조에 대한 사례연구. ≪한국방송학보≫. v.29, n.1, 7~37쪽.
김성철·이치형·주형철. 2014. 『창업기획: 창업 어떻게 실행할 것인가?』. 나남.
뉴스 1. 2015.8.6. "통큰 베팅 손정의 1543억에 부사장 영입 … "그는 값싼 '매물'".
뉴시스. 2015.7.22. "MS, 노키아 투자실패로 32억달러 손실 '최악 성적표'".
『두산백과』. 2015.
방송통신위원회. 2020. 「2020년도 방송콘텐츠 제작역량 평가 항목 및 배점」.
박정식. 1992. 『현대재무관리』. 다산출판사.
≪서울경제≫. 2021.6.20. "네이버 '본사 주도' 카카오 '계열사 자율' … 빅딜도 차이나는 경쟁".
≪아주경제≫. 2021.6.17. "한국 게임시장에 드리운 中 텐센트 영향력, 크래프톤 상장으로 드러났다".
≪월스트리트저널≫. 2015.8.3. "우버, 기업가치 58조 원 돌파 … 페이스북보다 2년 빨라."
≪이투데이≫. 2015.8.12. "한국 게임산업 어디로③ 中 게임의 국내시장 잠식 … '게임 한류'의 심

장, 중국산 게임에 내줄 판".

이홍규·김성철. 2011. 『뉴미디어 시대의 비즈니스 모델: 창조와 변형의 바이블』. 한울엠플러스.

≪조선일보≫. 2021.3.12. "3조원 투자해 38조원, 쿠팡 상장 최대 수혜자는 손정의".

최승빈·임윤수·박철용·정강원. 1999. 『현대 재무관리론』. 도서출판 대경.

『한경 경제용어사전』. 2004.

Time. 2009.5.14. "The 10 Biggest Tech Failures of the Last Decade."

09 미디어 기업의 마케팅 관리

정윤혁

9장은 마케팅의 기본 개념과 미디어 기업의 마케팅 사례들을 소개한다. 마케팅에 대한 개념, STP(Segmentation, Targeting, Positioning)와 4P(Product, Price, Place, Promotion)를 중심으로 하는 마케팅 전략에 대해 설명한 후, 브랜드 전략에 대해 서술한다.

마케팅의 개념

마케팅은 말 그대로 '시장market의 형성ing'을 의미한다. 여기서 시장이라는 것은 제품을 소비하는 소비자를 의미하는데, 정확하게 표현하자면 소비자의 욕구needs와 그에 따른 수요demand를 지칭한다. 따라서 마케팅이란 조직이 소비자의 욕구와 수요를 파악하고, 그에 따라 제품이나 서비스를 제공하는 것을 의미한다. 좀 더 정제된 표현으로서 미국마케팅협회American Marketing Association: AMA의 마케팅 정의에 따르면 마케팅이란 조직의 하나의 기능으로서 고객 가치를 창출하고, 고객과의 상호작용을 통해 조직과 이해당사자들에게 이익이 되도록 고객관계를 관리하는 일련의 과정을 의미한다. 마케팅 개념은 1950년대 중반에 등장했는데, 이것은 이전 생산·판매 중점의 사고에서 고객중심의 시장 지향적 사고로의 변화를 의미한다.

탐색재search goods는 사용 경험이 유사해 품질에 대한 예측이 가능한 반면, 미디어 상품은 직접 사용해 봐야 품질을 평가할 수 있는 대표적인 경험재experienced goods라는 측면에서 고객과의 소통이 더욱 중요하다. 특히, 방송, 통신, 인터넷의 융합 현상으로 경쟁이 더욱 치열해짐에 따라, 미디어 분야에서 고객의 확보와 유지를 위한 마케팅 활동이 과거 어느 때보다도 중요해지고 있다. 최근에는 방송, 영화, 게임, 음악, 애니메이션은 물론 소비자가 직접 생산한 콘텐츠의 결합이 두드러지고, 그러한 콘텐츠를 제공하는 채널 또한 다양해지고 있다. 이전 진입 규제에 따른 독과점 형태의 미디어 영역이 디지털화와 융합convergence의 흐름 속에서 격화된 경쟁 구도를 경험하고 있는 것이다. 이에 따라, 미디어 기업에게 체계적인 마케팅 전략의 수립이 요구되고 있다. 이러한 미디어 마케팅2)은 미디어 콘텐츠의 제공을 통해 소비자의 욕구를 충족시키는 일련의 행위들을 지칭한

---

2) 미디어를 활용한 일반 기업이나 조직의 마케팅 전략을 미디어 마케팅이라고도 할 수 있으나, 본 장에서는 미디어 기업의 마케팅 활동(the marketing of media)을 '미디어 마케팅'으로 정의한다.

다(윤홍근, 2009).

특히, 미디어의 글로벌화에 따른 경쟁 심화는 마케팅 전략에 대한 관심을 더욱 증폭시키고 있다. 국내의 미디어 상품을 다른 나라의 소비자에게 제공할 경우, 해당 국가 소비자에 대한 문화적 배경이나 소비 패턴에 기초한 마케팅 전략 수립이 필요하다. 그런 의미에서 현재 한류 열풍을 유지시키기 위해서는 초기의 신선함에 의존한 인기를 넘어, 이제는 지역 소비자에 대한 면밀한 연구와 마케팅 전략이 필요한 시점이다.

마케팅 관리

마케팅 관리marketing management는 마케팅 개념을 실현하는 활동으로서, 표적 시장을 정하고, 고객과의 상호작용을 통해 고객을 확보·유지하기 위한 구체적 전략을 의미한다. 마케팅 관리는 3CCustomer, Competitor, Company에 대한 조사로부터 시작된다. 이것은 시장 환경에 대한 기본적 조사로서 소비자 욕구와 수요에 기초한 시장 규모, 경쟁 상황, 소비자의 특성 등에 대한 조사, 경쟁사에 대한 분석, 자사의 경쟁력 등을 포함하며, 궁극적으로는 시장 기회의 발견을 목표로 한다. 조사 후에는 STP, 즉 세분화Segmentation, 표적화Targeting, 포지셔닝Positioning 전략을 수립하고, STP 분석에 기초해 4PProduct, Price, Place, Promotion를 통해 다른 제품과의 차별성을 부과하는 과정을 거친다.

고객 관련 데이터를 분석해 공유하는 특징에 따라 소비자 집단을 나눈 후(segmentation), 어떤 집단을 목표로 하여 공략할 것인지 결정하는 목표 시장 선정(targeting) 작업을 거친다. 그 다음은 자사가 경쟁사와 비교해 목표로 하는 집단에게 어떤 지위를 확보할 것인지를 결정한다(positioning). 경쟁사와 차별되는 지위를 확보하기 위해 제품, 가격, 유통, 촉진 등 4P의 조합을 활용한다(〈그림 9-1〉 참조).

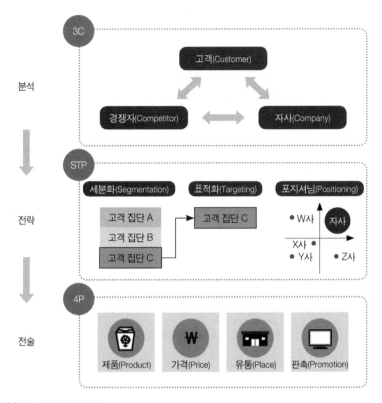

〈그림 9-1〉 마케팅 전략 수립

STP: 세분화, 표적화, 포지셔닝

시장 세분화는 욕구와 선호가 서로 다른 구매자 집단을 체계적인 방법을 통해 분할하는 것을 말한다. 세부 시장은 유사한 욕구를 가진 고객 집단으로 구성되어 있는데, 가령 음식 관련 콘텐츠에 관심이 높은 소비자, 스포츠 관련 콘텐츠에 관심이 있는 소비자, 나아가 스포츠에 관심이 있는 소비자라도 관련 콘텐츠를 스마트폰을 통해 소비하는 집단과 TV를 통해 콘텐츠를 소비하는 집단으로 세분화할 수 있다. 마케팅 관리의 차원에서는 세부 시장을 창출하지는 않는다. 다만, 세부 시장을 확인하고 결정을 하는 행위가 시장 세분화이다. 즉, 철저하게 소비자의 데이터에 기초해 소비자를 분류하는 데에 중점을 두는 행위이다. 제품의

인구통계학적 기준	연령, 생활 주기, 성별, 세대, 교육 배경, 소득 수준, 가족 크기, 종교
지리적 기준	지역, 지역 규모, 기후, 산업 분포, 교통
심리 묘사적 기준	혁신성 정도(innovativeness), 관심, 의견, 정치적 성향
구매 관련 행위 기준	구매 의사 결정권, 이전 구매 경험, 구매 횟수, 충성도

〈표 9-1〉 시장 세분화의 기준

소비로 욕구가 만족되었을 때, 비즈니스의 성공을 가져올 수 있다는 점에서 세
분화 전략은 특정 제품을 가장 필요로 하는 소비자 집단을 선별하는 과정으로서
효과적인 마케팅의 기본이 되는 활동이다. 시장 세분화의 기준은 〈표 9-1〉에서
보여주듯이 가장 광범위하게 쓰이는 인구통계와 지리적 변수가 있고, 그 외에
심리 묘사적, 구매 관련 행위 기준이 있다(Kotler & Keller, 2006).

미디어 분야에서는 콘텐츠와 채널의 다양성이 증대함으로써 소비자의 선호
도 보다 다양해지고, 나아가 시장이 더욱 세밀하게 세분화될 수 있다. 따라서 미
디어 분야에서는 보다 체계적인 시장 세분화 분석이 필요하다. 최근에는 사용자
참여형 디지털 미디어의 확산으로 소비자에 대한 다양한 정보를 수집할 수 있게
되었을 뿐 아니라, 데이터 분석도구의 발전으로 여느 때보다 소비자에 대한 밀
도 있는 분석이 가능하게 되었다. 이전에도 소비자 데이터에 대한 분석이 이루
어져왔지만, 이른바 빅데이터의 활용이 확산됨에 따라, 데이터 분석에 기초한
보다 엄밀한 시장 세분화가 시도되고 있다. 미디어 분야에서는 많은 콘텐츠가
디지털화된 형태로 소비된다는 점에서 디지털 데이터의 생성이 기하급수적으
로 증대하고 있고, 따라서 미디어 기업들은 시장 세분화뿐만 아니라 비즈니스에
대한 전체적인 분석 및 관리에 빅데이터 기법을 도입해야 할 시기이다. 예를 들
어, 넷플릭스는 구독자 데이터 분석에 기초해 고도의 구독자 세분화 전략을 구
사하고 있다. 넷플릭스는 먼저 콘텐츠를 장르, 상영시간, 엔딩, 무드 등 다양한
특징에 기초해 7만 6000개가 넘는 마이크로 장르로 구분했다. 그러한 마이크로
장르를 기준으로 동일 혹은 인접 장르의 콘텐츠를 소비한 구독자를 묶어 하나의

MZ 세대의 특징

MZ 세대란 1980년대 초부터 2000년대 초까지 출생한 밀레니얼Millennial 세대와 1990년대 중반부터 2000년대 초반에 걸쳐 출생한 Z세대를 통칭하는 표현이다. 전체 인구의 약 34%를 차지하면서 향후 10년 동안 트렌드와 소비 활동의 핵심으로 떠오르는 세대이다. 따라서 기업들은 MZ 세대의 특징을 파악하기 위해 힘을 쏟고 있다.

연령대별 세대 구분

1955~1964	1965~1979	1980~1994	1995~
베이비부머 세대 (66~57세)	X세대 (58~42세)	밀레니얼 세대 (41~27세)	Z세대 (26세~)

MZ세대 유년기·성장기

세대	유년기	성장기
밀레니얼 세대	경제호황기	IMF 외환위기
Z세대	IMF 외환위기	2008 글로벌 금융위기

MZ세대 인구 비중

33.7%

총 5142만 명 중 1736만 명

MZ 세대에 대한 정보
자료: 이지원(2020).

MZ 세대는 깊은 관계보다는 온라인에서의 익명의 사람과의 가벼운 상호작용을 선호하기 때문에 비대면 커뮤니케이션에 익숙하다. 정보통신기술에 매우 익숙하며 SNS와 스마트폰은 그들의 일상의 일부가 된 세대이다. 이들은 유행에 민감하고, 이색적인 경험을 추구하며 공정성과 투명성에 대한 인식도가 높다. MZ 세대의 특징은 다음과 같이 정리될 수 있다(안소영, 2021).

- 디지털 네이티브: 신기술에 친숙, SNS를 통해 가치관·신념 표현
- 다양성 인정: 타인의 취향 존중, 삶의 방식을 선택 사항으로 인식
- 여가 중시, 현실성: 워라벨(일과 삶의 균형) 중시, 현실 중시
- 자기중심적 소비: 나만의 스타일 추구, 맞춤형 선호
- 재미 추구: 즐기는 소비·투자·일 추구, 커뮤니티로 취향 공유
- 환경·윤리적 가치 중시: 가치관-신념 기반 소비·투자

이러한 특징을 바탕으로 하는 MZ 세대는 쇼핑·정보 검색을 즐기고 상품 비교에 상당한 시간을 할애하는 소비 행태를 보일 뿐만 아니라, 자기중심적 성향을 보이기도 하지만, 환경·윤리적으로 사회적 책임을 다하는 브랜드를 선호한다. 이렇듯 이전 세대와 구분되는 특징과 소비행태를 보이는 MZ 세대의 문법을 이해하는 것은 부상하고 있는 세부 시장에 진입하고자 하는 기업들의 필수 작업이라고 할 수 있다.

집단으로 구분하고, 개인화 추천 서비스를 제공하고 있다.

다음 단계는 표적 시장targeting을 정하는 일이다. 표적 시장을 정하기 전에 세부 시장 특징, 경쟁 현황, 자사의 역량에 기초해 세부 시장을 비교 평가한다. 우선 각 세부 시장의 시장 규모와 성장 가능성, 기대수익 등을 자료를 분석한다. 일반적으로 적정 수준 이상의 시장 규모와 성장 가능성이 있는 세부 시장이 대상이 되곤 한다. 하지만 경쟁사 역시 미래에 그 세부 시장에 집중할 경우, 기대수익률은 낮아질 수밖에 없다. 또, 규모가 큰 세부 시장에 진출할 경우, 자사의 투입 가능한 자원의 현황 파악이 선행되어야 한다. 그래서 기업들은 더 작고 현재로서는 성장률이 더딘 세부 시장에 주목하기도 한다. 시장 세분화에서 기업들은 틈새시장niche 전략을 구사하기도 한다. 틈새시장이란 독특한 선호를 가진 규모가 작은 소비자 집단을 의미한다. 틈새시장의 소비자들은 독특하고 복잡한 욕구를 가지고 있지만, 그들의 욕구를 충족시킬 수 있을 경우 더 많은 돈을 지불할 의사가 높다. 미디어 산업의 경우, 다양한 콘텐츠와 채널의 결합이 가능해짐에 따라, 소비자의 선호를 파악하여 틈새시장에 진출할 수 있는 여지가 높아지고 있다. 롱테일 원칙은 틈새시장의 중요성을 환기시켜 준다. 롱테일 원칙은 인터넷과 물류 시스템의 발전으로 틈새 상품에 대한 거래가 용이해짐에 따라 다양한 틈새 상품의 판매량의 총합이 몇몇의 인기 상품의 판매 총액을 능가할 수 있음을 말한다. 따라서 미디어 기업은 규모가 큰 세부 시장뿐만 아니라 규모가 작지만 다양한 세부 시장 진출을 염두에 둘 필요가 있음을 의미한다.

기업은 경쟁의 관점에서 세부 시장을 분석할 필요가 있다. 이미 세부 시장에 강력한 경쟁자가 진입해 있다면, 그 시장에 대한 진입 장벽이 높을 뿐만 아니라, 진입한다 하더라도, 장기적으로 경쟁으로 인한 시장수익률이 감소할 수 있다. 또한, 교섭력이 강한 소비자들로 구성된 세부 시장에서는 가격 인하와 서비스의 향상에 대한 요구가 있을 수 있다는 점도 감안해야 한다. 미디어 소비자의 경우, 같은 디지털 콘텐츠가 다양한 채널을 통해 제공되기 때문에, 이탈률이 다른 상품이나 서비스에 비해 상대적으로 높고, 그러한 이탈률을 고려한 세부 시장 분석이 필요하다. 또한, 세부 시장의 성장 가능성이 높고 경쟁이 덜 할지라도, 자사의 목표와 자원을 고려해서 목표 세부 시장을 결정해야 한다. 가령, 네이버나 다음과 같은 대중적인 포털사이트가 자극적인 성인용 콘텐츠를 제공할 경우, 회사의 이미지에 부정적인 영향을 끼쳐 그들의 핵심 자원이라고 할 수 있는 사용자 기반이 흔들릴 수도 있을 것이다. 또, 지상파방송사의 OTT 시장의 진출은 기존 콘텐츠를 활용할 뿐만 아니라 지상파의 영향력이 약해지고 있는 젊은 층을 포용할 수 있다 점에서 시장 진입의 성공 사례로 간주할 수 있다.

표적 시장 선정 시 기업들은 세부 시장의 규모 역시 결정하게 되는데, 세부 시장의 규모는 비차별적 마케팅의 대상이 되는 큰 규모의 세부 시장과 차별적 마케팅의 대상이 되는 작은 규모의 세부 시장으로 나눌 수 있다. 기업은 세밀한 세부 시장의 차이를 무시하고, 하나의 상품을 통해 묶음 세부 시장을 겨냥해 비차별적 혹은 대량 마케팅 전략을 사용하기도 한다. 이러한 전략은 소비자의 욕구의 차이보다는 공통점에 초점을 맞추는데, 전략의 구사가 용이하고 자원의 소모가 적다는 장점이 있다. 가령, 미디어 산업에서 지상파방송사는 거의 모든 연령대를 대상으로 콘텐츠를 제공하고 있고, 인터넷포털 사업자 역시, 다양한 콘텐츠를 제공하고 있다. 특히, 소비자가 유사한 선호 체계를 가지고 있고, 비슷한 양을 구입하는 등 시장의 가변성이 낮은 경우 비차별적인 마케팅 전략이 유효할 것이다. 하지만 경쟁사가 차별적 마케팅에 주력할 경우, 소비자의 선호 차이를 무시하는 전략은 비효과적이다.

여러 세부 시장을 공략하는 차별적 마케팅 전략은 각 소비자 집단에 맞는 제

사례: 콘텐츠 및 유통 차별화 전략의 실패

2011년 2월 월스트리트 저널, 뉴욕포스트와 폭스뉴스를 소유한 뉴스코퍼레이션(News Corporation)이 더 데일리(The Daily)라는 태블릿 전용 뉴스앱을 시장에 내놓았다. 뉴스 코퍼레이션이 처음부터 야심 차게 기획한 더 데일리는 애플의 아이패드용 앱으로 다운 로드 받을 수 있었다. 구독료는 일주일에 99센트였고, 1년 구독료는 39.99달러였다. 더 데일리의 시도는 전통적인 미디어 기업 소유의 인쇄 미디어로는 처음으로, 구독료와 광 고를 결합한 비즈니스 모델과 웹의 멀티미디어 및 상호작용성(Interactivity)을 융합시키 고자 한 야심 찬 기획이었다. 이러한 야심 찬 시도와 달리 더 데일리는 2011년 2월 사 업을 시작한 이후 계속된 고비용 운영구조 때문에 고전을 면치 못했다. 결국 더 데일리 는 2012년 12월 15일에 폐간되었다.

뉴욕과 로스앤젤레스에만 사무소가 있었기 때문에 의미 있는 로컬 뉴스 보도는 이루어 지지 못했다. 데일리의 어플리케이션을 통해 구독자의 위치 정보 입력이 이루어졌지만, 이 정보는 단지 지역 날씨 예보나 자신의 스포츠 지역팀의 경기결과 업데이트 외에는 지역에 맞춤화된 정보를 제공하지 못했다. 시장에 나온 후 1년여 동안, 애플 아이패드 로만 서비스가 되었고, 2012년이 되어서야 안드로이드용 앱이 출시되었다.

더 데일리는 다양한 수용자 집단층의 기대 수준을 충족시키는 데 어려움을 겪었다. 장 년층 소비자들은 더 데일리가 일반 신문이나 잡지를 디지털 포맷으로 변환시킨 형태이 기를 바랐고, 1960년대 초반에서 1980년대 초반 사이에 출생한 X-세대들은 웹페이지 같은 온라인 콘텐츠와의 연결성을 중요시했으며, 이보다 젊은 세대들은 더 데일리에서 순수 모바일앱의 기능을 기대했다. 포레스트 리서치의 조사 결과에 따르면 소비자들은 온라인 콘텐츠가 그들의 직업에 도움이 되거나 사진, 요리, 음악처럼 사람들이 열정적 으로 몰입하는 취미와 직접적으로 연결될 때만 유료 콘텐츠에 대한 지불 의사를 보인다 고 하는데, 더 데일리의 내용은 너무 일반적이었고, 따라서, 소비자가 지불 의사를 갖게 되는 두 가지 이유에 어필하지 못했다.

자료: 류동협(2013) 수정.

품과 홍보 전략을 구사함으로써 매출 증대와 강력한 포지셔닝을 기대할 수 있 다. 다만, 작은 세부 시장들을 위한 차별적 마케팅은 비용을 증대시킬 수 있다. 따라서 차별적 마케팅 전략을 선택할 때, 매출과 비용의 증가를 비교할 필요가 있다. 국내의 케이블TV의 콘텐츠 차별화 전략에 기초해 각 채널을 스포츠, 뉴스, 레포츠와 같이 전문화시킨 것이 시장 차별화 전략의 예라고 할 수 있다. 인터넷 동영상의 경우, 현재 대부분의 웹사이트는 다양한 분야의 동영상을 백화점식으로 제공하고 있다. 또, 진입 장벽이 낮아 신규 사업자가 들어오고 있고, 글로벌화에 따른 경쟁도 심화되고 있는 상황이다. 따라서 목표 시장을 설정하고 차별화된 동영상 콘텐츠를 제공하는 것이 중요한 경쟁 무기가 될 수 있다. 기업은 몇 개의 매력적인 세부 시장에 독립된 사업팀을 구성함으로써 그 시장에 집중할 뿐만 아니라, 사업이 부진할 경우 철수가 용이하도록 하는 전략도 구사가 가능하다. 최근 구글은 핵심 역량이라고 할 수 있는 검색이나 웹서비스와 같은 것은 직접 관리하고, 무인자동차나 바이오 부문은 분리해 운영하는 조직 개편을 단행했다. 국내의 지상파방송사 역시 비슷한 전략을 구사했다. MBC는 케이블TV에 진출해 드라마, 스포츠, 게임 등의 전문화된 채널을 운영하고 있고, KBS도 유사한 전략을 쓰고 있다.

기업은 목표 시장을 선정한 후, 그 시장에서 어떤 차별화된 가치를 제공하면서 포지셔닝positioning을 할 것인지를 결정한다. 포지셔닝이란 제품이 특정한 형태, 특징, 가치로서 소비자의 마음에 형성되어 있음을 의미한다. 제품은 공장에서 생산되지만, 포지셔닝을 통한 브랜드는 소비자의 마음속에서 생성되고 구매 결정과 만족도에 지대한 영향을 미친다(Trout, 2005.3). 그러므로 기업은 자사가 추구하는 포지션을 형성하기 위해 제품 기능을 개발하고, 소비자와의 소통을 시도한다. 결국 포지셔닝은 경쟁사와의 차별점을 소비자에게 지각시키는 행위로서, 궁극적으로 경쟁사와의 차별화를 목표로 한다. 이러한 차별화는 기본적으로 제품 차별화, 제품에 수반되는 서비스의 차별화, 유통 경로의 차별화, 그리고 우수한 인력의 고용에 따른 인적 차별화 등을 포함한다(Kotler & Keller, 2006). 특히, 미디어 산업의 경우, 융합, 교차 진입과 글로벌화에 따른 경쟁 심화의 상황에서 미디어 소비자에게 경쟁사와 차별되는 점을 각인시키는 것이 생존과 직결되어 있다. 콘텐츠의 디지털화에 따라 스마트폰이나 스마트패드와 같은 퍼스널 디바이스를 아울렛으로 하는 등 다양한 콘텐츠 전달 채널이 사용된다는 점에서 다른 산업과는 달리 유통을 통한 경쟁사와의 차별화 전략을 적극적으로 도입할 필요가 있다.

케이블TV 채널들은 사용자층을 기준으로 포지셔닝을 한 대표적인 예이다. 아동을 위한 애니메이션 채널, 10대와 20대를 위한 뮤직 비디오 채널, 주부층을 위한 드라마나 요리 전문채널은 특정 사용자층에 소구함으로써 포지셔닝을 하고 있다. 또, 소비자 효익의 속성에 따른 포지셔닝도 가능하다. 케이블TV에 다수의 영화채널이 있는데, 최신 영화에 대한 사용자 선호를 바탕으로 유료 영화 채널들도 등장해 있다. 또한, 스마트폰과 같은 작은 화면으로도 스포츠 중계를 즐길 수 있도록 스크린 구성과 기능을 제공하는 것은 소비자의 편의성에 소구하는 차별화된 서비스가 될 수 있다.

포지셔닝을 기획함에 있어, 기업은 지각적 포지셔닝맵perceptual positioning map 을 작성하기도 한다. 포지셔닝맵은 자사의 브랜드나 제품이 경쟁사와 비교해 소비자에게 어떻게 지각되어 있는지 시각적으로 표현해 준다. 통계적으로 다양한 방법이 있으나 다차원척도법multidimensional analysis 이나 대응분석correspondence analysis 이 대표적이다. 맵에서 각 차원은 소비자가 제품을 평가할 때 사용하는 속성으로 해석된다. 맵 상에서 서로 인접한 제품은 소비자가 유사한 것으로 간주하고 있다는 것으로 자사의 제품과 경쟁이 높은 제품이라고 할 수 있다. 〈그림 9-2〉는 대응 분석을 통한 Z세대의 SNS에 대한 기능적인 포지셔닝 맵을 표현하고 있다(대학내일20대연구소, 2021).

포지셔닝 맵에서 페이스북과 트위터에 Z세대의 인식의 차이점이 드러나는데, 페이스북은 이슈와 정보 확산이 용이한 매체로서, 트위터는 유사한 취향과 관심사를 갖는 사람들과의 소통 매체로 인식되고 있다. 전반적으로는 정보의 획득이나 확산, 실시간 공유 등 실용적인 측면에서는 페이스북과 트위터를, 감각적이거나 인간관계를 유지하는 기능으로서는 인스타그램을 사용하는 것으로 볼 수 있다. 즉, 차별화의 정도 측면에서 인스타그램은 페이스북과 트위터와 구

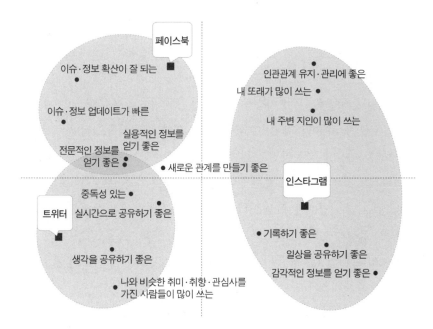

이슈·정보 확산이 잘 되는
페이스북
인관관계 유지·관리에 좋은
내 또래가 많이 쓰는
이슈·정보 업데이트가 빠른
내 주변 지인이 많이 쓰는
전문적인 정보를 얻기 좋은
실용적인 정보를 얻기 좋은
새로운 관계를 만들기 좋은
인스타그램
중독성 있는
트위터
실시간으로 공유하기 좋은
기록하기 좋은
일상을 공유하기 좋은
생각을 공유하기 좋은
감각적인 정보를 얻기 좋은
나와 비슷한 취미·취향·관심사를 가진 사람들이 많이 쓰는

〈그림 9-2〉 Z세대의 SNS 포지셔닝 맵

별되는 포지셔닝을 하고 있는 것으로 볼 수 있다.

4P: 제품, 가격, 유통, 촉진

세분화-표적화-포지셔닝STP 후에는 4P의 조합을 통해 실제 마케팅 전략을 구사하게 된다. 4P는 제품Product, 가격Price, 유통Place, 촉진Promotion을 의미하며, 이것들의 조합, 이른바 마케팅 믹스marketing mix 전략을 통해 마케팅 전략이 실행된다. 미디어 산업에 4P를 적용하면, 제품 개발은 콘텐츠의 계획 및 개발에 해당하고, 가격은 수신료나 월정료, 혹은 회원료를 가리키며, 유통은 배급 채널을, 촉진은 말 그대로 광고 홍보를 의미한다. 4P는 판매자의 입장에서 본 마케팅 도구이며, 이것은 소비자의 입장에서 고객의 문제 해결Customer solution, 고객에 대한 비용Customer cost, 편의성Convenience, 커뮤니케이션Communication 등의 4C로 해석된다(Lauterborn, 1990). 즉, 4C가 의미하는 것은, 제품은 소비자의 욕구를 충족시

4P	4C
제품(Product)	고객의 문제 해결(Customer solution)
가격(Price)	고객에 대한 비용(Customer cost)
유통(Place)	편의성(Convenience)
촉진(Promotion)	커뮤니케이션(Communication)

〈표 9-2〉 4P와 4C

키거나 문제를 해결해 주어야 하며, 그것에 대해 소비자가 지불할 용의intention to pay만큼이 가격에 해당한다. 또, 소비자는 제품을 필요로 할 때 편리한 방식을 통해 구매할 수 있어야 하는 것이 유통이고, 기업은 일방적인 광고를 넘어, 소비자와 계속적인 커뮤니케이션을 통해 소통해야 한다.

기업은 제품을 물리적 혹은 서비스 차별화를 통해 소비자에게 어필하고자 한다. 물리적 차별화는 형태, 기능, 디자인, 포장 등의 물리적 특성에 변화를 주는 것이다. 애플의 제품들이 사용자 편의성뿐만 아니라 감각적 디자인으로 경쟁사의 제품과 차별화를 두는 것은 물리적 차별화의 대표적인 사례이다. 서비스 차별화는 주문 용이성, 애프터서비스, 상담 및 수리 등을 통해 차별화를 두는 것이다. 가령, 인터넷쇼핑몰 사업자는 보다 빠른 배송을 실현하거나 편리한 반품이나 환불 절차를 통해 타사와 차별화될 수 있다. 미디어 산업 맥락에서 제품Product은 콘텐츠의 계획과 제작, 편성에 해당한다. 콘텐츠 혹은 프로그램이 하나의 제품으로 간주할 수 있지만, 미디어는 하나의 콘텐츠를 제공하기보다는 여러 개별 콘텐츠를 묶어서 편성해 하나의 채널을 구성하기 때문에, 편성 작업은 중요한 제품과 관련된 행위이다. 어떻게 동질의 혹은 다른 종류의 콘텐츠를 편성할 것인가는 개별 콘텐츠의 품질만큼이나 미디어 소비자의 수용에 큰 영향을 끼칠 수 있다. 따라서 미디어 기업은 콘텐츠의 제작 계획과 더불어 편성에 대한 계획에도 집중해야 할 것이다.

가격은 제품의 교환가치이다. 기업은 자사의 제품에 대해 가치를 평가해 그것을 가격으로 표시한다. 이것은 앞서 서술했듯이, 소비자 입장에서 지불하고자

하는 비용을 고려해 결정해야 하므로, 주로 기업의 제품에 대한 가치 평가와 소비자의 지불 의사 사이에서 결정된다. 나아가, 기업의 목표가 이익극대화인지 혹은 판매량 확대인지, 경쟁자의 진입 저지인지에 따라 제품의 가격이 결정되기도 한다. 미디어 영역에서 콘텐츠나 미디어 서비스 제공에 대한 대가는 소비자에게 직접 받는 수신료도 있으나, 많은 부분 광고주로부터 받는 광고료가 제품의 가격에 해당한다. 케이블TV나 위성방송, IPTV 등의 유료 방송 사업자의 경우, 미디어 소비자의 높은 이탈률로 인해 높은 가격의 책정은 소비자의 이탈을 부추길 수 있기 때문에, 적정선의 가격을 유지하기 위해 광고를 통한 수입을 적절히 고려해 소비자 가격을 결정할 필요가 있다. 최근 OTT 사업자들이 도입하고 있는 계정공유 서비스 역시, 하나의 계정을 여러 사람이 공유할 수 있도록 함으로써 비용 분담을 가능하게 하여 소비자의 비용 부담을 경감하는 효과가 있다 (배현수·정윤혁, 2021). 국내 유료 OTT 구독자의 40.9%는 OTT 서비스 이용 가격이 비싸다고 응답했고(라임라이트 네트웍스, 2020), 한국인들의 유료 OTT 서비스에 대한 지불 의사액도 현재 OTT 구독료에 훨씬 못 미치는 3529원으로 나타났다(Kim et al., 2017). 더욱이 OTT 사업자들의 독점적인 콘텐츠를 공급하는 전략으로 인해, 사용자들은 원하는 복수의 OTT 서비스를 구독하게 되어 경제적 부담이 증가하고 있다. 따라서 계정 공유 서비스는 소비자의 비용 부담을 줄여 구독자를 확보할 수 있는 효과적인 가격 전략이 될 수 있다.

유통은 소비자가 원하는 시기에 원하는 장소에 제품을 제공하는 것을 말한다. 자사의 대리점을 통하거나, 할인점 등의 전문 유통 조직을 통한 방식이 있을 수 있다. 특정 장소에서만 제품을 판매하게 함으로써 희소화 전략을 쓸 수 있지만, 이것은 고급화된 제품에 해당되는 것이다. 명품 브랜드의 경우 백화점이나 자사의 대리점에서만 제품을 판매하게 하는 것이 그 예이다. 하지만, 일반적으로 다양한 유통경로를 운영할 경우 매출이 증대하고 제품의 성공 가능성이 높아진다. 미디어 산업에서 유통은 콘텐츠가 소비자에게 전달되는 과정을 의미하는 것으로, 유통 경로, 전송 방법, 수입과 수출, 시청 디바이스(IPTV, 스마트폰 등)를 포함한다. 특히, 콘텐츠의 디지털화는 유통 경로를 다양화시켜 전송방식과 시청 디바이스의 다양한 조합이 가능하므로, 이러한 디지털 콘텐츠의 다양한 유통 경로를 이해하고 이에 맞게 유통 전략을 세우는 것이 필요하다. 다른 제품이나 서비스와는 다르게 미디어 부문에서의 유통은 하나의 콘텐츠가 몇 개의 다른 미디어에서 부가가치를 창출할 수 있는 창구 효과가 있다. 따라서 콘텐츠가 어떤 방식으로 유통되고 있는지 혹은 유통될 수 있는지를 고려할 필요가 있다. 예를 들어 웹툰의 경우, 1차 저작물은 포털사이트에 제공되어, 부분적인 유료화 혹은 광고 수입의 원천으로 활용되면서, 나아가 드라마나 영화의 시나리오의 역할을 하기도 한다. 이러한 창구 효과를 반영해, 이전 웹툰의 가치를 포털사이트에 기여하는 것만으로 평가하던 것을 부가적인 후속 저작물에 기여하는 가치도 포함해 포괄적 가치로 재평가할 필요가 있다.

촉진은 제품 정보를 소비자에게 우호적이고 설득적인 기법을 통해 전달하는 것으로, 광고, PR, 이벤트와 캠페인, 마케팅 커뮤니케이션을 포함한다. 기업은 제품, 가격, 유통에 차별성을 부여해 암묵적 촉진 전략을 쓰기도 하고, 광고나 PR을 통해 명시적으로 촉진 전략을 구사하기도 한다. 광고는 대표적인 촉진 전략으로 미디어를 통해 소비자가 자사의 브랜드나 제품 관심을 갖거나 우호적인 태도를 갖도록 설득하는 행위이다. 미디어 분야에서 촉진은 소비자에게 콘텐츠 사용을 유도하기 위해 콘텐츠에 대한 정보를 잠재적 소비자에게 전달하는 단계이다. 기존 전통적인 미디어 매체들은 자신들이 촉진의 매체로서만 기능한다고 생각했지만, 다양한 미디어 매체가 등장하고, 사용자가 분산되고 있는 현실에서, 미디어 기업 역시 적극적인 촉진 전략을 구사해야 한다. 가령, 케이블TV 자사의 프로그램에 대한 광고를 지상파TV나 인터넷 포털 사이트에 싣고 있다.

근래에는 개별적인 촉진 전략을 따로따로 구사해 왔으나, 개별 촉진 전략을 효과적으로 관리하고 시너지 효과를 얻기 위해 마케팅 커뮤니케이션 전략이 도입되고 있다. 다양한 경로를 통해 제품의 정보를 습득하고 있는 소비자에게 메시지를 효과적으로 전달하기 위해 쌍방향 소통을 하는 것은 매우 중요하다. 미

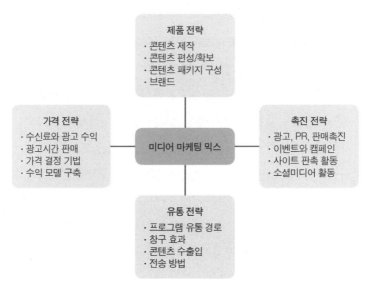

제품 전략
· 콘텐츠 제작
· 콘텐츠 편성/확보
· 콘텐츠 패키지 구성
· 브랜드

가격 전략
· 수신료와 광고 수익
· 광고시간 판매
· 가격 결정 기법
· 수익 모델 구축

미디어 마케팅 믹스

촉진 전략
· 광고, PR, 판매촉진
· 이벤트와 캠페인
· 사이트 판촉 활동
· 소셜미디어 활동

유통 전략
· 프로그램 유통 경로
· 창구 효과
· 콘텐츠 수출입
· 전송 방법

〈그림 9-3〉 미디어 기업의 마케팅 믹스

디어 콘텐츠가 품질의 불확실성이 높은 경험재라는 점에서 잠재적 소비자와의 효과적인 의사소통이 필요하다. 소셜미디어는 소비자와의 소통을 효과적으로 할 수 있는 수단으로써 미디어 기업들 역시 적극적으로 입소문 마케팅과 사용자 관계 관리를 위해 적극적으로 사용하고 있다. 미디어 기업의 가장 중요한 자산은 사용자 기반이라고 할 때, 일반 비즈니스 분야에서 마케팅 전략 수립 시 광범위하게 활용해 온 마케팅 믹스 전략을 통해 사용자를 확보하는 것이 필요한 시점이다. 〈그림 9-3〉은 미디어 기업의 마케팅 믹스를 설명하고 있다(윤홍근, 2009: 128).

미디어 콘텐츠 마케팅 전략

미디어 기업은 잠재적 수요자, 정치경제적 환경, 관련 규제 환경에 대한 분석과 더불어 콘텐츠의 제작 및 유통과 관련 있는 정보통신기술의 현황과 발전 방향을 고려해 마케팅 전략을 수립해야 한다. 미디어 기업의 마케팅 전략은 일반

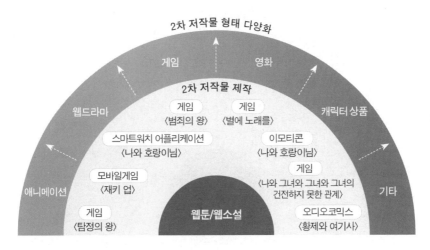

〈그림 9-4〉 웹툰과 웹소설의 OSMU 전략(D&C 미디어 OSMU 맵 수정)

제품의 마케팅과는 다른 측면들이 있는데, 그러한 특징을 활용한 OSMU One Source Multi Use 전략, COPE Create Once, Publish Everywhere 전략, 라이선스 전략, HMC Holistic Marketing Communication 전략 구사가 가능하다(안종배, 2012).

미디어 분야에서 원천One Source인 콘텐츠는 다양한 형태의 콘텐츠의 원천로 활용될 수 있는데, 이것을 OSMU로 표현한다. 성공한 드라마는 게임이나 뮤지컬과 같은 다른 형태의 미디어 콘텐츠의 소스가 되기도 한다. 〈이끼〉, 〈미생〉, 〈이웃사람〉 등 많은 웹툰을 활용한 연계 콘텐츠가 개발되어, 영화와 드라마, 연극, 캐릭터 상품으로 재생산된 것은 대표적인 OSMU의 사례라고 할 수 있다. 최근에 넷플릭스 역시 〈스위트홈〉, 〈지옥〉 등 오리지널 콘텐츠 제작에 웹툰을 적극적으로 활용하고 있다.

COPE는 일단 제작한 콘텐츠를 다양한 플랫폼 혹은 채널을 통해 유통시키는 마케팅 전략을 의미한다(〈그림 9-5〉). 가령, 소비자는 한 드라마를 집에서 지상파TV를 통해 볼 수도 있고, 같은 드라마를 지하철에서 스마트폰을 통해 실시간으로 시청할 수도 있다. 같은 콘텐츠를 여러 플랫폼에서 소비할 수 있도록 함으로써 콘텐츠로부터 사용자의 이탈을 막고 수익을 높을 수 있는 마케팅 전략이

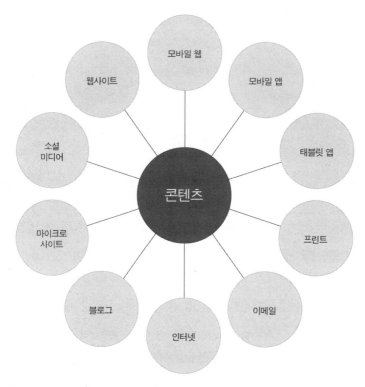

〈그림 9-5〉 콘텐츠의 COPE 전략

다. NHK가 가능한 모든 외부 플랫폼을 활용해 시청자들에게 자사 프로그램을 이용할 수 있도록 하고 있는 정책도 COPE 전략의 일환이라고 할 수 있다. 시청자들은 TV 수상기 앞에서만 방송 콘텐츠를 소비하지는 않고, 다양한 단말기를 통해 방송 콘텐츠를 소비하고 있으며, 다양한 미디어들을 적절히 조합해 방송 콘텐츠를 이용하는 N-screen 사용 행태가 늘어남에 따라 방송미디어 사업자는 적극적으로 COPE 전략을 구사해야 한다.

전체 콘텐츠는 물론 콘텐츠의 내용, OST, 등장 캐릭터 등과 같은 콘텐츠의 일부분 역시 저작권의 대상이 될 수 있다. 따라서 그것에 대한 라이선스를 제공함으로써 다양한 형태로 유통이 가능하게 할 뿐만 아니라 수수료를 받을 수 있어 수익 증대에 기여하기도 하는데, 이와 같은 전략을 콘텐츠 라이선스 전략이라고

분야	원작 IP	라이선싱 작품
웹툰	『신과 함께』	〈신과 함께〉(영화)
	『내부자들』	〈내부자들〉(영화)
	『스위트홈』	〈스위트홈〉(넷플릭스 오리지널 콘텐츠)
	『동네변호사 조들호』	〈동네변호사 조들호〉(TV드라마)
	『마음의 소리』	〈마음의 소리〉(웹드라마), 〈마음의 소리M〉(모바일게임)
	『외모 지상주의』	〈외모 지상주의〉(모바일게임)
만화/출판	『마법천자문』	〈마법천자문〉(애니메이션, 아케이드 게임)
	『구름빵』	〈구름빵〉(애니메이션, 뮤지컬, 굿즈, 놀이시설)
게임	〈메이플스토리〉	〈메이플스토리〉(애니메이션, 만화)
	〈앵그리버드〉	〈앵그리버드〉(모바일게임, 식품/생활용품)
방송	〈신비아파트〉	〈신비아파트〉(웹드라마), 〈신비아파트 고스트헌터〉(모바일게임)
	〈런닝맨〉	〈런닝맨〉(애니메이션), 〈런닝맨 히어로즈〉(모바일게임)
캐릭터	라바	〈라바매치〉(모바일게임)
	핑크퐁, 상어가족	핑크퐁, 상어가족(캐릭터 상품)
	뽀로로	뽀로로(문구류, 굿즈)
	뿌까	〈뉴 뿌까〉(TV 애니메이션)
	펭수	펭수(이모티콘, 굿즈)

〈표 9-3〉 국내 콘텐츠 라이선싱 현황 예시

한다. 〈표 9-3〉과 같이 콘텐츠가 활용될 수 있는 영역이 다양하여 콘텐츠 라이선스를 활용할 경우, 인지도가 높아지고 수익도 올릴 수 있을 것이다. 그러나 무분별한 사용허가로 콘텐츠의 이미지와 부합되지 않는 맥락에서 사용될 경우 콘텐츠의 가치 저하를 가져올 수도 있다.

HMC Holistic Marketing Communication 전략은 콘텐츠와 관련해 통일된 이미지나 정보를 유지하면서 다양한 매체와 방법을 통해 광고·홍보하는 것을 지칭한다. 디지털 미디어를 포함해 다양한 매체의 증가로 소비자가 특정 매체에 노출될 가능성이 점점 낮아짐에 따라 다양한 매체에 촉진 전략을 구사할 필요가 있다. 전통적인 TV나 신문, 옥외 광고, 이벤트뿐만 아니라 포털사이트나 소셜미디어, 인터넷 동영상 서비스 사이트 등의 새로운 디지털 미디어를 활용해 일관된 이미지와

〈그림 9-6〉 HMC 전략
자료: 안종배(2012: 63).

정보를 제공한다면 보다 효과적인 프로모션이 가능할 것이다.

앞서 미디어 기업은 최신 정보통신기술 동향을 잘 이해하고 있어야 한다고 했으나, 나아가 정보통신기술 분야의 사업자들이 경쟁자가 될 수 있음 역시 인지하고, 이에 기반해 마케팅 전략을 세워야 한다. 정보통신기술 사업자들이 미디어 사업에 진입하는 사례가 점차 늘어나고 있다. 애플은 컴퓨터 디바이스를 생산하는 회사였으나, 지금은 사업 영역을 엔터테인먼트를 중심으로 한 미디어 산업으로 확대하고 있다. 더욱이 디지털 콘텐츠와 소비자의 접점이라고 할 수 있는 아울렛 디바이스를 장악함으로써 미디어 산업에 영향력을 행사하고 있다. 또한 아마존은 전자상거래 회사이지만, 아마존 프라임 비디오와 같은 OTT 서비스를 제공할 뿐만 아니라 오리지널 콘텐츠도 제작하고 있다는 점에서 미디어 영역에 주요한 참여자라고 할 수 있다.

그러나 미디어와 정보통신기술의 융합에 따른 새로운 경쟁자의 진입이 항상 위기를 가지고 오는 것은 아니다. 영화 산업의 경우, 지상파TV나 케이블TV의 발전이 초기에는 위기로 인식되었지만, 새로운 매체가 오히려 영화 콘텐츠의 2차 유통 채널 역할을 하면서 발전할 수 있는 계기가 되었다. 따라서 미디어 산업의 외부에서 진입하는 새로운 경쟁자들을 배척할 것이 아니라 혁신의 기회로 삼거나 협력을 통해 시장의 규모를 키우는 방향으로 가야 할 것이다.

브랜드 자산 창출

브랜드는 기업이 경쟁사들의 제품과 차별화할 목적으로 사용하는 명칭이나 상징, 디자인, 혹은 이것들의 결합을 의미한다. 브랜드는 단순히 기업을 대표하는 기능뿐만 아니라 기업의 중요한 무형 자산의 하나로 여겨진다. 소비자는 제품이나 기업 전체에 대한 인식과 느낌을 브랜드로 요약해 기억하기 때문에, 브랜드는 심벌 그 이상으로, 소비자와 관계를 구축하는 데에 촉매가 되어 소비자의 선호와 충성도를 획득하고 유지시키는 데에 큰 역할을 한다. 강력한 브랜드는 높은 브랜드 자산 가치를 갖는다. 브랜드 자산brand equity 은 브랜드에 대한 인식이 제품이나 서비스에 대한 고객 반응에 긍정적인 영향을 미치는 정도를 의미한다. 브랜드 자산 가치의 측정은 소비자가 브랜드 구매를 위해 추가로 지불하고자 하는 금액을 기준으로 측정할 수 있다. 예를 들어, 유사한 품질의 의류임에도 자신이 선호하는 브랜드에 대해 좀 더 많은 돈을 주고 구매할 의사가 있을 수 있는데, 이 경우 전체 고객의 추가적 금액의 합이 브랜드 자산의 가치라고 할 수 있다. 2020년 삼성전자는 504억 달러의 브랜드 자산 가치를 기록했고, 세계에서 가장 강력한 브랜드를 가진 애플의 경우 브랜드 자산의 가치가 2412억 달러에 이르렀다(*Forbes*, 2021).

브랜드 전략은 〈그림 9-7〉같이 4단계를 거쳐 수립된다. 브랜드 포지셔닝은

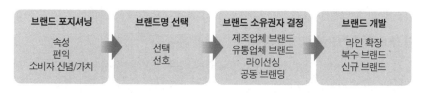

브랜드 포지셔닝	브랜드명 선택	브랜드 소유권자 결정	브랜드 개발
속성 편익 소비자 신념/가치	선택 선호	제조업체 브랜드 유통업체 브랜드 라이선싱 공동 브랜딩	라인 확장 복수 브랜드 신규 브랜드

〈그림 9-7〉 브랜드 전략 수립

목표 시장에서 자사 브랜드를 어떻게 위치 지을 지를 결정하는 것이다. 제품 속성, 편익, 소비자의 신념 및 가치를 고려해 브랜드 포지셔닝을 한다. 가장 기초적인 것은 제품의 속성에 기초해 브랜드 포지션을 정하는 것이다. 하지만 소비자가 관심을 갖는 것은 제품 속성 자체가 아니라 속성이 주는 그 무엇이기 때문에, 단순히 속성에 기초하기보다는 그 속성과 사용자 편익을 연계해 포지셔닝을 하는 것이 바람직하다. 나아가, 소비자의 신념이나 가치를 고려해 포지셔닝을 한다면 더욱 강력한 브랜드가 될 수 있다. 예를 들어, 대부분의 목표 고객들이 친환경에 대한 가치를 높게 평가하고 있다면, 그것을 반영한 브랜드의 자산 가치는 더욱 높아질 것이다.

다음으로 브랜드명을 선택하는 단계이다. 좋은 브랜드명의 특징은 다음과 같다. ① 제품의 편익과 품질을 전달, ② 발음하기 쉽고 기억이 용이, ③ 독특함, ④ 다른 제품 영역으로 확장 가능, ⑤ 외국어로 쉽게 변환, ⑥ 등록과 법적 보호 가능(Kotler & Armstrong, 2008). 브랜드명을 정한 후에는 브랜드 소유권자를 결정해야 한다. 기업은 자사가 브랜드를 소유하기도 하고, 혹은 유통업체나 라이선싱을 통해 다른 협력 기업에 브랜드를 사용하도록 하기도 한다. 브랜드 전략의 마지막 단계는 브랜드 개발이다. 라인 확장을 통한 브랜드 개발은 새로운 제품이 형태나 특징 면에서 기존 브랜드와 유사할 때, 기존의 브랜드명을 함께 사용하는 것을 말한다. 다양한 맛과 알코올 도수가 다른 소주가 출시되고 있지만, 모두 참이슬이라는 기존 브랜드명을 쓰는 것이 그 예가 될 수 있다. 브랜드 확장은 현재의 브랜드명을 새로운 제품 범주로 확장하는 것을 의미한다. Brink는 상업

사례: 버티컬 미디어와 버티컬 브랜드를 통한 미디어 기업의 브랜드 확장 전략

버티컬 미디어는 비즈니스 혹은 전문성 차원에서 특정 분야의 콘텐츠를 모 브랜드와 분리해 제공하는 매체를 의미한다(서영길, 2017). 버티컬 미디어는 새로운 브랜드명을 사용하기보다는 모 브랜드명을 포함함으로써 후광 효과를 활용하기도 한다. 국내 지상파 방송사의 경우 버티컬 미디어 전략을 통해 브랜드 확장을 시도해 왔다. KBS는 KBS 월드TV라는 해외방송 채널을 제공하고 있으며, KBS N이라는 자회사를 통해 KBS 드라마, KBS N 스포츠, KBS 키즈 등과 같은 케이블 채널을 운영하고 있다. MBC는 방송채널사업을 전담할 MBC플러스를 설립해 특화된 케이블채널들(MBC 드라마넷, MBC Every1, MBC 스포츠+, MBC 애니 등)을 운영하고 있으며 SBS 역시 SBS 스포츠, SBS 골프, SBS 플러스 등의 케이블 채널의 운영을 통해 채널 브랜드의 확장을 꾀하고 있다.

버티컬 브랜드는 사용자의 다양한 취향을 반영하기 위해 폭넓은 주제와 혁신적인 방식을 통해 모 브랜드의 콘텐츠를 전달하는 역할을 한다(서영길, 2017). 특히 레거시 미디어 사업자가 MZ 세대를 묶어두기 위해 적극적으로 활용하고 있는 방법이다. 대표적인 버티컬 브랜드는 SBS의 스브스뉴스와 비디오머그이다. 스브스뉴스는 카드뉴스와 유튜브 영상 형식 등 캐주얼한 방식으로 다양한 뉴스 콘텐츠를 제공하고 있으며, 비디오머그는 SBS에서 방영되었던 소식을 자막 뉴스나 팝업 뉴스 형식으로 제공함으로써 MZ 세대 인기를 확보하고 있다. 이 밖에도 경향신문은 향이네라는 버티컬 브랜드를 통해 각종 이슈를 쉽고 재미있게 전달하고자 했고, 조선일보의 조선2보는 페이스북에서 젊은 층의 문법에 맞는 전달 방식을 통해 구독자를 모으고 있다.

이런 브랜드 확장 전략은 기존 채널 브랜드 명성이 호의적이라면 브랜드를 공유함으로써 모 브랜드의 긍정적 연상을 확장된 프로그램으로 연결할 수 있다는 강점이 있어 케이블이나 위성방송 진출 시 자주 이용되고 있고, 시장 진입 측면에서 대체로 성공적이라는 평가를 받고 있다. 하지만 미디어 산업 측면에서 브랜드 확장은 출발점인 모 브랜드의 브랜드 자산을 우선적으로 강화시켜야 가족 브랜드를 포함한 확장 채널에도 긍정적인 영향을 미치며, 방송사들도 브랜드 포트폴리오 수에 대한 적절한 확산의 수를 조사해 브랜드 확장 채널을 순차적으로 도입하는 전략이 필요하다(윤홍근, 2019).

시설 보안에서 얻은 명성과 노하우를 기반으로 기존 브랜드명을 사용해 일반 주택보안시장Brink's Home Security에 진출했다. 또, 동일 범주 내의 제품들에 여러 개의 브랜드명을 사용하는 복수 브랜드 전략, 약화된 기존 브랜드명을 버리고 새로운 브랜드명을 도입하는 신규 브랜드 전략도 구사될 수 있다.

미디어 기업의 브랜드 관리

미디어 산업에서 브랜드는 주로 미디어 기업의 이름에 해당한다. 미디어, 특히 방송 콘텐츠를 제공하는 사업자들의 브랜드는 일반 상품과 다른 특징을 가지고 있다. 첫째로 콘텐츠 사용과 별개로 항시적으로 브랜드에 대한 노출이 가능하다. 또한, 콘텐츠의 소비가 브랜드 프로모션이 일어나고 있는 공간과 일치한다. 따라서 미디어 기업은 다른 제품에 비해 보다 우호적인 브랜드 프로모션 환경을 가지고 있다고 할 수 있다. 또 다른 특징은 미디어 부문에서 소비자의 충성도는 일반 제품 브랜드 충성도에 비해 낮다는 것이다. 소비자들은 일정 미디어 브랜드에 안주하기보다는 다양한 미디어 브랜드의 사용에 익숙해 있다. 콘텐츠의 디지털화로 다양한 채널을 통해 콘텐츠가 제공될 수 있는 현실에서 하나의 미디어 브랜드에 대한 충성도는 더욱 낮아질 수밖에 없다. 결국, 미디어 브랜드는 지속적인 브랜드 프로모션이 가능한 반면 충성도가 낮은 특징을 갖고 있다. 하지만, 다채널 시대에서 하나의 브랜드에 머무는 시간이 많지 않다고 한다면, 브랜드 프로모션의 지속성으로부터 오는 긍정적 효과는 미미할 것이다. 따라서 미디어 기업에게 보다 공격적인 브랜드 프로모션 전략이 요구된다.

SUMMARY

융합 현상에 따른 방송, 통신, 인터넷 사업자 간의 경쟁 심화는 미디어 분야에서 고객의 확보와 유지를 위한 마케팅 활동이 과거 어느 때보다도 중요해지고 있음을 의미한다. 마케팅 관리는 자사와 환경을 분석하는 3C(Customer, Competitor, Company) 조사로부터 시작되어,

STP, 즉 세분화(Segmentation), 표적화(Targeting), 포지셔닝(Positioning) 전략을 수립하고, 4P(Product, Price, Place, Promotion) 전략을 통해 다른 제품과의 차별성을 부과하는 과정을 거친다. 4P의 조합을 마케팅 믹스(marketing mix) 전략이라고 하는데, 미디어 산업에 적용하면, 제품 개발은 콘텐츠의 계획 및 개발에 해당하고, 가격은 수신료나 월정료, 혹은 회원료를 가리키며, 유통은 배급 채널을, 촉진은 말 그대로 광고 홍보를 의미한다. 그 외에 미디어 기업의 주요한 마케팅 전략의 예는 OSMU 전략, COPE 전략, 라이선스 전략, HMC 전략 등이 있다.

생각해 볼 문제

1. 인터넷 동영상 서비스, 이른바 OTT 서비스의 마케팅 전략을 마케팅 믹스 관점에서 서술하라.
2. 미디어 사업자의 고객 관리의 현황과 개선점에 대해 토의해 보자.
3. 스마트폰 확산에 따른 미디어 소비 행태의 변화에 대해 토의해 보자.
4. 미디어 사업자의 소셜미디어를 활용한 마케팅 전략에 대해 토의해 보자.
5. 미디어 기업이 글로벌 브랜드로 자리 잡기 위한 과제는 무엇인지 토의해 보자.

참 고 문 헌

대학내일20대연구소. 2021. "SNS 종류별 기능적 이미지 포지셔닝 맵". https://www.20slab. org/Archives/37785

라임라이트 네트웍스. 2020. "2020 온라인 비디오 사용 현황". https://www.limelight.com/ resources/market-research/state-of-online-video-2020/

류동협. 2013. 『해외 미디어 동향(2013) — 실패에서 배우는 미디어 기업의 생존전략』. 한국언론 진흥재단.

배현수·정윤혁. 2021. 「컨조인트 분석을 이용한 유료 OTT 서비스 계정공유 속성의 중요도 탐색 연구」. ≪한국통신학회논문지≫, 46(4), 708~721쪽.

서영길. 2017.8.22. 「언론의 실험공작소 '버티컬 브랜드'」. The PR. https://www.the-pr.co.kr/ news/articleView.html?idxno=22825

안소영. 2021.5.31. "미래 비즈니스 바꾸는 新인류 'MZ 세대'". ≪조선비즈≫. https://biz. chosun.com/industry/2021/05/31/57JHHZF4FBFCLGEKGKJI3IQ2VU/

안종배. 2012. 『콘텐츠 마케팅론』. 박영사.

윤홍근. 2019. 『미디어 브랜드의 진화』. 한국방송통신대학교출판문화원.

이지원. 2020.7.30. "MZ세대 넌 누구니". ≪더스쿠프≫. https://www.thescoop.co.kr/news/

articleView.html?idxno=40292

Forbes. 2021. "The World' Most Valuable Brands 2020." https://www.forbes.com/the-worlds-most-valuable-brands/#7c71290c119c

Kim, M. S., E. Kim, S. Hwang, J. Kim, and S. Kim. 2017. "Willingness to pay for over-the-top services in China and Korea." *Telecommunication Policy*, 41(3), pp.197~207.

Kotler, P. and G. Armstrong. 2008. *Principle of Marketing*, 12th Edition. Pearson: Prentice Hall.

Kotler, P. and K. L. Keller. 2006. *Marketing Management*, 12th Edition. Pearson: Prentice Hall.

Lauterborn, B. 1990. "New Marketing Litany: Four Ps Passé: C-Words Take Over." *Advertising Age*, 61(41), p. 26.

Trout, J. 2005.3. "Branding can't exist without positioning." *Advertising Age*, p.28.

10 미디어 기업의 기술 경영

모정훈

10장에서는 미디어 기업이 신기술에 대응하는 것이 왜 어려운지를 혁신 기업의 딜레마를 통해서 다룬다. 국내 신문 산업이 인터넷 기술에 의해 어떻게 경쟁력을 상실했는지를 살펴본 이후 새로운 기술에 어떻게 대응해야 하는지를 기술 전망, 양손잡이 전략, 개방형 혁신의 개념으로 설명한다. 마지막으로 미디어 기업에 중요한 기술들과 그 영향을 살펴본다.

혁신 기업의 딜레마와 기술 경영의 중요성

기술은 산업의 구조를 바꾸고 기업의 흥망성쇠를 결정하는 중요한 요인이다. 미디어 산업도 예외가 아닌데 TV 방송 기술은 라디오 산업을 쇠퇴하게 했고, 난 시청 지역 해소를 위해 개발된 케이블망 기술은 컴캐스트comcast 등의 케이블 사업자를 유료 방송의 주인공으로 만들었다. 최근에는 인터넷 기술을 기반으로 한 인터넷 TVIPTV 또는 OTT 사업자가 미디어의 주인공으로 떠오르며 기존 사업자를 어렵게 하고 있다.

신기술은 국내 방송 산업 생태계에 큰 영향을 주었다. 1995년에 국내에 도입된 케이블TV는 지상파방송국의 과점 체제에 균열을 일으켰다. 케이블망을 기반으로 한 종합유선방송사들은 방송 플랫폼을 독차지하면서 지상파방송사들의 고객 접점을 빼앗고 플랫폼의 위치를 차지했다. 또, 새롭게 생겨난 100여 개의 채널 사용 사업자PP들로 인해 TV 채널 수가 5개에서 100여 개로 대폭 늘어나면서 지상파 채널의 독점적인 지위가 약해지는 계기가 되었다.

신기술에 따른 산업 생태계의 변화는 미디어 산업뿐 아니라 모든 산업에서 나타난다. 하버드대학교의 경영학자 크리스텐슨 Clayton M. Christensen 교수는 기존의 주력 사업자Incumbent가 신기술에 의해서 시장에서 밀려나는 이유에 대해 연구했고, 이를 '혁신 기업의 딜레마Innovator's Dilemma'라 지칭했다(크리스텐슨, 2020).

혁신 기업의 딜레마는 기존의 주력 시장과 새로운 기술에 의해 만들어지는 신규 시장 사이에 끼인 기업의 의사 결정 딜레마를 지칭한다. 예를 들면, 1990년대 시게이트사Seagate는 저장장치인 5.25인치 하드디스크 드라이브 분야의 1위 사업자였다. IBM의 데스크탑 컴퓨터에 주로 사용되었던 5.25인치 드라이브는 좀 더 작은 크기의 노트북에 많이 사용되었던 3.5인치 드라이브의 등장으로 시장에서 퇴출된다. 시게이트사는 5.25인치 시장에서는 1위 사업자였지만 3.5인치 드라이브 시장에서는 1위 사업자 자리를 놓친다.

"시게이트사가 왜 신기술(3.5인치 드라이브)을 적극적으로 도입하지 않았나?"

라고 반문할 수 있을 것이다. 저자는 경영진의 입장에서 기존 기술(5.25인치 드라이브)을 고수하는 것이 당시의 상황에서는 합리적인 의사 결정이지만 그 합리적인 의사 결정이 결과적으로 향후 그 기업을 망하게 하는 원인이 될 수 있다는 점에서 '딜레마'라고 했다. 신기술 도입보다 기존 기술을 유지하는 것이 합리적인 이유는 다음과 같다.

첫째, 신기술의 초기 단계에서는 그 시장이 작은 틈새시장Niche이라서 기존 기업의 입장에서 현재의 큰 시장을 포기하고 신기술을 적극적으로 도입하는 것이 어렵다. 예를 들면, SK텔레콤은 '네이트온NateOn'이라는 유무선 통합메신저 상품을 먼저 출시하고도 후발주자인 카카오에 모바일 메신저 시장을 빼앗겼다. 조 단위 매출의 문자 시장을 파괴할 수 있는 모바일 메신저 시장에 적극적으로 진입하기가 어려웠기 때문이다. SK텔레콤 내부의 SMS 영업부서와 네이트온 팀과의 상충되는 이해관계 때문에 SK텔레콤은 새로운 시장에 적극적으로 진출하기가 어렵다.

둘째, 고객사가 신기술보다 기존 기술의 유지 및 향상을 원한다. 시게이트사의 주고객인 IBM사는 노트북용 소형 3.5인치 디스크보다는 좀 더 고성능의 5.25인치 드라이브를 요구했다. 이러한 상황에서 시게이트사의 경영진은 고객의 요구를 따르는 것이 합리적인 의사 결정이라고 볼 수 있다.

이러한 이유로 신기술을 채택하기보다는 기존 기술을 유지하면서 개선시키는 의사 결정을 하는 것이 기존 기업에게 합리적이지만 이는 결과적으로 기존 기업이 미래 시장에서 주도권을 잃으면서 도태되는 결과를 낳는다.

크리스텐슨 교수는 이러한 신기술이 시장을 와해시킨다는 의미에서 와해성 기술disruptive Technology이라고 칭하며 기존 기술sustaining technology과 구분했다. 〈그림 10-1〉은 기존 기술과 새로운 와해성 기술의 관계와 시장에서의 수용이 어떻게 발생하는지를 설명해 주는 모델이다. 두 개의 우상향하는 평행선은 각각 기존 기술 혁신(위)과 새로운 기술의 혁신(아래)을 시간 축에서 보여준다. 초기의 와해성 기술 성능은 사용자의 요구(점선)에 미치지 못한다. 따라서 그 시장은

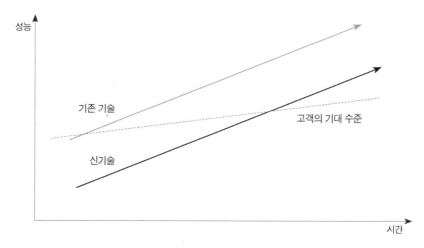

성능

기존 기술

고객의 기대 수준

신기술

시간

〈그림 10-1〉 와해성 혁신 모델

주 사용자는 외면하는 작은 틈새시장이 되고 대기업이 그 시장에 들어가는 것은 무리이다. 틈새시장 진입 대신, 기존 기업은 기존 기술의 향상에 몰두한다. 그 후 어느 시점에 그 신기술은 고객의 요구를 만족하는 수준까지 성능이 향상되고 그 시점에 많은 사용자들은 기존 기술보다 새로운 기술로 빠르게 전환하게 되어 기존 시장의 붕괴가 일어난다.

즉, 5.25인치 디스크는 기존 기술이고 3.5인치 디스크는 신기술이라고 한다면 3.5인치 디스크의 성능이 일정 정도에 도달하는 시점에 5.25인치 시장은 급격히 붕괴되어 사라지고 3.5인치 시장으로 재편된다.

넷플릭스는 1997년 캘리포니아의 로스가토스에서 시작된 벤처 회사이다. VHS에서 DVD로 변화하면서 크기가 작아져 우편배달이 가능해진 DVD를 우편으로 배달해 주는 소규모 시장을 통해 진입했다. 그 당시 미국 비디오 렌탈 시장의 지배자는 블록버스터 Blockbuster 였다. 2007년 온라인 VOD Video on Demand로 빨리 돌아선 넷플릭스는 그보다 늦게 진입한 블록버스터를 망하게 한 가장 큰 원인이 되었다. 블록버스터의 경우 기존 VHS에서 DVD로의 전환, 오프라인에서 온라인 전환이 넷플릭스에 뒤져 결과적으로 2011년 파산 신청을 했다. 블록버스터가 빠르게 진입하지 못한 이유는 성공한 기존 비즈니스와 신규 서비스 간의 이해 충돌 때문이었다. 넷플릭스는 그러한 이해 충돌이 없기 때문에 신규 시장에 빠르게 진입할 수 있었다.

유튜브는 2005년 캘리포니아 산마테오에서 세 명의 벤처 사업가가 시작한 일반인을 대상으로 한 온라인 비디오 공유 플랫폼이다. 2005년 5월 베타서비스 이후에 폭발적으로 성장한 유튜브사는 다음해 10월 온라인 검색 공룡인 구글사에 합병된다. 현재 유튜브는 전 세계적인 영상 공유 플랫폼으로 모든 미디어 산업에 영향을 주는 플랫폼으로 성장했다. 유튜브는 TV 중심의 미디어 소비를 온라인 중심의 미디어 소비로, 음악 콘텐츠의 소비도 인터넷 중심으로 바꾸어 방송 광고 시장을 흔들면서 기존 산업 구조를 크게 뒤흔들었다.

이러한 신기술은 처음에는 미약하지만, 점점 향상되면서 어느덧 기존 미디어 생태계를 뒤흔든다. 넷플릭스사가 처음 DVD 우편배달을 시작했을 때 아무도 블록버스터사가 망할 것이라고 생각하지 못했을 것이다.[3] 유튜브사도 크게 다르지 않다. 처음 시작할 때, 개인들이 공유하는 비디오의 품질 문제 등이 빈번했다. 그러나 시간이 지나면서 플랫폼이 점점 더 안정화되었고 현재는 전 세계인의 플랫폼으로 성장했다.

인터넷 기술과 미디어 기업의 대응: 신문사는 어떻게 경쟁력을 상실했나?

인터넷 기술은 1950년대 미국방성 DARPA 프로젝트로 시작해서 1990년에 개발된 월드와이드웹www 이후 본격적으로 대중화된 데이터 전달 기술이다. 인터넷 기술은 사용자 간의 커뮤니케이션 기능뿐 아니라 사용자와 기업 간의 비즈니스 플랫폼의 역할을 하는 기반 기술이다. 1990년대 후반 2000년대 초반에 인터

---

3) 그 당시 필자는 넷플릭스와 같은 건물의 한층 위에서 근무했었는데, 넷플릭스가 이렇게 성공적일 줄 미리 알았다면 이직했을 것이다.

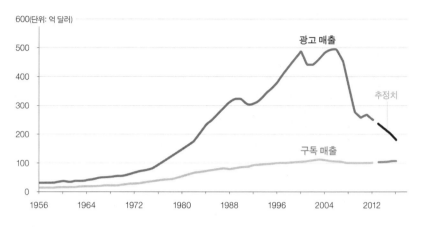

600(단위: 억 달러)

광고 매출

추정치

구독 매출

1956　1964　1972　1980　1988　1996　2004　2012

〈그림 10-2〉 미국 신문사의 매출 추이(1956~2017)
자료: Pew Research Center.

넷이 전 세계적으로 광범위하게 받아들여졌는데 〈그림 10-2〉는 인터넷 기술이 신문 산업의 미친 영향을 잘 보여준다.

〈그림 10-2〉는 1956년부터 2017년까지의 미국의 신문 산업 매출액이다. 인터넷으로 신문을 접하던 2005년을 정점으로 신문사의 광고 매출이 급격하게 감소함을 볼 수 있다. 2005년 490억 달러를 정점으로 2017년 140억 달러로 72% 감소했다. 수많은 신문사들이 경영난으로 2000년대 초반 문을 닫았고 2013년에는 미국 3대 일간지 중 하나인 워싱턴포스트가 인터넷기업의 대표 격인 아마존에게 매각되었다. 이는 기존 산업과 신산업의 세대교체를 상징하는 사건이었다.

국내의 신문사 상황도 크게 다르지 않다. 〈그림 10-3〉은 1996년부터 2020년 사이의 국내 종이 신문 구독률 추이다. 1996년 70%에 육박하던 구독률이 2020년 10분의 1 수준인 6.3%로 떨어졌다.

국내 신문사의 오프라인 구독률이 감소한 이유는 인터넷 신문사와 뉴스 포털의 등장 때문이다. 인터넷 신문의 장점인 신속성, 동영상 등의 뉴미디어 친화성, 그리고 낮은 운영비용 등을 특징으로 2020년 현재 오마이뉴스, 프레시안, 허핑턴포스트 등의 성공적인 신문사를 포함한 9896개의 인터넷 신문사가 등록되어

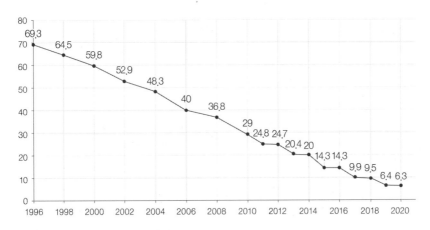

〈그림 10-3〉 국내 신문사의 구독률 추이
자료: 2020 언론 수용자 조사보고서.

있다. 기존에는 유통망 등의 유지비용이 진입 장벽으로 작용해 신문사의 숫자가 많지 않았으나 온라인화되면서 신문사의 숫자가 증가하는 추세이다. 신문사의 과점 구조가 온라인화로 인해 무너졌다.

국내 오프라인 신문사에 결정적인 타격을 준 것은 1998년에 시작된 뉴스 포털이다. 1998년 야후 코리아의 뉴스를 시작으로 2000년 네이버, 다음, 파란 등의 포털 사이트에서 뉴스를 제공한다. 포털사는 뉴스 콘텐츠를 자사의 포털사이트에 고객을 끌어들이는 수단으로 사용하고 사용자는 여러 신문사를 각각 방문하지 않고 한 곳에서 다양한 뉴스를 접할 수 있는 포털사를 통해서 뉴스를 소비한다. 구독자들이 포털 뉴스를 선호하면서 기존 신문사들은 플랫폼으로서의 고객 접점을 잃고 콘텐츠 제공자의 역할로 전락한다.

〈그림 10-4〉는 인터넷 이전과 이후의 각각 신문 산업의 구조를 보여준다. 왼쪽 그림은 인터넷 이전 신문사들이 고객 접점을 확보하고 광고주와 고객을 연결해주던 플랫폼 역할을 하던 구조이다. 신문사들은 각각 구독자들에게 독점적인 접근권을 유지하면서 높은 광고료를 유지할 수 있었다. 그러나 인터넷 시대 이후에 포털에게 고객 접점을 빼앗기면서 여러 개의 콘텐츠 제공자 중의 하나로

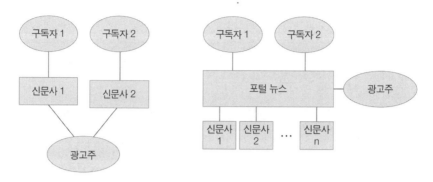

〈그림 10-4〉 인터넷 전(왼쪽)과 후(오른쪽)의 신문 산업의 구조

전락했다. 광고주들은 더 이상 독점적인 고객 접점을 확보하지 못한 신문사로부터 멀어지고 포털 뉴스 쪽으로 이전했다. 그 결과 신문광고 시장은 〈그림 10-2〉처럼 크게 줄어들고 온라인 광고 시장이 성장했다. 신문사에는 설상가상으로 인터넷 신문사의 수가 크게 늘면서 콘텐츠 간의 차별화가 되지 못하므로 신문 콘텐츠가 차별화된 상품이라기보다는 범용 상품commodity화가 진행되었다.

포털 뉴스의 도전에 신문사는 콘텐츠 제공 중단, 언론사 공동 플랫폼, 프리미엄 콘텐츠 유료화 등으로 대응했지만 성공적이지 못했다.

〈표 10-1〉은 신문사들의 콘텐츠 제공 중단 역사를 보여준다. 2004년 7월 5대 스포츠지들은 KT 주도의 파란.com과의 독점계약을 체결한다. 당시 상위 5대 포털이었던 네이버, 다음 등에 기사 제공을 금지하는 조건으로 2년간 총 120억 원을 받기로 했다. 그러나 파란.com의 경영난으로 2년의 계약기간을 채우지 못하고 스포츠지들은 제자리로 돌아오게 된다. 스포츠지 기사가 주요 포탈에 올라오지 못하는 동안 OSEN 등의 신생 인터넷 전문 스포츠/연예 신문사가 약진했고 5대 스포츠신문사는 신생 업체와 경쟁하면서 경영 여건이 더욱 악화되는 계기가 되었다.

2008년 조선·중앙·동아 등 주요 일간지들은 미디어다음에 기사 제공을 중단했다가 2010년에 재개했다. 2013년에는 네이버에 기사 제공 중단을 했다가 다

기간	참여 신문사	경과
2004.7~2005.7	스포츠지	스포츠지 5개사가 파란.com에 2년간 120억 원에 독점 제공, 2005년 재개
2008.7~2010.12	조선, 중앙, 동아, 문화, 한경, 매경	미디어 다음에 콘텐츠 공급 중단, 2010년 재개
2013.7~2014.9	조선, 중앙, 동아, 매경, 한경	네이버에 콘텐츠 공급 중단, 2014년 재개
2009.6~2015.2	조선, 중앙, 동아, 매경	네이버 모바일 기사 제공 거부, 2014년부터 재개

〈표 10-1〉 신문사의 뉴스 제공 중단

음 해에 재개했다. 기사 제공 중단이 포털에게는 큰 타격을 주지 못한 반면 신문
사들의 유입 트래픽은 약 50%씩 감소했다. 이는 증가한 인터넷 신문사들이 대
체재 역할을 톡톡히 했기 때문이었고, 온라인 세상에서 메이저 신문사들의 힘이
어떤지를 보여주었다. 네 번째의 기사 제공 중단은 모바일 플랫폼에서의 주도권
을 놓고 2009년부터 2015년까지 5년 이상 진행되었지만 2014년 10월 조선일보
를 시작으로 차례로 기사 제공을 개시했다.

　신문사의 또 다른 시도는 신문사 공동의 플랫폼으로 대응하는 것이었다.
2007년 조선일보의 주도로 뉴스뱅크 사업을 출범했다. 뉴스뱅크는 포털뉴스와
동일한 모델로 경쟁을 하는 것은 아닌, 기사와 사진을 유료화하는 신문사 공동
플랫폼으로 포지셔닝했다. IT 기술 기반의 네이버 뉴스와 경쟁하기엔 아무래도
신문사의 기술 기반이 부족하기 때문이다. 결과적으로 이 사업은 중앙일보 등이
빠지고 매출 규모가 그다지 크지 못해서 흐지부지 되었다.

새로운 기술에 어떻게 대응할 것인가?

　기술은 미디어 산업의 전략적 결과를 결정짓는 중요한 요인임에도 불구하고
미디어 산업과 전문가들은 보통 콘텐츠의 제작과 생산 측면에서 미디어 산업을
논하는 경향이 있다. 기술을 2차적인 변수로 취급하고 경시하는 것이다. 학계에
서도 기술 혁신에 대한 기업 차원의 대응은 미디어 학자들의 많은 관심을 받지

못했다(루시 큉, 2013).

하지만 새로운 기술에 대한 대응은 미디어 기업의 경쟁력을 결정하는 주요 요인이었다. 세계적인 애니메이션 기업인 월트 디즈니사는 신기술을 적극적으로 도입했다. 1928년 최초 동작 일치 녹음 기술 도입, 1932년 최초 3색 컬러 도입 등 기술 혁신의 역사는 픽사PIXAR사와의 협업으로 최초 3차원 애니메이션 영화 도입으로 현재까지 이어지고 있다. 그러나 신기술에 대한 경쟁력을 확보하지 못한 기업은 신문사의 예에서 볼 수 있듯이 매출 감소와 먹이사슬의 밑으로 조금씩 내려가게 된다. 이러한 기업들은 사라지기도 하지만 새로운 변화에 적응해 공생하기도 한다. 예를 들면, 할리우드는 TV 등장에 적대적이었지만 영화 산업은 TV와 함께 결과적으로 공생을 하면서 성장했다(루시 큉, 2013).

신기술에 대한 대응은 기술과 함께 발전해 온 미디어 기업에는 밥 먹는 것처럼 당연한 일이다. 새로운 기술을 적절히 획득하고 관리·활용함으로써 경쟁 우위를 유지하는 기업이 존속하기 때문이다. 이러한 대응의 시작은 기술에 대한 꾸준한 모니터링과 기술 전망을 통해 신기술의 전략적 의미를 파악하는 것이다. 기술이 가져다줄 변화의 모습이 점진적인 것인지 아니면 단속적인 것인지를 파악하는 것이다. 오라일리O'Reilly와 투쉬만Tushman은 기업 조직을 양면적으로 유지해야 한다고 역설했는데 이를 양손잡이 전략이라고 했다. 신기술 대응 역량이 떨어지는 미디어 기업은 외부 자원을 활용하는 개방형 혁신을 고려하는 게 도움이 될 수 있다.

기술 모니터링과 기술 전망

새로운 기술에 대한 대응의 첫 번째는 신기술에 대한 꾸준한 모니터링이다. 어떠한 신기술들이 시장에 도입되고 있는지를 관찰하고 이 기술들의 함의를 파악하는 것이다. 기술이 가져오는 변화는 급진적radical일 수도 있고 점진적incremental일 수도 있다. 점진적인 기술은 산업 생태계의 변화보다는 성능과 고객 만족 향상을 통한 기존기업의 시장경쟁력 확대를 가져온다. 하지만 와해성 기술

disruptive technology은 시장 생태계를 변화시킬 수 있기 때문에 기업에게는 전략적 대응을 요구한다. 기술 모니터링과 기술의 성격 파악하는 것은 기업의 기술 전략을 위한 기초 작업이라고 할 수 있다.

미래 연구의 일환인 기술 전망은 현 시점에서 의사 결정이나 전략 도출을 목적으로 미래에 대한 정보를 수집한 뒤 체계적인 중장기 비전을 수립하는 과정이다. 기술 전망은 1984년 어빈Irvine과 마틴Martin의 저서에서 처음 사용되었으며 2000년 이후 활발하게 사용되고 있다. IBM, GE 등의 해외 유수한 대기업들은 대부분은 미래 예측 부서를 상설로 두고 있고 국내에서도 삼성, LG, KT 등에서 미래 연구를 수행 중이다(이성주, 2013).

기술 전망은 과거 추세로부터 미래를 그려보는 기술 예측forecasting과는 차이가 있다. 기술 예측이 과거와 연속선상의 미래를 예측하는 방법이라고 한다면 기술 전망은 불확실성이 증가한 시대에 단속적인 미래의 모습을 찾으려는 방법론이다. 과거의 데이터를 전적으로 의지할 수 없기 때문에 기술적 소양뿐 아니라 사회·문화·경제 등의 인문학적 소양 등이 필요한 방법론이다. 기술 전망으로부터 전략을 수립하는 방법론으로는 시나리오 분석, 델파이 분석, 기술 로드맵 등이 있다. 하나의 일관적인 과학적인 방법론이 존재하지는 않지만 이러한 방법들은 전문가의 의견을 효과적으로 수집하고 이를 토대로 의사 결정을 지원하기 위해 고안된 방법들이다. 독일 지멘스사의 '비즈니스의 미래Future of Business' 방법론은 참조할 만하다(박병원, 2011).

양손잡이 경영

오라일리와 투쉬만은 그들의 저서 『선도하고 혁신하라Lead and Disrupt』에서 전통적인 경영 방법으로는 혁신 기업의 딜레마를 풀기 어렵고 오래 지속하는 기업이 되기 어렵다고 했다(O'Reilly and Tushman, 2016). 빠르게 변화하는 환경에서 조직이 살아남기 위해서는 리더는 모순되는 두 가지 일을 해야 하고 이를 양손잡이 경영ambidexterity이라고 했다. 이 두 가지 일은 기존의 주력 산업에서 지속적인 개선을 통해 성공하는 동시에 새로운 비즈니스의 기회를 탐색하면서 이 새로운 비즈니스에서 경쟁할 수 있는 조직을 만드는 것이다.

양손잡이 경영은 말하기는 쉽지만 실행하기는 어려운 전략이다. 대기업에서 대기업의 일을 하면서 벤처 경영을 동시에 하라는 말과 비슷하다. 서로 다른 성격의 조직을 하나의 조직 안에서 유지하면서 서로 시너지를 만들어야 하는 일이므로 결코 실행이 쉽지는 않지만 두 분의 노교수들은 이 방법이야 말로 기업의 지속성을 보장해 준다고 말한다.

양손잡이 경영을 신문사에 적용하면 기존 종이신문 비즈니스를 잘 경영하면서 동시에 인터넷 분야에서 지속 가능한 비즈니스 모델을 만드는 것이다. 말하기는 쉽지만 우리는 앞 절에서 국내의 신문사들이 많은 노력에도 불구하고 두 번째 부분에서 크게 성공하지 못했다는 것을 알고 있다. 미국의 신문사 USA 투데이의 양손잡이 경영 사례를 살펴보자.

1982년에 창간된 USA 투데이는 1990년대 말 사업은 번창했으나 다른 모든 신문사와 마찬가지로 미래는 불확실했다. 전통적인 종이신문 비즈니스를 넘어 새로운 혁신이 필요하다는 것을 알고 있던 CEO 톰 컬리Tom Curley는 1995년 온라인 신문사인 USAToday.com을 시작했다. 새로운 조직에 운영의 자율권을 주고 직원들은 외부에서 뽑아 기존 조직과 독립적인 조직으로 출발했다. 좋은 출발이라고 생각했지만 5년 후의 성과는 실망스러웠고 성장 속도는 느렸다.

서로 다른 문화를 갖고 있는 두 개의 조직을 같이 운영하는 것은 힘든 일이다. 두 개의 조직이 하나로 합쳐지면 그룹 간의 경쟁 관계가 나타나는 경우가 일반적이다. USA 투데이도 마찬가지였는데, 구조직의 기자들은 신조직의 젊은 직원들을 경쟁 관계로 여겨 기사 등을 공유를 하지 않았고, 신조직은 기존 조직의 레버리지를 활용하지 못했다. USA 투데이의 도전은 기존 신문사의 성공을 잘 유지하면서 이를 레버리지로 온라인 USAToday.com과 TV 방송국을 혁신 성장하는 조직으로 탈바꿈하는 것이었다.

이를 위해 조직 개편과 경영진 교체를 단행했다. USAToday.com의 조직장을 네트워크 전략의 지지자로 교체했고 TV 부분 USAToday Direct의 조직장은 외부에서 영입했다. 네트워크 전략에 협조하지 않는 간부들 여러 명을 해고해 모든 직원들에게 네트워크 전략의 중요성을 알렸다. 세 개의 조직은 각각 독립적인 운영과 문화를 유지하지만 또 동시에 시너지를 낼 수 있는 소통과 협조가 요구되었다.

세 조직장들은 매일 편집회의를 해서 세 조직의 경영진들이 소통할 수 있도록 했고 실무진들은 기사를 공유하도록 함으로써 소통을 할 수 있는 조직을 만들었다. USA 투데이의 기자들이 기사를 공유할 수 있도록 승진과 인센티브를 제공했다. 또, 전략 성공에 필수적인 기자들의 협력을 이끌어내기 위해서 기자들에게 TV와 온라인 방송 훈련을 시키고 TV와 온라인 방송에 직접 노출할 수 있는 기회를 제공했다. 세 조직 간에 인사이동을 장려하는 방향으로 인사 정책을 바꾸었다.

이러한 노력의 일환으로 세 개의 팀은 독립적이면서도 서로 시너지를 낼 수 있는 조직으로 탈바꿈했다. 이를 통해 USA 투데이는 서로 다른 비즈니스를 하는 3개의 독립된 유닛으로 나누어져 있지만 강력한 경영진의 관리를 받고 세 비즈니스를 아우른다는 목표를 가진, 통합된 양손잡이 조직이 될 수 있었다. USA 투데이는 주간 종이신문 발행부수 72만 부로 미국 1위 사업자이고 유료 온라인 가입자 수 50만, 일 방문 구독자 수 260만의 성공적인 온오프라인 신문사이다.

오픈 이노베이션과 인수·합병

신문, 방송 같은 레거시 미디어는 기술 기반의 경쟁자 때문에 혁신에 대한 압력은 매우 크지만, 새로운 혁신으로 미디어 산업을 이끌어 갈 자신들의 혁신 경영 능력은 거기에 미치지 못한다. 따라서 그들은 자신들의 경쟁력을 키우고 혁신성을 개선시킬 새로운 혁신 경영 전략이 필요한데, 개방형 혁신Open Innovation 은 그 대안이 된다. 버클리대학교의 체스브로Henry Chesbrough 교수에 의해 제시된 개방형 혁신은 혁신을 조직 내의 자원만으로 하는 것이 아니라 조직 내부와 외부 자원을 적극 활용해 혁신을 함으로써 신속성, 비용 감소, 성공 가능성 증대를 추구하는 방법이다(Chesbrough, 2003). 자사 자원의 한계를 외부와 협력하는 생태계를 만들어 극복해 나가는 것이다.

개방형 혁신은 외부에서 아이디어를 얻어 기업이 상업화하는 내향형과 기업이 아이디어를 외부에 내보내서 다른 비즈니스 모델을 통해 사업화하는 외향형으로 구분된다. 내향형 혁신은 기술 구매, 공동 연구, 위탁 연구, 합작벤처 설립, 벤처 투자, 기업 인수, 집단지성 활용 등이 있고 외향형 개방은 기술 판매, 분사 등이 있다.

구글, 시스코, P&G 등 유수한 글로벌 기업들은 이미 이러한 방법을 채택해 사용하고 있다. 구글은 개방형 혁신을 자사의 핵심 전략으로 채택해 사용한다. 구글의 모든 서비스는 고객의 피드백을 기반으로 개선된다. 구글의 메일 서비스인 지메일gmail은 확장 프로그램을 통해 사용자가 다양한 기능을 개발, 추가할 수 있고 사용자 반응이 좋은 기능들은 채택되어 서비스 향상에 이용된다. 사용자는 개발자이면서 시험자이기도 하다. 네트워크 장비회사인 시스코는 A&D Acquire and Develop라고 불리는 인수·합병 전략을 통해 혁신을 이루는 대표적인 회사이다. 1984년 설립된 이후 200개 이상의 회사를 인수했으며 이는 매년 평균 6개의 회사를 인수·합병한 것이다. 자체 연구 조직을 없애고 인수한 회사를 통해 신기술을 획득한 대표적인 회사이다. C&D Connect and Development라고 불리는 P&G사의 개방형 혁신은 외부의 네트워크를 통해 새로운 아이디어를 얻고 내부의 자산과 노하우를 결합해 개발하는 방법론이다.

개방형 혁신 방법 중의 하나인 기업 인수는 기업이 새로운 시장에 빠르게 진출할 수 있게 한다. 국내 기업들의 기업 인수도 최근 활발한데, 삼성전자는 2016년에 자동차 전장 사업체인 하만을 인수했고 현대자동차는 2021년에 로봇회사인 보스턴 다이내믹스를 인수했다. 카카오는 2016년에 음악스트리밍 업체인 멜론을 인수했고 구글은 유튜브를 인수해 OTT 시장의 최강자가 되었다. 이처럼 기업 인수는 새로운 시장에 빠르게 진출할 수 있는 기회를 제공한다는 점에서 매력적이지만 항상 성공적이지는 않다.

미국의 통신업체 AT&T는 2018년 타임워너사를 인수·합병해 최대의 통신, 콘텐츠, 엔터테인먼트 그룹을 만들었다. 유무선 통신사업의 AT&T와 워너브러더스의 영화, CNN 뉴스채널, HBO 영화 채널 등을 모두 소유한 공룡 기업이 되었지만 OTT 시장에서 그다지 성공적이지 못했다. AT&T의 HBO 맥스는 넷플릭스, 아마존 프라임, 디즈니플러스에 이은 4위 업체였다. OTT 시장의 재도전을 위해 2021년 5월 다큐멘터리의 강자인 디스커버리와 합병을 발표했다. AT&T는 위성방송업체 다이렉TV도 2014년 인수했지만 성공적이지 못해서 2021년 초 분리시켰다. 인수·합병이 항상 성공적이지는 않은 것이다.

미디어 기업과 새로운 기술들

인공지능AI 기술은 1950년대 존 메카시가 다트머스회의에서 제안한 기술로 두 번의 부침을 거치고 현재 딥러닝이라는 기술이 이미지 인식과 자연어 처리에서 돌파구를 만들어 세 번째 전성기를 누리고 있다. 빅데이터 기술은 스마트폰과 IoTInternet of Things 기기의 보급으로 많은 개인 데이터가 쌓일 수 있는 환경에서 데이터에 기초한 의사 결정을 할 수 있는 기반을 만들고 있다.

이 두 기술이 결합해 활용되는 분야는 정치/사회, 경제/경영, 문화, 과학기술 등 모든 분야에 적용되고 있는데 특히 넷플릭스, 아마존, 유튜브에서 사용되고 있는 개인화된 추천 기술은 미디어 산업에 크게 영향을 미치고 있다. 넷플릭스는 영화를 추천할 때 사용자의 개인 시청 이력을 이용해 비슷한 사용자를 찾고 비슷한 시청자의 기록을 이용해 영화를 추천한다. 아마존은 구매자에게 상품을 소개할 때 구매자의 검색 기록과 구매 내역 등을 이용해 구매자의 소비 성향 등을 파악한다. 아마존은 연관성 분석을 통해서 상품 A를 산 소비자가 많이 살 가능성이 높은 상품들을 추천함으로써 구매율을 높이는 방식을 사용한다. 유튜브는 광고 추천에 개인화된 정보를 사용한다. 이는 기존의 키워드 검색광고를 좀

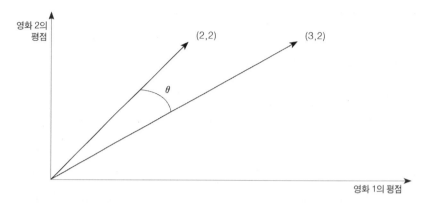

〈그림 10-5〉 코사인 유사도

더 정교하게 할 수 있는 기반으로 개인의 정보를 사용하게 된다는 것이다.

추천 기술: 개인화된 미디어

협업 필터링Collaborative Filtering이라고 불리는 넷플릭스의 영화 추천 기술은 영화, 뉴스 등의 콘텐츠뿐 아니라 상품들을 추천하는 등 다양하게 사용되고 있다. 여기서 협업이란 다른 사람의 데이터도 사용한다는 의미에서 도와준다는 뜻의 'Collaborative'이고 필터링은 거른다는 뜻인데 수천 편의 영화 중에서 원하는 것만 통과시켜 보여준다는 의미이다. 즉 다른 사람의 데이터를 사용해서 원하는 영화를 추천해 준다는 뜻에서 협업 필터링이다. 예를 들어 A와 B의 영화 취향이 비슷하면 B가 본 영화 중에 A가 보지 않는 것을 A에게 추천해 주고 반대로 A가 본 영화 중에 B가 보지 않은 것을 B에게 추천해 주는 개념이다. 영화 취향이 비슷한지를 평가할 필요가 있는데 여기에 유사도similarity를 사용한다. 다양한 유사도 평가 방법이 존재하고 있고 그중 코사인 유사도는 두 벡터 간의 사이 각으로 유사도를 평가하는 방법이다. 예를 들어, A가 본 두 편의 영화들의 평점이 (3, 2), 그리고 B가 본 동일한 영화에 대한 평점이 (2, 2)라면 〈그림 10-5〉에서 보듯이 이 두 벡터의 사잇각 θ의 코사인값이 코사인 유사도이다.

예를 들어 두 사람의 평점이 일치한다면 두 벡터는 동일한 벡터이고 사잇각은 0도가 되어서 코사인 유사도 값은 cos(0)인 1이 된다. 만약 두 사람의 영화 평점이 정반대로 엇갈려서 각각 (5, 0), (0, 5)점이 되면 사잇각은 90도가 된다. 이때 코사인 유사도는 cos(90)인 0이 된다. 즉, 평점이 비슷하면 1에 가까운 값을, 비슷하지 않으면 0에 가까운 값을 갖게 된다. 이 특징을 이용해 비슷한 사용자를 선택한 후 비슷한 사용자가 좋아했던 미시청 영화를 추천해 주는 기법이 넷플릭스가 사용하는 협업 필터링[4]이다.

추천 기술이 미디어와 결합하면 미디어의 개인화를 야기한다. 개인이 원하는 콘텐츠를 얼마나 잘 추천해 줄 수 있는가가 경쟁력이다. 모두 함께 본다는 의미에서의 방송Broadcasting이 위협받고 있다. 방송에서의 편성이 추천 기술에 의해 대체되고 있다. 유튜브는 이미 개인화된 추천을 기반으로 한 스트리밍을 송출하고 있다.

자동 번역 기술: 콘텐츠 국경이 사라진다

최근 자동 번역 기술이 급속도로 고도화되고 있다. 구글사의 구글번역google translate은 이미 100개 이상의 언어를 지원하고 네이버사의 파파고는 13개 언어를 지원하며 번역 성능도 훌륭하다. 자동 번역 기술은 규칙 기반 번역기RBMT: Rule based Machine Translation에서 통계적 번역기SMT: Statistical Machine Translation를 거쳐 신경 기계 번역NMT: Neural Machine Translation으로 진화했다. RBMT는 초기의 기계 번역기로 문법 등을 규칙화해 번역했다. 규칙을 잘 따르는 경우엔 번역 성능이 좋으나 구어체나 비문의 경우 성능이 급격히 낮아지고 복잡한 문법의 언어는 개발 및 유지 보수 비용이 많이 드는 단점이 있다. SMT는 빅데이터가 확보되면서 가능해진 방법으로 RBMT보다 자연스러운 번역 결과를 내는 등 많은 성능 향상을 이루었다. 통계적 방법은 다음의 조건부 확률에 기반한다.

---

4) 이 방법은 사용자 중심 추천이다. 이외에도 아이템 중심 추천, 하이브리드 추천 방법 등이 있다.

$$P(E|K) \propto P(E)\,P(K|E)$$

한글 문장 K가 주어졌을 때 가장 확률이 높은 영어 문장 E는 무엇인가가 좌변의 P(E|K)이고 이것을 우변의 두 개의 모델 P(E)와 P(K|E)을 기반으로 계산한다. 이 조건부 확률을 최대화하는 방법으로 번역을 하는 것이 통계적 번역이다. 여기서 P(E)는 적절한 영어로 쓰인 표현인지를 표현하는 확률 모델이고 P(K|E) 한국어와 적절하게 매칭되었는지를 표현하는 번역 모델이다. 이 두 가지 확률 모델이 통계적 방법의 핵심이다.

예를 들면 "상우가 TV에 나왔어요"의 번역을 찾을 때 첫 번째 부분인 P(E)에서는 적절한 영어인지를 체크하고 두 번째 번역 모델에서 한국어와 영어가 적절하게 번역되었는지를 체크한다. 이 값들을 확률값으로 표현하고 그 곱이 가장 높은 번역을 제안해 주는 방법이다.

〈표 10-2〉의 다양한 영어 표현 중 문법적으로 적절한 표현은 3, 4 그리고 6번째 문장이고 원래의 한글에 상응하는 표현은 1, 2, 4, 그리고 5번의 영문이다. 두 가지 모델에서 모두 적절한 표현인 4번째 문장 "Sangwoo appeared on TV"를 번역의 결과로 제시해 준다.

이 통계적 방법의 경쟁력은 데이터이다. 많은 영어와 한글 문장 데이터를 기반으로 확률 모델을 만들 수 있기 때문이다. 많은 문장을 이용해 확률값을 학습

	언어 모델: 적절한 영어? P(E)	번역 모델: 한국어에 잘 매치? P(K|E)
Sangwoo appeared in TV.		V
In Sangwoo appeared TV.		V
Sangwoo is happy today.	V	
Sangwoo appeared on TV.	V	V
TV appeared on Sangwoo.		V
Sangwoo was not happy.	V	

〈표 10-2〉 통계적 언어 번역

하고 이 학습된 확률값을 통해서 적절한 번역을 제안하는 방식이기 때문에 데이터베이스의 양이 번역기의 품질을 좌우한다고 해도 과언이 아니다.

대다수의 NMT 기술은 인공지능망 RNN: Recurrent Neural Network 을 사용한다. 원문의 문장을 벡터로 치환하고 이 벡터를 이용해 대상 언어의 문장을 생성한다. 벡터 생성과 벡터로부터 문장 생성을 위해서는 많은 학습 데이터가 필요하다. NMT 기술은 SMT보다 문장이 더 매끄럽고 번역 오차를 50~80%정도 감소시킨다고 보고되고 있다. Google 번역기는 2016년 인공신경망 기술을 도입해 성능을 대폭 개선했다.

자동번역 기술은 외국인과의 소통에도 중요하지만 미디어 산업에도 큰 영향을 끼친다. 미디어 산업(방송과 출판)은 대체적으로 로컬 산업이다. 방송 같은 경우 규제 기관의 허가를 받아야 하기 때문에 외국 기업들이 진출하기가 어렵다. 또 언어의 장벽이 있기 때문에 출판물의 경우엔 동일 언어권에서 유통되는 것이 대부분이다. 그러나 이러한 지역성이 사라지고 있다. 콘텐츠의 국경이 없어지고 있다. 인터넷을 통한 유통이 국경의 바운더리를 없애고 있고 자동 번역 기술의 발전은 언어의 장벽을 없애고 미디어 산업의 세계화에 가속도를 내게 할 것이다.

유튜브는 자동 번역auto-translate 기능을 2012년부터 제공해 오고 있고 현재 100개가 넘는 언어에 대해 자동 자막 기능을 제공하고 있다. 이러한 기능을 이용하면 해외에서 만들어진 타언어로 만들어진 콘텐츠를 소비하는 것이 가능하다는 이야기다. 소비할 수 있는 콘텐츠의 양이 폭발적으로 증가할 수 있는 계기가 될 것이다. 국내의 플랫폼 등은 아직 이러한 자동 번역 기능들이 탑재되어 있지 않은데, 향후 경쟁력에서 뒤쳐질 수 있는 요인이다.

GPT-3: 초거대 인공지능 언어 모델

인공지능에서 괄목한 만한 성장을 이루고 있는 분야 중의 하나가 자연어 처리이다. OpenAI사는 2020년에 GPT-3라는 언어 모델을 공개했는데 이는 우리가 영화에서 보던 사람과 기계의 자연스러운 대화를 가능하게 해주는 모델이다. GPT-3는 3000억 개의 데이터로 사전 학습받았으며 1750억 개의 매개변수를 사용해 자연어 처리에서 뛰어난 성능을 자랑하며 인간과 기계의 자연스러운 대화의 가능성을 보여주는 첨단 모델이다. GPT-3의 GPT는 Generative Pre-trained Transformer의 약자이고 '3'은 GPT-1, GPT-2에 이은 세 번째 모델이라는 뜻이다. 이 GPT-3의 성능은 매우 뛰어난데 자연어를 컴퓨터 코드로 바꿔주는 것도 가능하고 미디어 콘텐츠 생성 자동화에 사용될 수 있다.

GPT-3를 사용한 DALL-E 응용은 문자로 설명을 하면 이것을 자동으로 그림으로 그려준다. 예를 들어, "아보카도 모양의 안락의자"라고 쓰면 자동으로 〈그림 10-6〉 같은 모양들이 생성된다.

GPT-3를 이용한 광고 제작도 가능하다. GPT-3에게 광고할 상품의 이름과 몇 문장을 주면 자동으로 광고 문안copy를 생성해 준다. 이 생성된 문안은 text to voice 기능을 이용해서 플레이하고 기존의 video DB와 music DB에서 영상과 음악을 자동으로 생성한다. 광고 제작비가 거의 들지 않는 상황이 연출된다. 광고영상을 몇 분 만에 만들 수 있다(https://mortenjust.com/ this-ad-is-about-you/ ?ref=gptcrushdemosofopenaisgpt3).

국내에서도 GPT-3같이 우수한 초대규모 인공지능 모델을 개발하고 있다. 네이버는 2021년 하이퍼클로바라는 언어 모델을 공개했다. 통신사인 KT는 자신들의 인공지능 스피커인 기가지니를 초거대 AI모델로 개발하려고 하고 있다.

TEXT PROMPT   an armchair in the shape of an avocado....

AI-GENERATED
IMAGES

Edit prompt or view more images↓

〈그림 10-6〉 GPT-3를 이용한 그림
자료: https://openai.com/blog/dall-e/

SKT와 카카오도 초거대 AI 공동 개발을 하기로 했고 LG는 2022년 상반기까지 파라메터 1조 개의 초거대 AI 계획을 하고 있다.

초거대 AI는 많은 지각 변동을 예고하고 있다. 사람처럼 대화하는 인공지능에 더 접근할 것으로 생각되는 초거대 AI로 공상과학 영화에서 사람과 대화하는 기계들이 조만간 현실화될 것으로 보인다. 이는 구글의 페이지랭크pageRank 기반 검색엔진을 과거로 유물로 만들 수 있다. 질문에 바로 답해줄 수 있는 똑똑한 녀석 때문에 검색할 필요가 없어질 수 있다(Heaven, 2021).

콘텐츠의 요약/추천 기술

콘텐츠의 양이 증가할수록 콘텐츠를 자동으로 요약/추천해 주는 기술이 더 중요해진다. 웹의 역사를 보면, 인터넷 서비스 초기에는 디렉토리 서비스로 시작해서 후에 검색 기반의 광고 서비스로 진화한다. 초기의 디렉토리 서비스 모델로 성공한 회사는 야후Yahoo!였다. 야후는 웹사이트를 여러 개의 카테고리로 분류하고 그 카테고리에 해당하는 회사를 리스팅해 주었다. 그러나 웹사이트의 수가 천문학적으로 늘어나자 분류 기반의 디렉토리 서비스는 한계에 도달했고 검색 서비스를 제공해 주는 구글이 등장했다. 많은 검색회사들이 등장하고 그중 구글의 페이지랭크 알고리듬이 살아남아서 검색 시장의 대부분을 차지했다.

비디오 콘텐츠의 양이 많아지면 웹사이트와 마찬가지로 원하는 콘텐츠를 잘 찾아서 제공하는 기술이 중요해진다. 비디오 검색 기술과 함께 중요한 기술은 비디오 콘텐츠 내용을 요약해 주는 기술이다. 이는 비디오에서 메타데이터를 추출하는 기술 혹은 비디오 요약본을 자동으로 생성해 주는 기술 등이 있다. 이러한 최근 클립 동영상처럼 작은 크기의 동영상을 LSTMlong short term memory 등의 인공지능 기반으로 자동 생성하는 연구가 진행 중이다. 현재 연구 단계인 이러한 기술들은 수년 내로 상용화될 것으로 예상된다.

요약 기술 중 '이미지 to 텍스트image to text' 기술은 그림을 보고 그 그림을 설명하는 단어나 문장을 뽑아내는 기술이다. 주어진 이미지에 합성 곱 뉴럴 네트워크CNN를 이용해 주요 특성feature를 추출하고 이를 RNN망에 입력해 텍스트로 전환한다. GPT-3에서는 텍스트 투 이미지 사례를 설명했는데 그 기능의 정반대라고 생각하면 된다.

'비디오 to 텍스트video to text' 기술은 비디오 영상을 보고 그 영상을 적절하게 설명하는 문장을 만드는 기술이다. 수많은 영상들이 CCTV에서 생성되고, 이것을 사람이 모두 감시하는 것이 불가능하므로 자동으로 중요 영상 클립을 만들고 또 중요한 영상을 문장으로 요약하는 기술들이 활발히 연구되고 있다.

이미지 to 텍스트 기술은 이미 상용화 단계로 테슬라의 오토파일럿autopilot 등에서 사용되고 있다. 화면에 보이는 이미지를 텍스트로 전환해서 움직임을 보여준다. '비디오 to 텍스트' 기술은 현재 연구 단계로 인공지능 기술과 결합해서 빠른 발전이 이루어지고 있다. 향후 이러한 기술들은 현재 콘텐츠를 소개하는 작업을 부분적으로 대체할 것이다.

사용자 인터페이스/사용자 경험 UI/UX

콘텐츠를 소비하는 사용자의 미디어 기업 선정에 큰 영향을 주는 요인 중의 하나가 사용자 인터페이스와 사용자 경험이다. 사용자 인터페이스는 사용자와 미디어 기업의 콘텐츠 사이의 상호작용을 매개하는 것을 의미하는 데 이것에 의해 사용자 경험이 차이가 난다.

기술 채택 모델Technology Acceptance Model에 의하면 사용자의 이용 용이성은 유용성과 함께 어떤 기술을 받아들일지를 결정하는 주요 요인이다.

〈그림 10-7-a〉는 국내 IPTV사의 VOD 서비스(좌)와 넷플릭스사(우)의 화면이다. 국내 IPTV사의 화면은 왼쪽의 메뉴, 오른쪽의 영화리스트로 분리되어 있고 넷플릭스 쪽은 영화리스트 하나만으로 구성되어 있다. 사용자 입장에서는 같은 콘텐츠라면 원하는 영화를 쉽게 선택할 수 있는 플랫폼을 선호할 것이다.

1990년대 후반부터 개발되어 왔던 PDAPersonal Digital Assistant는 아이폰이 나오기 전까지는 얼리 어답터early adopter나 전문가들의 장난감이었다. 팜palm 파일럿

〈그림 10-7a〉 사용자 인터페이스의 중요성: IPTV사의 화면 (좌) 과 넷플릭스사의 화면(우)

〈그림 10-7b〉 사용자 인터페이스의 중요성: 국내 모은행의 UI 디자인(좌)과 카카오 뱅크의 UI 디자인(우)

이나 블랙베리처럼 부분적으로 성공한 PDA도 있었지만 일반인이 사용하기에는 작은 화면에서 할 수 있는 것이 너무 제한적이었다. 그러나 2007년에 출시된 아이폰의 핀치 투 줌 pinch to zoom 기술은 모든 것을 바꾸었다. 일반인도 쉽게 작은 화면에서 부분 화면을 손가락으로 확장 축소할 수 있게 해준 이 혁신적인 기술은 스마트폰이 모든 사용자들의 필수품이 되게 만드는 역할을 했다.

핀테크 기업 카카오 뱅크는 2017년에 시작해 2020년까지 3년 만에 1400만 가입자를 모집했다. 아무런 은행 고객이 없던 카카오뱅크가 빠르게 가입자 수를 늘릴 수 있던 이유는 카카오톡이라는 모바일 플랫폼의 역할도 있지만 쉽고 간결한 인터페이스도 큰 몫을 했다. 〈그림 10-7b〉는 국내 모 은행과 카카오뱅크의 앱 화면 디자인을 보여주고 있다. 왼쪽은 네모 상자가 여러 개 있는 디자인이고 오른쪽은 좀 더 단순한 디자인임을 볼 수 있다.

사용자의 선택을 받아야 하는 미디어 기업에게 콘텐츠에 쉽게 접근할 수 있는 사용자 인터페이스와 사용자 경험은 중요한 경쟁력이다. 덴마크에서 개발된 디자인 사다리 모델은 기업이 디자인을 사용하는 4단계를 보여준다. 첫 번째는 디자인을 거의 사용하지 않는 단계, 두 번째는 마지막에 후추처럼 더해지는 단계, 세 번째는 개발 과정부터 디자인을 고려하는 단계, 네 번째는 전략적으로 디자인을 이용하는 단계이다.

국내 미디어 기업은 글로벌 미디어 기업과 경쟁을 하고 있고 이 경쟁은 점점 더 심해질 것으로 예측된다. 사용자 인터페이스/사용자 경험UI/UX이 중요한 경쟁 요소라고 한다면 사다리 모델의 3단계, 4단계로 디자인을 고려해야 할 것이다. 미국의 애플사는 내부 디자인 팀이 모든 상품과 서비스의 최종 검수자이다. 디자인팀의 결제가 있어야 상품과 서비스의 출시가 가능하다. 애플사 제품과 서비스가 훌륭하고 일관성 있는 사용자 경험을 제공하는 이유이다.

새로운 기술은 위협이면서 동시에 기회이다. 여기에서 소개된 개인화된 추천 기술, 자동 번역 기술, 초거대 규모 인공지능 언어 모델 GPT-3, 영상 요약 기술,

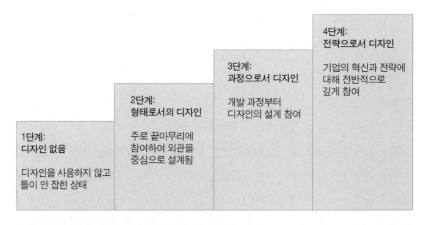

〈그림 10-8〉 디자인 사다리 모델: 기업이 디자인을 사용하는 단계

그리고 UI/UX 기술은 미디어 산업에 영향을 줄 수 있는 기술들이고 이러한 기술을 잘 이용할 수 있는 미디어 기업에는 이 기술이 새로운 기회가 될 것이다.

SUMMARY

기술은 산업 구조를 바꾸며 기업의 성쇠를 결정한다. 혁신 기업의 딜레마는 합리적인 의사 결정이 기업을 망하게 할 수 있다는 딜레마적 상황을 지칭한다. 기존 기업을 성공하게 했던 그 요인이 향후에 그 기업을 망하게 한다는 것이다. 미디어 기업인 신문사에게 인터넷 기술은 와해성 기술(disruptive technology)이었고 그 이후 국내 신문 산업은 포털 뉴스 중심으로 개편되었다. 이러한 와해성 기술에 대처하기 위해서, 기술의 전략적 함의를 이해하기 위해서 꾸준한 모니터링과 기술 전망이 필요하다. 기업의 구조도 양손잡이 구조로 바꿀 필요가 있다. 기술적으로 경쟁력이 낮은 미디어 기업의 경우엔 개방형 혁신 전략을 적극적으로 활용할 필요도 있다. 미디어 기업에게 중요한 기술로는 개인화된 미디어를 가능하게 할 추천 기술, 콘텐츠의 국경을 사라지게 할 자동 번역 기술, 콘텐츠의 바다에서 콘텐츠를 쉽게 찾을 수 있게 해줄 자동 콘텐츠 요약 기술 및 검색 기술, 그리고 미디어 기업의 경쟁력을 향상시켜 줄 UI/UX 기술 등이 있다.

생각해 볼 문제

1. 기존 기업이 와해성 기술을 채택하기 어려운 이유는 무엇인가?
2. 인터넷 전화 기술(VoIP)은 와해성 기술로, 집전화로 대표되는 전화 산업에 큰 변화를 가져온다. 한국통신 KT 입장에서 이 기술로 서비스를 빠르게 대처하지 못한 이유를 혁신가의 딜레마 개념으로 설명하라.
3. 자신이 속한 회사에 양손잡이 경영 전략을 채택한다면 어떻게 바꿀 것인가?
4. 초거대 인공지능은 기존 검색 비즈니스를 파괴할 가능성이 있다고 한다. 자신이 검색 회사의 일원이면 어떻게 대처할 것인가?

참 고 문 헌

「2020 언론 수용자 조사」. 2020. 한국언론 진흥재단.
루시 큉. 2013. 『미디어 전략 경영론』. 최성범 옮김. 커뮤니케이션북스.
박병원. 2011. 「독일 지멘스의 미래연구」. *Future Horizon*. Vol 8. 12-13.

이성주. 2013. 「미래지향적 사고로 기술을 전망하라 파괴적 기술의 시대, 성장이 보인다」. *DBR* 135호.

크리스텐슨, 클레이튼. 2020. 『혁신기업의 딜레마』. 이진원 옮김. 세종서적.

Chesbrough, H. 2003. *Open Innovation: The New Imperative for Creating and Profiting from Technology*. Harvard Business School Press.

Heaven, W. 2021. "Language models like GPT-3 could herald a new type of search engine." *MIT Technology Review*.

O'Reilly, C. M. Tushman. 2016. *Lead and Disrupt: How to Solve the Innovator's Dilemma*. Stanford University Press.

Pew Research Center. 2021. "Newspapers Fact Sheet." Pew Research Center. https://www.pewresearch.org/journalism/fact-sheet/newspapers/

11

디지털 전환과 미디어-커머스 연계

김민기

11장에서는 데이터 기반 디지털 전환(DX: Digital Transformation)에 따른 미디어와 커머스 간 연계를 살펴보고자 한다. 먼저, 미디어 생태계에 참여하는 기업들이 어떻게 이용자 접점을 확대해 빅데이터를 수집할 수 있게 되는지 설명하고, 데이터 기반 디지털 전환 및 가치 창출 과정도 살펴본다. 더불어 디지털 생태계에서 사업자들의 미디어 기반 수직적, 수평적 비즈니스 영역 확장을 소개한다. 소셜, 콘텐츠, 커머스 사업자 간 구분 경계가 무의미해지는 상황에서 사업자들이 공통적으로 지향하는 영역이 커머스이므로, 국내외 기업의 미디어-커머스 연계 사례들과 함께 최근 뉴미디어와 관련된 커머스 분야 혁신과 경쟁 구도에 대해서 살펴본다.

디지털화와 데이터 확보

기업의 경영 관점에서 봤을 때, 디지털화digitalization는 현존하는 비즈니스 프로세스에 정보통신기술(이하 ICT: Information and Communications Technology)을 도입하는 행위를 의미한다. 이러한 기업의 디지털화는 과거에 수집되지 못했던 데이터로의 기술적 접근을 가능케 하는데, 사람과 사물, 사람과 사람, 사물과 사물이 연결되는 데이터 기반 네트워크 사회에서 기업은 방대한 양의 데이터를 여러 채널들을 통해 확보, 축적할 수 있게 되었다. 특히, 과거에는 정보의 수집 주체가 특정한 다수에 대해 일방적으로 수집에 필요한 개인정보를 요청해 일괄적으로 처리하는 형태를 취했다면, 최근 빅데이터 환경에서는 대규모의 정형, 비정형의 미디어 데이터가 구글, 유튜브, 트위터, 페이스북, 네이버, 카카오 등의 인터넷 플랫폼을 통해 실시간으로 빠르게 수집, 처리되고 있다.

좀 더 구체적으로 디지털화를 통한 데이터 수집 과정을 살펴보자면, 웹에서의 이용자의 검색, 방문 등의 활동은 쿠키Cookies라는 형태로 해당 도메인 브라우저에 기록이 되고, 스크립트는 이러한 정보가 담긴 쿠키를 매체에 전송한다. 모바일의 경우에는 어트리뷰션 툴/매체 소프트웨어 개발 키트SDK: Software Development Kit를 자사 앱 내에 삽입하고, 모바일 앱 SDK를 통해 앱 유입 유저를 식별해, 이용자의 인 앱 이벤트 데이터를 수집하게 된다. 이 SDK는 스마트폰 기기에 부여된 고유 식별자Ad-ID를 통해 이용자를 식별하는데, Ad-IDAdvertising industry standard unique identifier는 기업의 효율적인 광고 제공을 위해 고유한 기기를 식별할 때 사용되는 ID를 의미한다. 구글에서 제공하는 GAIDGoogle Advertising ID와 애플Apple에서 제공하는 IDFAIdentifier for Advertising가 업계에서 주로 사용하는 Ad-ID라고 볼 수 있다.

이렇듯 디지털화를 통해 기업은 소비자가 온·오프라인 환경에서 사용하고 있는 다양한 디지털 디바이스(집 PC, 회사 PC, 스마트폰, 노트북, 태블릿 PC, AI 스피커, 인공지능 가전제품 등)로부터 포털 검색, 뉴스 구독 및 소비, 앱 활동(방문 기간, 결제 유무, 이벤트 페이지 조회 유무), 쇼핑(금액, 프로모션 여부, 품목, 개수, 사이즈 등), 미디어 콘텐츠(웹툰, 웹소설, 동영상) 소비, 소셜미디어 활동(친구 네트워크 구성, 지인과의 의사소통, 관심도 유사성 등) 등 정형, 비정형 데이터 형태를 띤 디지털 흔적 digital footprint을 실시간으로 수집·저장할 수 있다. 따라서 디지털화는 CPND(콘텐츠 C - 플랫폼 P - 네트워크 N - 디바이스 D)로도 불리는 ICT 생태계 가치 사슬value Chain 체계를 잘 활용해 데이터를 수집할 수 있는 기업의 기술적 필요조건이라고 할 수 있다.

디지털 전환과 기업 경쟁 우위

다만, 데이터를 수집, 저장할 수 있는 디지털화된 기업이라고 해서 데이터를 통한 가치 창출 프로세스의 근본적 변화가 담보되는 것은 아니다. 그런 측면에서 디지털화와 구분된 개념으로서 디지털 전환(이하 DX: Digital Transformation)을 숙지할 필요가 있다. 이론적 정의를 살펴보자면, DX는 디지털화 과정에서 확보된 데이터를 기반으로 가치를 창출함으로써 가치 창조 프로세스 자체를 변화시키는 것(Verhoef et al., 2021)이다. 그렇다면 여기에서 말하는 가치 창조 프로세스는 무엇을 의미하는가?

일반적으로 특정 기업에 대해 경쟁 우위를 논할 때에는 마이클 포터Michael Porter의 가치 사슬 모형과 산업 구조 분석 수단으로 다섯 가지 경쟁 요인5 Forces 모형을 사용하는데, 기업의 경쟁 우위는 동종 산업에서 경쟁하는 기업에 비해 소비자에게 높은 부가가치를 창출해서 제공하거나 혹은 동등한 가치를 저비용 효율적으로 제공할 수 있을 때 발생한다. 여기에서 가치 사슬 모형은 원재료에서 소비자에게 이르기까지의 중간 과정(예: B2B2B2C)을 총괄해 살펴보는 산업 industry 가치 사슬과, 기업 내부의 조달-생산-마케팅-판매-서비스와 같은 본원적 활동과 이를 지원하는 인사, R&D 활동으로 집중하는 기업firm 가치 사슬로 구분해 살펴볼 수 있다. 데이터 기반 DX를 통한 가치 창조 프로세스를 기업 가치 사슬 모형으로 좁혀서 어떤 식의 최적화를 가져올 수 있는지 생각해 보자.

예를 들어, 일반적인 제조 기업의 경우에도 공정 과정에 스마트 팩토리를 도입해 IoT Internet of Things 데이터를 수집, 분석함으로써 공정 효율화 및 불량품 감소 등을 통해 비용을 줄일 수 있고, 커머스 사업자의 경우 미디어 매체에서 수집되는 소비자 디지털 흔적 데이터 분석을 통해 온오프라인 동선, 관심사, 구매 희망 상품, 바이럴 마케팅을 위한 친구 네트워크를 파악함으로써 새로운 소비자 집단 및 타깃 target 세그먼트 발굴, 신제품 개발, 옴니채널 Omni-channel 운영을 통해 R&D, 마케팅, 서비스 활동에서 부가가치를 효율적으로 창출할 수 있을 것이다.

미디어 매체 수집 데이터를 통한 가치 창출을 더 구체적으로 살펴보기 위해 지난 10년 간 다양한 인수·합병을 거쳐 글로벌 데이터 비즈니스 사업자로 변모한 어도비 Adobe가 이상적으로 생각하는 비즈니스 모델을 〈그림 11-1〉에 예시로 제시했다. 그림의 중심에는 사라 로즈 Sarah Rose로 불리는 여성이 있고, 좌측 상단을 보면 사라 로즈가 사용하는 데스크탑 PC, 스마트폰이나 태블릿 PC와 같은 모바일 기기, 그리고 AI 스피커로 대표되는 IoT 기기가 위치해 있다. 이러한 ICT 디바이스는 사라 로즈의 온·오프라인 행동을 실시간 데이터 형태로 수집하게 된다. 그림의 우측을 보면 PC에서 방문한 웹페이지뿐 아니라 모바일 앱 App 사용 이력, 그리고 옴니채널 omni-channel 사업자들이 온오프라인을 연결해서 끊김 없는 구매 여정을 지원하면서 연동 수집하는 오프라인 쇼핑 이력까지 데이터로 수집된다는 것을 알 수 있다. 이렇게 수집된 데이터를 수집, 결합하여 좌측 하단과 같이 대고객 서비스 즉, 기업의 가치 창출 행위로 이어지게 된다. 여기에서 이용자의 데이터는 다양한 전자 디바이스와 미디어 매체들을 통해 발생하므로 수집된 데이터는 개별 고객 단위에서 서로 식별 및 결합될 필요가 있으며 크게 두 가지 방식, 확정적 교차 디바이스 간 식별 Deterministic Cross-Device Tracking 과 확률적 교차 디바이스 간 식별 Probabilistic Cross-Device Tracking로 각기 진행된다(Brookman et al., 2017). 첫 번째 이용자 식별 및 결합 방식은, 이용자의 이름이나 ID, 이메일 주소가 웹에서 기록되는 경우(포털이나 회사 등 이메일 주소 입력, SNS 접속 등)가

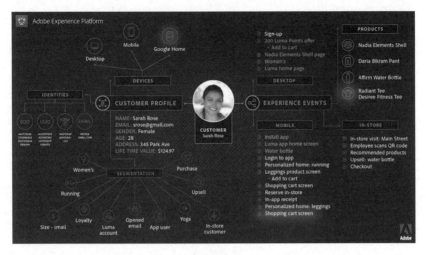

〈그림 11-1〉 소비자 접점 확보와 데이터 수집 및 활용 예시
자료: Adobe.

빈번히 발생하고 해당 정보는 디바이스에 쿠키로 남는다는 점에 주목한다. 두 번째 식별 결합 방식은 여러 디지털 기기가 동일 이용자에 의해 사용되었을 가능도likelihood를 계산해 진행한다. 예를 들자면, 2개의 디지털 기기가 장소/시간별 동일한 IP 주소address로 반복적으로 활용wireless router 된 경우, 같은 이용자 소유의 기기로 볼 수 있는 것이다. 이러한 방식으로 수집 및 결합된 이용자의 다양한 정보(매장 방문 시간, 앱 접속 시간, 관심 상품, 장바구니, 결제 여부 및 지불 수단, 이벤트 페이지 조회 여부 등)는 데이터 분석analytics 과정을 거쳐 고객 가치 창출로 활용된다. 즉, 기업은 단순 데이터 수집 및 보유에 그치지 않고 이를 통해 고객을 마이크로 세분화micro-segmentation 함으로써 개별 고객이 원하는 제품, 서비스를 맞춤형 추천을 해주거나, 특정 제품에 대해 가격이 높은 프리미엄 제품으로 구매를 유도하는 업셀링upselling 이나 특정 제품과 함께 다른 제품을 함께 구매하도록 유도하는 크로스 셀링cross-selling과 같이 고객으로부터 추가 수익을 창출할 수 있는 구매 결정으로 유도함으로써 가치를 창출할 수 있게 된다.

이렇게 데이터를 기반으로 디지털 전환을 추구하는 기업 간에도 추가적인 데이터 경쟁 우위 차이가 발생할 수 있다. 왜냐하면 원재료인 데이터Data-정보 Information-지식Knowledge-지혜Wisdom로 이어지는 피라미드 형태로 변환이 일어날 수 있는데, 즉, 데이터 자체로는 가치가 없으며 특정 목적에 맞춰 구성되고 처리되어 지식으로 변환되는 과정을 거침으로써 비로소 가치를 가지게 되기 때문이다(Rowley, 2007). 구체적으로 다음과 같이 세부적인 단계에서 디지털 전환을 시도하는 기업 간 데이터 경쟁력 차이가 발생할 수 있다.

- 데이터 보유량의 차이: 보유 회원 수 차이, 데이터 수집 깊이의 차이
- 데이터 보유 범위의 차이: 부가적인 서비스(동영상, 커뮤니티 등)로부터 동일한 회원에 대해서도 추가적인 활동에 대한 정보를 수집 가능
- 데이터 수집 기술의 차이: 수집 하드웨어 및 처리 소프트웨어, 품질 관리 능력
- 데이터 분석 및 활용의 차이: 동일한 데이터를 보유했다고 하더라도 오랜 기간의 데이터 분석 활용 노하우를 가진 경우 생성 가치에 차이 발생

이런 점들을 종합적으로 고려해봤을 때, GAFA(구글, 아마존, 페이스북, 애플)로 불리는 글로벌 빅테크 기업의 데이터 경쟁 우위가 국내 유수 사업자(예: 네이버, 카카오 등)에 비해 월등히 높다는 점을 부인하긴 어렵다.

데이터 활용을 통한 디지털 전환과 외연 확장

데이터를 활용한 미래 경제적 가치 창출data monetization은 크게 세 가지 형태로 이뤄진다(PwC, 2019). 첫 번째, 기업이 집중하고 있는 핵심 사업의 역량 강화를 통한 가치 창출이 가능하다. 즉, 보유 데이터를 활용해 현재 진행 중인 핵심 사업의 기획 및 운영의 효율성을 높임으로써 추가적인 매출incremental revenue과 비용 감축cost reduction을 유도할 수 있으며, 비즈니스 인사이트를 발굴함으로써 경제적 가치를 창출할 수 있다. 두 번째, 인접 사업 영역으로의 진출을 통해 보유

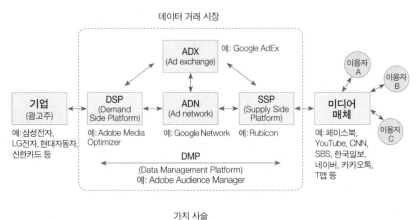

〈그림 11-2〉 데이터 기반 디지털 마케팅 생태계

데이터 외에 타사업의 데이터와 결합을 통해 인접 사업 영역으로 전략적으로 진출함으로써 미래 수익원을 확보할 수 있다. 세 번째, 신규 서비스 제공으로서 자사 비즈니스 영역에서 데이터 기반 신규 서비스를 제공함으로써 수익 창출을 할 수 있다. 주목할 점은 데이터 기반 디지털 전환을 통해 충분한 규모의 소비자를 확보하게 되면 이들 소비자들을 공략하기 위한 가치 사슬 내 다양한 사업자들이 참여하게 되어 해당 사업자를 중심으로 디지털 생태계가 형성된다는 것이다.

〈그림 11-2〉에서 볼 수 있듯이 디지털 마케팅 생태계엔 수많은 사업자(B2C, B2B 업체 등)들이 각기 다른 가치 사슬 단계에 위치해 참여하고 있으며 그들을 연결하는 매개체는 개별 이용자로부터 생성되는 데이터다. 그림의 하단 다운스트림downstream을 보면 일상생활에서 미디어를 통해 자주 접해본 B2C 서비스 사업체들이 보일 것이다. 예를 들어, 네이버 다음 구글과 같은 검색 기능을 갖춘 포털, 페이스북 인스타그램 트위터 카카오스토리와 같은 소셜 네트워크 서비스, 카카오톡 라인과 같은 메신저, 유튜브 넷플릭스와 같은 OTT 사업자들이 관측된다. 이 사업자들은 가치 사슬의 하단에서 이용자와의 접점을 확보함으로써 그들의 데이터를 실시간 수집하고 유통, 분석할 수 있는 위치에 있기에,

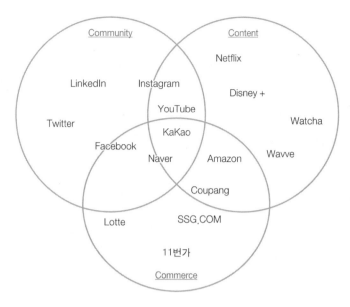

〈그림 11-3〉 소셜미디어, 커머스, 콘텐츠 사업자 간 모호한 경계

사실상 이들이 디지털 생태계를 돌아가게 하는 데이터의 시작점이 되는 것이다. 이러한 B2C 사업자들은 각자가 제공하는 핵심 서비스를 중심으로 세 가지 형태(Content, Commerce, Community)로 구분될 수 있는데, 국내 시장의 경우 〈그림 11-3〉처럼 표현될 수 있다.

하지만 핵심 서비스 외 이들 사업자들이 제공하고 있거나 구상하고 있는 신규 서비스들을 생각해 보면 세 가지 형태로 구분하는 경계가 모호하다는 것을 쉽게 알 수 있을 것이다. 소비자와의 접점을 확보해서 빅데이터를 수집할 수 있고 새로운 서비스를 제공해서 소비자의 시간을 더 확보할 수 있는 위치에 있기 때문에, 이들 사업자들은 자연스럽게 가치 사슬의 상단에 위치한 업스트림upstream 업체들의 사업 영역으로 수직적vertical 인수·합병 등의 절차를 통해 전략적으로 진출할 수 있으며, 동등한 가치 사슬 레벨에 위치한 사업자들의 비즈니스 영역에도 기존에 제공되던 서비스와 구분되는 신규 서비스를 제공함으로써 수평적 horizontal 확장을 시도할 수 있다. 이런 과정에서 성공적으로 새로운 공급자와 소비자를 끌어들이는 사업자는 생태계 주도권을 가져가면서 디지털 플랫폼 사업자로 부상하게 된다.

디지털 전환을 통한 미디어와 커머스 간 전략적 연계

생태계에서 비즈니스의 수직적, 수평적 외연 확장의 핵심은 이용자(잠재적 소비자)와의 접점과 시간 확보인데, 이를 가능하게 하는 것이 바로 미디어이다. 국내외 디지털 플랫폼 사업자의 외형을 봤을 때는 비즈니스 수익 창출 영역이 각기 달라 보이지만, 결국 플랫폼 사업자는 이용자가 자사 플랫폼 위에서 많은 시간을 보내길 원하고, 이를 위해 뉴스, 웹툰, 웹소설, 동영상 콘텐츠 등을 사실상 번들링bundling 형태로 제공함으로써 고착lock-in시키려는 인센티브를 가지고 있다. 이렇듯 미디어를 통해 축적한 소비자 데이터를 기반으로 디지털 전환을 이룰 경우, 커머스와 같은 인접 사업 영역으로 전략적으로 진출함으로써 미래 수익원을 확보할 수 있는 것이다.

커머스 산업에서의 미디어 전략의 중요성을 볼 수 있는 사례로 글로벌 빅테크 사업자인 아마존을 살펴보겠다. 미국에 본사를 둔 아마존은 현재 명실상부 전 세계 최대 규모의 B2C 전자상거래e-commerce 플랫폼이자, 다른 기업들에게 클라우드 서버AWS: Amazon Web Services 및 데이터 관리, 분석(예를 들어 서비스형 머신러닝MLaas: Machine Learning as a Service 서비스로서 Sagemaker) 등의 서비스를 제공하는 B2B 서비스 플랫폼 사업자이기도 하다. 아마존은 초창기 온라인 서점으로 시작했지만 1998년 IMDB 인수를 통한 음악, 영화로의 상품군 확장, 2000년 아마존 마켓플레이스Marketplace를 통한 제3의 판매자 유치, 2003년 소비자 검색, 구매 데이터 분석을 통한 상품 추천 시스템 구축(A9.com 설립) 등 다양한 혁신 활동과 기업 인수·합병 등을 통해 꾸준히 서비스 확장을 이뤄왔다. 특히 2005년 연 79 달러 멤버십으로 미국 내 free two-day 배송을 보장하는 아마존프라임Amazon Prime을 도입해 이용자 고착을 이뤘고, 2011년 11월부터 아마존프라임 멤버십 고객들에게 미디어 콘텐츠를 제공하기 시작했다. 기본 아이디어는 온라인 쇼핑과 미디어 콘텐츠 결합 즉, 동영상 콘텐츠를 보러 오는 소비자가 많은 시간을 아마존에 머물게 되면 자연스럽게 쇼핑도 아마존에서 하게 된다는 것이다. 특히 고객이 아마존에 머무는 시간 동안 남긴 다양한 디지털 흔적은 빅데이터 구축과 분석을 가능케 하여, 보다 정교화된 고객 맞춤형 추천 및 서비스 제공으로 이어지게 된다.

인도의 이커머스 시장에 진출한 아마존은 2016년 7월이 되어서야 아마존프라임을 도입했는데, 당시 인도에는 동영상 콘텐츠 제공 OTT 사업자들도 존재하고 있었다. 대표적인 OTT 사업자인 넷플릭스는 월 500루피(원화 14,000원)에 서비스를 제공했고, 동남아에서 인지도가 높았던 훅Hooq은 월 199루피에 OTT 서비스를 제공하고 있었다. 아마존은 연 499루피라는 저렴한 요금으로 아마존프라임을 소개했으며, 그 시점 이후 눈에 뜨일 정도로 이커머스 시장에서의 점유율 성장을 이루게 되었다. 이러한 성공은 최근 국내 사업자의 인수·합병 움직임과 이종 산업 사업자와의 전략적 제휴 움직임에 시사하는 바가 크다.

아마존의 성장 전략과 비슷한 행보를 보이는 국내 기업으로는 쿠팡을 들 수 있다. 국내 소비자들을 대상으로 이커머스 사업자로 성장을 거듭한 쿠팡은 2020년 7월 동남아 비디오 스트리밍 업체 훅을 인수했다. 훅은 2015년 1월 소니픽처스, 워너브라더스가 합작해서 설립된 OTT 회사로서, 주로 싱가포르, 인도네시아, 태국, 필리핀, 인도 등 5개국에서 서비스 해왔지만 글로벌 OTT 업체들의 시장 진입으로 의해 2020년 4월에 서비스를 종료하게 되었다. 국내 소비자와 SSG.COM과 같은 경쟁 기업들에게 이커머스 회사로 인식되고 있는 쿠팡은 2020년 말 쿠팡 오리지널, 쿠팡 티피 등 상표권을 출원했고, 사업 목적에도 '온라인 음악 서비스 제공업'과 '기타 부가통신 서비스(온라인 VOD 콘텐츠 서비스)'를 추가해 유통 시장과 미디어 시장 간 시너지를 가진 업체로 변모를 시도했다. 앞서 〈그림 11-3〉으로 보자면 쿠팡은 커머스 영역에 위치하고 있는데, 점차 OTT 사업자들이 있는 콘텐츠 영역과 중첩된 부분으로 이동하고 있음을 알 수 있다.

	네이버	쿠팡
사용자 숫자	2000만 명	1485만 명
판매자 숫자	41만 개(스마트스토어)	20만 명 이상
자체 결제 수단	네이버 페이	쿠팡 페이
거래액	26조 8000억 원	20조 9000억 원
구독형 멤버십	네이버플러스 멤버십	로켓와우 멤버십
멤버십 출시일	2020년 6월	2018년 10월
멤버십 회원 수	250만 명	475만 명
멤버십 비용	월 4900원	월 2900원
혜택	네이버페이 포인트 최대 5% 적립 디지털 미디어 콘텐츠 택 1 웹툰 쿠키 49개 시리즈 온 영화 무료 1편 네이버 콘텐츠 체험 팩 CJ ENM 티빙(OTT) 이용권	로켓 배송 무료 로켓 배송 상품 30일 내 무료 반품 쿠팡 플레이(OTT) 이용권

〈표 11-1〉 네이버와 쿠팡의 미디어-커머스 연계 전략
자료: 2021년 6월 기준 증권사, 중앙일보 등.

이는 아마존프라임과 비슷한 전략으로서, 실제 쿠팡은 현재 월 2900원 로켓와우 멤버십을 통해 무료 배송 및 신규 OTT인 쿠팡플레이 콘텐츠를 1계정당 최대 5명까지 무료로 볼 수 있게 제공하고 있다. 특히 시청자 수를 증가시키기 위해 축구, 여자 발리볼 네이션스 리그 등 스포츠를 중심으로 공격적인 중계권 협상을 하고 있는데, 최근 대표적인 예는 지상파 3사로부터 도쿄 올림픽 온라인 독점 중계권을 획득한 것을 꼽을 수 있다.

국내 IT 업계를 대표하는 빅테크 기업인 네이버는 검색 포털을 핵심 사업으로 영위하고 있지만, 검색과 커머스(네이버 쇼핑) 그리고 결제(네이버페이)로 이어지는 연계 사업을 통해 수익 창출을 해왔으며 사실상 네이버 쇼핑은 국내 이커머스 시장의 선두 주자로 간주되고 있다. 〈표 11-1〉에서 볼 수 있듯이, 네이버는 2020년 6월 네이버플러스 멤버십(월 4900원)을 출시하면서 유통 시장에서 구독 모델을 토대로 자체적으로 가지고 있는 웹툰과 같은 콘텐츠뿐 아니라 제휴 동영상 콘텐츠(OTT 티빙)도 제공하는 미디어 전략을 함께 수행하고 있다. 즉, 커뮤니

티 기반 기업이 미디어와 커머스로 확장한 사례로 볼 수 있는 것이다.

네이버와 플랫폼 및 커머스 사업자로 경쟁하는 카카오도, 자회사인 카카오엔터테인먼트에서 2021년 5월 국내 미디어 스트리밍 솔루션 개발 업체인 아이앤아이소프트를 250억 원에 인수함으로써 OTT 사업 진출 움직임을 보이고 있다. 국내 이커머스 시장에서 수위를 다투었고 2021년 상반기 매각을 선언했던 이베이코리아도 연간 5만 원 멤버십인 '스마일카드 더 클럽' 가입자에게 넷플릭스 5개월 이용료 지원을 하는 등 OTT 미디어 전략을 병행한 바 있다. 이러한 플랫폼, 커머스 사업자와 콘텐츠 미디어 사업자 간 합종연횡 움직임은 비단 한국에서만 일어나는 일은 아니다. 중국의 텐센트의 경우도 유통뿐 아니라 자체 OTT로서 텐센트비디오를 운영하고 있었는데 2020년 6월 말레이시아의 스트리밍 플랫폼 아이플릭스IFFLIX를 인수해 기본적으로 소비자와의 접점과 그들의 시간을 확보하려는 행보를 보이고 있다.

여기서 중요한 것은 커머스 기업의 미디어 전략이 OTT와 같은 동영상 콘텐츠로만 국한되지는 않는다는 점이다. 〈표 11-1〉의 네이버 제공 콘텐츠에는 웹툰, 웹소설, 음악 등이 포괄적으로 들어가 있음을 알 수 있다. 국내와 글로벌 웹툰 플랫폼을 보유하고 있는 네이버와 카카오는 2021년 웹소설 플랫폼을 인수한 바 있다. 네이버는 전 세계 1위 웹소설 플랫폼 왓패드를 2021년 1월 약 6500억 원을 들여 인수했으며, 카카오는 2021년 5월 북미 웹소설 플랫폼 래디쉬를 약 5000억 원에 인수했다. 웹 소설은 텍스트 기반의 콘텐츠이지만, 콘텐츠 저작권IP: Intellectual Property을 확보한 네이버와 카카오는 웹소설을 웹툰화해서 자사가 보유하고 있는 글로벌 웹툰 플랫폼에서 유통할 수 있기 때문에 이번 인수는 의미가 있는 것이다. 예를 들어, 2020년 12월 넷플릭스 오리지널로 전 세계적인 인기를 모은 〈스위트홈〉은 네이버 웹툰을 원작으로 하고 있고 〈이태원클라쓰〉나 〈김비서가 왜 그럴까〉 등은 카카오 웹툰을 원작으로 만들어진 대표적인 드라마이다. 〈표 11-2〉에서 볼 수 있듯이, 최근 네이버와 카카오의 글로벌 콘텐츠 IP 확보 경쟁은 OSMU를 통한 산업적 부가 가치 창출 즉, 한 개의 콘텐츠를 소설, 영화, 드

		네이버	카카오
웹툰	국내	네이버웹툰	다음웹툰, 카카오페이지
	일본	라인망가	픽코마
	북미	웹툰엔터테인먼트, 태피툰 (2021년 지분 25% 취득)	타파스 미디어(2021년 인수)
웹소설	국내	네이버시리즈	카카오페이지
	북미	왓패드(2021년 인수)	래디쉬(2021년 인수)
IP 확보 전략		개인 창작자 육성 기반 웹툰 생태계 조성 및 투자/제휴	공격적 투자/제휴 - 디앤씨미디어(2017년 인수) - 네오바자르(2018년 인수)

〈표 11-2〉 콘텐츠 IP 확보 경쟁

라마, 게임 등으로 개발해 판매할 수 있다는 점에서 주목할 만하며, 특히 추후 커머스 사업과 연계를 통한 미디어 전략으로 활용될 수 있다는 점에서 중요한 움직임이라고 할 수 있다.

뉴미디어 기반 커머스 혁신과 경쟁

기술 발전과 함께 이용자의 미디어 선호와 이용 행태가 급속히 변함에 따라 최근 뉴미디어를 중심으로 기존에 존재하지 않았던 형태의 혁신적인 서비스가 등장하고 있는데, 라이브 커머스Live Commerce가 대표적인 예라고 할 수 있다. 앞서 DX를 기반으로 커뮤니티(소셜), 콘텐츠(미디어), 커머스 사업자 구분을 한 바 있는데, 이와 같은 새로운 형태의 서비스로 인해 사업자 간 경계가 무의미해지고 전통적인 커머스 사업자들과의 갈등도 증가하는 형태로 신경쟁 구도가 생성되고 있다.

아마존은 2019년부터 아마존라이브를 개설해 인플루언서가 아마존 제품에 대한 소개를 실시간 중계하고 시청자는 바로 구매를 할 수 있는 라이브 커머스 서비스를 제공한 바 있다. 미디어 콘텐츠 영역과 커머스 영역에 위치한 아마존이 많은 팔로워를 보유한 인플루언서들을 쇼핑 호스트로 내세워 실시간 직접 판

매체	라이브 커머스 통신	홈쇼핑(데이터) 방송
법적 지위	통신판매업자(판매업자) 통신판매중개업자(플랫폼)	TV 방송 사업자, 통신판매업자
국내업체	플랫폼: 네이버, 카카오 이커머스: 쿠팡, 티몬 등 유통사: 롯데, 신세계, 현대백화점 등 전문회사: 그립 등	홈쇼핑: 공영홈쇼핑, 씨제이오쇼핑, 현대 홈쇼핑 등 홈쇼핑(데이터): SK스토아, 더블유쇼핑, 쇼핑엔티 등
진행 방식	판매자와 고객 간 실시간 상호 소통	쇼핑 호스트의 일방향 설명
진입 절차	신고(전자상거래법)	승인(방송법) 신고(전자상거래법)
소비자 보호	통신판매 중개업자(플랫폼): 판매 당사자 아님을 사전 고지할 경우 면책됨 판매업자: 전자상거래법 적용	전자상거래법 상의 통신판매업자로서 의 무 가짐
콘텐츠 심의	정보통신 심의(불법, 위해정보)	방송 심의(허위, 과장광고 금지 등)
방송통신발전기금	없음	영업이익의 13%
중소기업 상품 편성 비율	없음	55~100%

〈표 11-3〉 라이브 커머스와 홈쇼핑(데이터) 비교
자료: 황기섭(2020) 참고.

매를 유도한다는 점에서 소셜 영역에 대한 기술적 포용 움직임으로도 볼 수 있
다. 국내의 경우 그립Grip이 2019년 2월에 라이브 커머스를 시작했고, 카카오
(2020년 5월)와 네이버(2020년 3월)도 뒤이어 서비스를 시작했다. 라이브 커머스
는 TV에서 정해진 방영시간만 볼 수 있는 홈쇼핑과 유사한 형태로 진행되는데,
가장 큰 차별점은 판매자와 구매자 간 실시간 쌍방향 소통에 있다. 특히 기술 기
반 미디어-커머스 연계를 통해 소비자 구매 여정 단계별로 어떤 차별점이 발생
할 수 있는지 좀 더 살펴볼 필요가 있다. 국내에서 라이브 TV 홈쇼핑이나 VOD
기반 티커머스를 이용하는 소비자는 영상을 보고 관련 검색을 하고 관련 리뷰도
읽으면서 구매 결정을 고민하는 행동을 보이는데, 결제를 위해서는 해당 사이트
에 로그인해야 하는 번거로움도 겪을 수 있다. 반면, 라이브 커머스에서는 〈표
11-3〉에서 볼 수 있듯이 쇼호스트와 시청자 간, 그리고 시청자들 간 실시간 채팅
및 피드백이 이뤄져 시청자의 궁금증이 빠르게 해소될 수 있고, 판매량과 재고

수량도 시스템과 연동되어 판매자로 하여금 즉각적으로 판매 상황을 판단하게 함으로써 쿠폰 제공이나 마감 임박 등 구매 결정을 유도하는 식으로 충동구매를 유도시킬 수 있다. 자연스럽게 구매 전환율도 높아지는 것이다. 특히 오락과 게임 요소를 가미한 방송 콘텐츠 설정, 그리고 가상현실VR, 증강현실AR과 같은 기술을 활용해 소비자의 몰입도를 높이는 시도도 이뤄지고 있다.

전통적인 커머스 사업자로서 홈쇼핑 회사는 판매 영상 서비스를 콘텐츠로 업체에게 제공하는 반면, 라이브 커머스는 입점 업체에게 직접 라이브 커머스를 진행하게끔 플랫폼을 제공하는 형식인데, 서비스를 접하는 소비자 입장에서는 사실상 홈쇼핑 회사 서비스와 구분이 어려운 게 사실이다. 이러한 상황에서 가장 민감하게 반응할 것으로 예상되는 사업자는 높은 송출수수료를 지불하며 TV 매체에 의존도가 높았던 전통적인 커머스 사업자인 TV 홈쇼핑 및 홈쇼핑(데이터: 티커머스) 사업자일 것이다. 이들은 홈쇼핑 사업 승인, 재승인 제도를 통해 진입 규제를 받고 있으며, 중소기업, 중소 농가, 사회적 기업에 대한 상품 판매 기회 확대 등 정부가 권장하는 중소업체 진흥과 같은 행위 규제를 받고 있기도 하다. 그럼에도 불구하고, 이들 역시 이러한 변화 움직임에 맞춰 24시간 온라인/모바일 커머스를 지향하는 움직임을 보이고 있는 실정이다. 전통적인 오프라인 커머스 사업자들도 라이브 커머스에 참여하고 있는데, 현대백화점은 네이버와 함께 '백화점 윈도 라이브'를 운영하고 있고, 롯데백화점은 자체적으로 '100LIVE'라는 채널을 운영해 대응하고 있다.

다만, 뉴미디어를 중심으로 기존에 존재하지 않았던 형태의 혁신적인 서비스는 현행 법 테두리에서 정의되지 못한 형태라는 점에서 전통적인 커머스 사업자와의 갈등 소지는 존재한다. 현재 라이브 커머스는 오락 등 재미 요소를 탑재하고 있고 어떤 경우는 자극적으로 진행될 수 있는데, 현행법상 방송이 아닌 통신 매체로 분류되어 있기 때문에 방송법상 심의를 피할 수 있다. 더불어 소비자 보호 측면에서도, 라이브 커머스 플랫폼을 제공하는 사업자는 통신판매업자가 아니라 통신판매 중개업자로 분류되어 있기 때문에 소비자와 분쟁이 발생할 경우 소비자는 플랫폼 사업자가 아닌 입점 판매자와 문제를 해결해야 하는 상황이기도 하다.

미디어와 디지털 플랫폼 패권

최근 학계와 업계에서는 디지털 플랫폼 패권 논의가 글로벌 빅테크인 GAFA를 중심으로 활발하게 이뤄지고 있다. 그 중심에는 개별 이용자에 대한 접점과 시간 확보를 위한 미디어가 존재한다. 즉, 디지털 플랫폼 패권을 가져가기 위해서는 결국 고품질 미디어 서비스를 통해 충분한 숫자의 이용자를 확보하는 게 관건인데, 그 힘의 원천은 결국 앞서 언급되었던 이용자 데이터로 귀결되며 미디어 기업은 디지털 전환을 통해 비즈니스 외연을 확장할 수 있게 된다. 이용자 데이터가 효율적으로 수집, 구축, 분석될 경우 고품질 미디어 서비스가 제공될 수 있으며, 미디어 콘텐츠 보유량이 적더라도 개인 맞춤형 추천(예: 넷플릭스)으로 고객 만족도 제고로 이어질 수 있기에 선순환 과정이 가능해진다. 이 경우, 직간접 네트워크 효과network effect를 통해 더 많은 소비자와 공급자가 디지털 플랫폼에 참여하게 되어 수집 가능한 데이터와 공급 가능한 미디어 콘텐츠는 더욱 방대해지는 결과로 이어질 수 있다. 이러한 과정에서 규모의 경제economy of scale, 범위의 경제economy of scope가 발생해 특정 플랫폼 사업자로의 쏠림tipping 현상이 자연스럽게 발생하게 된다. 이처럼 시장 지배력을 가지고 있는 디지털 플랫폼 사업자는 다양한 미디어 콘텐츠 번들링bundling 서비스를 통해 소비자를 고착시킬 수도 있으며, 사업 경쟁자 관점에서는 경쟁을 저해하는 '진입 장벽'을 생성할 수 있다.

앞서 언급된 기업들 사례에서 볼 수 있듯이, DX 기반 기업들의 전략적인 움직임 속에 콘텐츠, 커머스, 커뮤니티로 구분되는 사업 영역 간 경계가 무의미해지고 있지만 그러한 움직임 속에서 공통적으로 포착되는 방향성은 커머스를 향하고 있음을 알 수 있다. 즉, 소비자 접점 및 시간 확보를 통한 커머스 수익 창출을 지향하는 것이다. 그런 가운데 글로벌 OTT 업체인 넷플릭스도 2021년 이커머스 시장 진출을 선언했다. 비단 혁신적인 서비스라고 판단하기 힘든 단순 웹사이트 Netflix.shop을 2021년 6월에 시작한 것이고, 커머스 대상도 의류 및 잡화 등을 중심으로 미미한 상황으로 판단되지만, 향후 빅테크 기업과의 디지털 플랫폼 패권 경쟁에 있어 어떠한 추가 행보를 보일지 귀추가 주목된다.

SUMMARY

ICT 생태계 가치 사슬 체계를 잘 활용할 수 있는 기업은 미디어 매체에서 수집되는 소비자 데이터를 기반으로 가치 창출 프로세스에 변화를 가져올 수 있다. 가치 창출로 이어지는 데이터 경쟁 우위는 단순히 데이터 보유량에 있지 않고, 보유 범위, 수집 기술 차이, 분석 및 활용 차이에서 나타난다. 디지털 생태계에서 미디어를 통해 소비자와 접점을 가지고 있는 B2C 사업자들은 각자가 제공하는 핵심 서비스를 중심으로 세 가지 형태(Content, Commerce, Community)로 구분되는데, 이들은 DX 기반으로 수직적, 수평적 비즈니스 영역 확장을 통해 사업자 간 경계를 허물고 있다. 이러한 외연 확장을 통해 공통적으로 지향하는 영역이 커머스이며, 아마존, 쿠팡, 네이버 등 국내외 빅테크는 공통적으로 미디어-커머스 연계 전략을 취하고 있다. 그러한 움직임에 맞춰 미디어 콘텐츠에 대한 글로벌 IP 확보 경쟁과, 뉴미디어 기반 커머스 분야 신경쟁 구도가 나타나고 있다.

생각해 볼 문제

1. 글로벌 빅테크 사업자인 아마존이 이용자 미디어 데이터를 어떻게 가치 창출로 활용하는지 기업 가치 사슬 모형을 기반으로 토의해 보자.
2. 국내 플랫폼 사업자인 네이버와 카카오는 글로벌 콘텐츠 IP 확보 경쟁을 하고 있는데, 향후 어떠한 부가가치 창출로 이어질 수 있는지 토론해 보자.
3. 국내 커머스 사업자가 한류 콘텐츠 인기가 높은 국가로 진출을 시도하는 경우, 어떤 방식으로 국내 콘텐츠 사업자와 협업을 하는 게 좋은지 토론해 보자.
4. 글로벌 OTT 넷플릭스가 이커머스 사업으로의 진출을 선언했는데, 앞으로 어떻게 경쟁 우위를 보일 수 있을지 토의해 보자.

참 고 문 헌

황기섭. 2020. 「라이브 커머스 광고 실태조사」. 한국소비자원.

Brookman, J., P. Rouge, A. Alva, and C. Yeung. 2017. "Cross-Device Tracking: Measurement and Disclosures." Proc. Priv. Enhancing Technol., pp.133~148.

PwC. 2019. "Putting a value on data."

Rowley, J. 2007. "The Wisdom Hierarchy: Representations of the DIKW Hierarchy." *Journal of Information Science*, Vol. 33(2), pp. 163~180.

Verhoef, P. C., T. Broekhuizen, Y. Bart, A. Bhattacharya, J. Q. Dong, N. Fabian, and M. Haenlein. 2021. "Digital Transformation: A Multidisciplinary Reflection and Research Agenda." *Journal of Business Research*, Vol. 122, pp. 889~901.

12 미디어 기업의 지속가능 경영

송지희

12장에서는 미디어 기업의 지속가능 경영을 위한 전략을 살펴보고자 한다. 먼저, 지속가능 경영의 개념과 이의 배경인 이해관계자 자본주의에 대해 살펴본다. 지속가능 경영의 목표를 위한 핵심적인 수단인 기업의 사회적 책임(CSR), 공유 가치 창출(CSV) 및 최근 부상하고 있는 ESG(환경, 사회, 지배구조) 활동에 대한 개념적 이해와 이들을 활용하고 있는 미디어 기업의 다양한 전략들을 살펴본다. 이를 바탕으로 향후 미디어 기업의 지속가능 경영에 전략적 시사점을 도출해 본다.

지속가능 경영의 개념

'지속가능성'은 1987년 UN 브룬틀란 위원회가 발간한 「우리 공동의 미래」 보고서(WECD, 1987)를 통해 대두되기 시작했다. 보고서에 따르면, 지속가능 발전이란 미래 세대의 필요를 충족시킬 능력을 축소시키지 않으면서 현재 세대의 필요를 충족시키는 발전이라고 정의했다. 이후 2015년 제70차 UN 총회에서 2030년까지 달성하기로 결의한 지속가능 발전 목표, 즉 SDGs Sustainable Development Goals를 제시했다. SDG는 '단 한 사람도 소외되지 않는 것'이라는 슬로건 아래 5개 영역(인간, 지구, 번영, 평화, 파트너십)에 대해 17개 목표와 169개 세부 목표를 제시했다. 17개의 목표는 〈그림 12-1〉과 같다.

지속가능 경영 Sustainable Management 이란, 이처럼 기업이 지속가능성을 목표로 경영을 하는 것, 즉, 기업이 경영 활동을 미래에도 지속적으로 가능하게 하는 것을 말한다. 지속가능 경영과 함께 경영 분야에 가장 많이 등장하는 용어가 기업의 사회적 책임(이하 CSR: Corporate Social Responsibility이라 함), 공유 가치 창출(이하 CSV: Creating Shared Value라 함), 그리고 환경, 사회, 기업 지배 구조(이하 ESG: Environment, Social, Governance라 함)일 것이다. 지속가능 경영과 CSR, CSV, 그리고 ESG는 서로 비슷한 용어로 혼재되어 사용하고 있으며, 이에 대한 구분이 명확한 것은

1 빈곤 퇴치	2 기아 종식	3 건강과 웰빙	4 양질의 교육	5 성평등	6 깨끗한 물과 위생
7 적정 가격의 깨끗한 에너지	8 양질의 일자리와 경제 성장	9 산업, 혁신, 사회기반시설	10 불평등 감소	11 지속가능한 도시와 지역사회	12 책임 있는 소비와 생산
13 기후 행동	14 수생태계 보전	15 육상생태계 보전	16 평화, 정의, 강력한 제도	17 목표 달성을 위한 파트너십	

〈그림 12-1〉 유엔이 제시한 지속가능 발전 목표 17가지
자료: UN foundation(https://unfoundation.org) 재구성

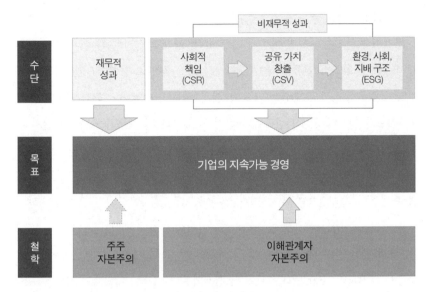

비재무적 성과

| 수단 | 재무적 성과 | 사회적 책임 (CSR) | 공유 가치 창출 (CSV) | 환경, 사회, 지배 구조 (ESG) |

| 목표 | 기업의 지속가능 경영 |

| 철학 | 주주 자본주의 | 이해관계자 자본주의 |

〈그림 12-2〉 기업의 지속가능 경영과 CSR, CSV, ESG 의 관계

아니다. 그러나 지속가능 경영에 대해 이해하기 위해서는 지속가능 경영의 개념, 지속가능 경영의 철학적 배경, 그리고 CSR, CSV, ESG 간의 관계를 살펴볼 필요가 있다. 〈그림 12-2〉는 이들 관계를 보여주고 있다.

지속가능 경영 목표

지속가능 경영은 앞으로 미디어 기업뿐 아니라 모든 기업의 목표가 될 것이다. 결국 우리 미래 세대의 필요의 충족을 제한하지 않으면서 현재 세대의 필요를 충족해야만 기업이 장기적으로 존속할 수 있기 때문이다. 우리나라 상장 기업들 상당수가 이러한 지속가능 경영을 위해 노력하고 있으며, 매년 이의 결과를 지속가능 경영 보고서 발간을 통해 지속적으로 대외에 알리고 모니터링 하고 있다.

지속가능 경영의 수단

기업이 지속가능하려면 어떻게 해야 할까. 경제적 성장뿐 아니라 환경, 사회와 더불어 조화와 균형을 이루는 것이 지속가능 경영일 것이다. 경제적 성장은 기업의 재무적 성과와 관련이 있으며, 환경, 사회와 더불어 조화와 균형을 이루는 것은 기업의 비재무적 성과와 관련이 있다. 그동안 지속가능성이 기업의 재무적 성과에 초점을 맞추어 왔다면, 최근 이러한 지속가능의 개념을 '비재무적 성과'를 통해 측정하고 예측하려는 움직임이 나타나고 있다. 비재무적 성과에 대한 기업의 관심은 다양한 개념으로 나타났다. 1990년대 후반부터 현재까지 많은 미디어 기업들이 하고 있는 CSR, 즉 기업의 사회적 책임은 기업이 봉사, 기부, 사회 공헌 등의 프로그램을 통해 사회에 기여하고자 하는 기업의 추가적인 활동을 의미한다. 2000년대 후반부터 현재까지 기업들이 지속가능 경영을 위해 추진하고 있는 CSV, 공유 가치 창출은 기업의 활동이 경제적인 가치뿐 아니라 사회적 가치까지 동시에 실현되도록 하는 것이다. 즉, CSR이 기업의 본연의 활동으로 얻는 이익을 사회에 환원하는 것이라면, CSV는 기업 본연의 활동 그 자체가 사회에 기여하며, 사회구성원 및 공동체와 상생하는 것이 목표인 것이다. 한편, 2020년 이후 등장해 최근 전 세계적으로 관심을 받고 있는 ESG, 즉 환경, 사회, 기업 지배 구조는 기업 활동 전반에 환경, 사회적 책임, 지배 구조 개선을 도입해 지속가능 경영을 도모하는 것이며, 특히, ESG는 투자자의 관점에서 "지속가능 경영을 하는 기업에 투자하는 것"을 의미한다. 이들 세 가지, 즉 CSR, CSV, ESG는 모두 지속가능 경영을 위한 수단이다(〈그림 12-2〉 참조). 이 세 가지에 대한 보다 자세한 내용은 지속가능 경영의 철학적 배경을 이해한 후 살펴볼 것이다.

지속가능 경영의 철학적 배경

지속가능 경영의 철학적 배경은 이해관계자 자본주의이다. 이해관계자 자본주의가 본격적으로 이슈화되기 이전에 기업은 주주자본주의를 추구해 왔다.

1970년 발표된 프리드먼 독트린(Friedman, 1970)에 따르면, 자유 기업 사회에서 기업의 책임은 이윤의 극대화이며, 기업이 사회적 책임을 위해 고용 창출, 환경 문제 등에 관심을 가지는 것은 사회주의라 비판했다. 따라서 이러한 사회적 책임을 다하는 것은 결국 주주의 돈을 쓰는 것이며, 기업의 주인인 주주의 이익을 극대화하는 기업의 본연의 목적에 위배된다고 주장했다. 프리드먼과 시카고학파의 이러한 주주자본주의의 배경에는 자유시장은 매우 효율적이어서 모든 기업들이 주주의 이익을 위해 노력한다면 기업은 효율적이고 혁신적이 되며, 진정한 경쟁이 이루어질 것이라는 믿음이 있었다. 특히 이들은 경영자는 투자자의 대리인이므로, 투자자들의 이익을 위해 노력해야 한다고 주장해 왔다.

그러나 이러한 주주자본주의에 대해 회의적인 시각이 나타나기 시작했다. 즉, 기업들이 주주가치 극대화를 위해 단기적인 이익과 주가 상승, 배당, 자사주 매입 등을 위한 경영을 추구했고, 경영진의 보수와 주주 가치를 연동시켜 CEO의 임금은 계속 높아졌다. 주주 가치 극대화를 위해 경영자들은 직원과 협력업체 등 다른 이해관계자들의 희생을 요구했고, 이들과의 부의 격차는 갈수록 커졌다. 이러한 부의 양극화는 모든 사람들에게 공정한 기회가 주어지는 것을 막는 결과를 초래했다. 즉, 성공은 부모의 소득과 점차 밀접하게 연관되기 시작하고, 이는 주주자본주의에서 주장하는 모든 개인에게 평등한 기회가 주어진다는 것에 반하는 결과였다. 그뿐만이 아니라, 주주들의 이익을 위해 노력하는 동안 석탄 연료로 인한 환경 파괴 및 온실가스 배출로 인해 지구와 환경에 상당한 부담을 주게 된다는 것을 깨닫게 되었다. 주주자본주의로 막대한 부를 차지한 거대 기업들은 공정한 시장의 룰도 바꾸는 행태도 보이고 있었다.

이러한 주주자본주의의 문제점을 해결하기 위해 이해관계자 자본주의가 등장했다. 이해관계자 자본주의 관점은 기업 경영 평가 시각을 주주뿐 아니라 기업의 이해관계자 및 사회 전체로 확장하는 것이다. 사실 이러한 이해관계자 자본주의에 대한 흐름은 주주자본주의가 대세였던 1970년대부터 나타나기 시작했다. 프리드먼 독트린에 대해 세계경제기구WEF의 클라우스 슈밥은 1973년 다

이해관계자 자본주의의에 대해 명확히 제시한 다보스 선언 2020

회사의 목적은 모든 이해관계자가 공유하는 지속적인 가치 창출에 그들을 참여시키는 것이다. 이러한 가치를 창출하기 위해 회사는 주주뿐 아니라, 회사의 모든 이해관계자, 즉 직원, 고객, 공급업체, 지역커뮤니티, 사회 전체를 위해 힘써야 한다. 모든 이해관계자들의 다양한 관점을 이해하고 조화롭게 하는 최상의 방법은 회사가 장기적인 번영을 강화하는 결정과 정책을 만드는 데 함께 노력을 같이 하는 것이다.

자료: Davos Manifesto 2020: The Universal Purpose of a Company in the Fourth Industrial Revolution; www.weforum.org

이해관계자 자본주의를 추구하는 카카오와 네이버

카카오는 2021년 1월 이사회 산하에 ESG위원회를 신설해 지속가능 경영을 위한 '기업 지배 구조 헌장'을 제정, 공포했다. 특히, 기업 지배 구조 헌장에는 다양한 이해관계자, 즉 임직원, 고객, 협력사 등의 권리를 보호하는 조항이 있는데(제4장 제14조), 이의 주된 내용은 이해관계자의 권리를 침해하지 않으며, 사회적 책임을 다하며, 근로자의 삶의 질 제고를 위해 노력하며, 공정거래법 준수를 통한 국민 경제 발전을 도모하며, 채권자의 보호 절차를 준수하며, 이해관계자의 권리 보호에 필요한 정보를 제공한다는 내용이다.

네이버도 2020년 10월 ESG위원회를 신설하고, 중장기 ESG 전략을 수립해 지속가능 경영을 위해 노력하고 있다. 특히 네이버는 이용자, 구성원, 투자자, 주주, 파트너, 지역 사회, 정부를 주요 이해관계자로 정의하고, 이들의 주요 관심사를 지속적으로 파악하고 소통하는 등 이해관계자 자본주의를 추구하고 있음을 알 수 있다.

보스 선언Davos Manifesto 1973: A Code of Ethics for Business Leaders을 통해 기업 경영진은 이해관계자에게 봉사해야 한다고 주장하며 프리드먼에 맞서기 시작한 것이다. 이후 WEF는 2019년 12월 다보스 선언 2020을 하는데, 이 선언은 기업의 목적이 이해관계자의 이익을 위함이라는 것을 분명히 명시하고 있다.

이러한 이해관계자 자본주의가 바로 지속가능 경영으로 가는 수단 중 비재무적인 성과에 집중해야 하는 철학적인 근거가 되는 것이다. 최근 많은 미디어 기업들이 이러한 이해관계자를 고려하는 자본주의를 실행하고 있다. 미디어 기업들의 지속가능 경영 보고서를 살펴보면, 이해관계자들을 정의하고, 이들과의 관계 및 소통, 참여를 중요시하고 있음을 알 수 있다. 예를 들면, KT는 고객, 주주, 정부, 임직원, 협력사, 지역사회, 학계, 환경의 이해관계자 그룹을 정의했고, LG 유플러스의 경우 고객, 임직원, 협력사, 주주 및 투자자, 정부, 지역사회와 소통하고 있으며, SK 텔레콤은 구성원, 주주, 고객, 비즈니스 파트너, 정부, NGO 및 지역사회의 이해관계자들을 고려하고 있다.

기업의 사회적 책임: CSR

지속가능 경영의 비재무적인 성과를 위한 수단 중 가장 먼저 등장한 것이 CSR(기업의 사회적 책임)이다. CSR 개념이 처음 등장한 것은 1950년대 미국 경제학자 하워드 보웬이 '기업은 이윤 추구 외에 사회적 책임을 다해야 한다'라고 주장하면서부터이다(Bowen 1953). 그러나 일반인들에게도 CSR이 알려지게 된 것은 1988년 미국에서 일어나 한 사건이다. 제프 밸린저라는 미국인 노동운동가는 인도네시아를 비롯해 동남아시아에서 노동운동을 했는데, 1988년 인도네시아 나이키 공장의 열악한 노동환경과 최저 생계비에도 못 미치는 시간당 14센트라는 임금을 매스미디어에 공개했다. 이 사건 이후로 엔론의 분식회계, 엑손의 대규모 기름 유출사고 등 일련의 사고로 인해 많은 사람들이 이제는 기업이 이윤 추구뿐 아니라 윤리적, 사회적 책임을 다해야 한다는 공감대가 형성되었고, 이를 기업 평가에 반영해야 한다는 움직임이 나타나기 시작했다.

CSR에 대해 다양한 개념들이 있었으나, 현재까지 가장 많이 활용되는 모형은 캐롤Carroll 교수가 1991년에 제시한 CSR 피라미드 모형(Carroll 1991)이다. 1991년에 제시된 CSR 피라미드에 따르면, CSR에는 네 가지 책임이 있다. ① 가장 하위의 책임이 경제적 책임으로 기업의 이윤 창출 및 수익 극대화를 의미하며, ②법적인 책임은 기업의 행위가 합법적인 영역에서 이루어져야 한다는 것이며, ③윤리적 책임은 기업이 소속된 공동체에 영향을 미치는 모든 행위들이 도덕적으로 올바르게 이루어지는 것을 의미하며, ④ 가장 상위의 책임은 자선적 책임으로 기업이 자신의 자원을 기부나 자원봉사 등을 통해 사회에 공헌하는 책임을 말한다. CSR 피라미드 모형은 중요도에 따라 네 가지 책임을 설명했으며, 하위의 경제적 책임이 만족되어야 상위로 올라갈 수 있다는 점을 강조하고 있다. 즉, 경제적 책임을 달성하지 못하면, 그 이외의 책임은 아무 의미가 없다는 것이다. CSR 초기에 기업들이 경제적 이윤을 달성해야만, 사회적 봉사를 할 수 있다고 생각했던 것도 이러한 맥락이다. 그러나 CSR이 지속가능 경영의 수단이라고 생각했을 때, 이윤을 추구한 후 자선적인 행동을 해야 하는 것이 아니라, 자선적인 책임을 다하면서 경제적, 법적, 윤리적 책임을 다하는 것으로 보아야 한다는 점에서 피라미드 모형은 비판을 받기도 했다.

CSR 피라미드는 CSR을 연구하는 이론적인 모형이나 근거가 되어왔지만, 실제 기업이 행하는 여러 가지 CSR 활동들을 분류할 때는 필립 코틀러가 제시한 여섯 가지 유형을 사용할 수 있다(코틀러·리, 2007). CSR 활동을 마케팅과 연관지어 설명한 코틀러에 의하면, 기업의 CSR에는 여섯 가지 유형이 있다고 했다. ① 공익 캠페인, ② 공익 연계 마케팅, ③ 기업의 사회 마케팅, ④ 기업의 자선 활동, ⑤ 지역사회 봉사, ⑥ 사회 책임 경영 실천. 이를 하나씩 살펴보고, 미디어 기업의 사례를 설명하면 다음과 같다.

공익 캠페인 Cause Promotion

특정 사회문제에 대한 대중들의 관심과 참여, 모금, 봉사 등을 독려하기 위해 기업이 현물, 기금 등과 같은 기업의 자산을 제공하는 CSR 활동이다. 주로, 기업이 NGO나 공익기관들과 연합해 활동을 하는 경우가 많다. LG 유플러스가 세계 자연기금World Wide Fund for Nature과 함께 AR, VR을 활용해 자연 파괴로 멸종 위기에 놓인 동물 보호를 위한 캠페인을 진행하고 있는데, 이것이 공익 캠페인이다. 공익 캠페인의 가장 중요한 부분은 대중의 설득이므로, 설득을 위한 정확한 타깃 설정 및 적절한 메시지 전달이 중요하다. 공익 캠페인을 통해 주로 기업의 이미지가 제고되는 경우가 많다.

공익 연계 마케팅 Cause-Related Marketing

기업이 특정 서비스/제품/가치의 판매로 얻는 매출이나 수익의 일부분을 사회문제 해결을 위한 기부금으로 제공하는 방식이다. MBC가 〈배철수의 음악캠프〉에서 만든 후드티 판매 수익금의 일부를 코로나 19의 취약 계층에 기부한 것이 예다. 공익 연계 마케팅은 소비자들의 참여에 비례해 성과가 난다는 점에서 공익 캠페인과는 차별화되는 면이 있다. 공익 연계 마케팅을 통해 기업은 이미지 제고뿐 아니라 판매도 촉진할 수 있는 이점이 있다.

기업의 사회 마케팅 Corporate Social Marketing

기업의 사회 마케팅은 대중의 '행동 변화'를 꾀하는 것이 목적이다. 예를 들면, 대중의 건강을 위해 심장 건강에 좋은 생활 습관에 대해 홍보했던 샌드위치 레스토랑 서브웨이가 대표적인 예이다. SBS의 경우 〈물은 생명이다〉라는 방송을 통해 하천, 강 등의 오염 방지, 해안과 갯벌의 건강성 유지, 섬 지역의 물 부족을 해결하기 위한 캠페인을 하며, 국민들에게 물의 중요성을 깨닫게 하고 이러한 캠페인의 참여를 독려하는 사회 마케팅을 진행하고 있다. 즉, 대중의 건강, 안전, 복지, 환경 개선을 위해 기업이 특정 행동 변화를 기획하는 것이다. 이러한 사회 마케팅이 성공하려면, 기업의 이미지와 맞는 사회 문제인지가 중요하다. 또한, 앞서 살펴본 공익 연계 마케팅 등과는 달리 대중의 행동 변화를 촉구하므로, 반발이 있거나, 행동 변화까지 오랜 시간이 걸릴 수 있다. 그러나 성공한다면 기업은 자신의 브랜드에 대한 포지셔닝을 새롭게 할 수 있으며, 소비자들의 선호도가 증가되며, 소비자들과의 상호작용 빈도가 높아질 수 있다.

기업의 자선 활동 Corporate Philanthropy

기업의 자선 활동은 기업이 특정 자선단체나 사회문제에 직접적으로 기부하는 것을 말한다. 기부 형태는 현금, 장학금, 보조금, 기업의 제품/서비스, 전문지식, 기업의 시설, 장비 등이다. 예를 들면, KBS가 코로나를 치료하는 의료진들을 위로하고 격려하기 위해 대구동산병원을 찾아 KBS 관현악단 연주회를 하는 경우나 SBS가 희귀난치병 환아의 치료비와 생계비를 지원하는 활동 등이 그 예이다. 이러한 활동을 통해 기업은 명성이 높아지고, 지역사회 고객들의 호감도가 높아질 수 있다. 그러나 일차적인 기부로 이어질 경우 보여주기 식이라는 인식을 살 수도 있다. 기업은 이러한 자선 활동에 대한 효과를 잘 추적하고 평가해, 기업의 지속가능 경영에 어떤 도움을 주었는지 분석할 필요가 있다.

지역사회 봉사 Community Volunteering

지역사회의 특정한 문제 개선 또는 해결을 위해 기업의 직원들이 자신들의 재능과 시간을 기부하는 활동이다. 이러한 활동은 직접 지역사회 주민/고객들과 접촉하면서 이루어지므로, 기업, 자원봉사자, 수혜자 모두에게 정서적으로 가장 큰 영향을 주는 활동이다. KT 사랑의 봉사단은 KT 임직원들이 자율적으로 프로그램을 기획해, 지역사회 아동센터를 지원하거나 지역사회 취약계층 필수 물품 지원을 하고 있는데 이것이 지역사회 봉사의 예이다. 이를 통해 지역사회와 끈끈한 유대감이 형성되며, 직원들의 만족감과 기업에 대한 애사심이 증대될 수 있다. 이러한 활동은 그 지역에서는 잘 보이지만, 전국 단위로 볼 때, 인식이 되지 않아 노력 대비 효과가 낮을 수 있으며, 직원들을 알맞은 자원봉사에 잘 배치해야 하는 어려움과 비용 등이 단점이다.

사회 책임 경영 실천 Socially Responsible Business Practice

기업이 임의의 경영 및 투자 활동을 통해 사회의 복지, 환경 등의 문제를 해결하는 활동이다. 여기서 이러한 활동은 법으로 강요된 것이 아니라, 도덕적이고 윤리적인 기준으로 실천하는 경우이다. 예를 들면 시스코시스템즈가 에너지 절약 기술을 적용해 본사의 건물을 설계하고 건설하는 예이다. 이를 통해, 운영비용 절감뿐 아니라 환경오염을 감소시켜 사회 환경 문제를 해결하고 더 나아가 기업의 지속가능 경영을 위한 활동이 될 수 있는 것이다. 이러한 활동을 통해 기업은 실제 비용을 감소할 수 있으며, 고객 및 지역사회에 대한 이미지 개선 등이 기대된다. 예를 들면, KT는 정보 격차가 심한 도서 및 산간 오지 지역(예를 들면, 경기 파주시 비무장지대 마을, 백령도 등)에 기가GiGa 인프라를 설치해 주고 있는데, 이를 통해 교육, 문화, 경제, 환경 등 다양한 분야에서 지역주민의 생활환경을 개선해 지역경제를 활성화하고 있다. 이러한 사회 책임 경영 실천 활동은 사회 가치 실현과 연결되며, 다음 장에서 설명할 CSV나 ESG와 연결될 수 있는 활동이다.

공유 가치 창출: CSV

2000년대 중반 이후에 CSR 활동에 대한 비판이 제기되기 시작했다. 먼저, CSR 활동이 경우에 따라서는 기업의 핵심 가치 창출과는 관련이 없는 행동인 경우가 많았다. 예를 들면, 많은 미디어 기업들이 하고 있는 CSR 활동 중 하나인 소외 계층에게 장학금을 지급하는 활동은 미디어 기업의 본연의 가치와는 관련이 없는 활동이다. 또한, CSR 이 기업의 지속가능 경영을 위한 전사적인 일이 아니라 기업 일부 부서, 즉 홍보팀만이 전담하는 경우가 많고, 기업의 필수가 아닌 선택인 경우가 많았다. 그러다 보니, CSR은 기업이 이윤을 창출한 후 여력이 있을 때하는 형태로 여겨졌고, 이는 기업의 지속가능 경영이나 사회적 가치 실현과는 관련성이 낮다는 비판이 제기되었다.

반면, CSV(기업의 공유 가치 창출)는 기업의 활동이 경제적인 가치뿐 아니라 사회적 가치까지 동시에 실현되도록 하는 것이다. 즉, 기업이 사회의 문제를 해결하기 위한 노력을 기울이다 보면, 이윤이 창출되고 동시에 사회적 가치도 창출

구분	CSR	CSV
추구가치	선행(doing good)	비용 대비 경제적, 사회적 가치 창출
핵심 개념	시민의식, 자선 활동, 지속가능성	기업과 공동체를 위한 가치 창출
기업 경영 요소	기업의 재량이며, 외부 압력에 대한 반응	경쟁의 필수 요건
이윤 극대화	이윤 극대화와는 관련 없음	이윤 극대화의 필수 요건
활동 결정 방법	외부의 요구나 개인의 선호에 따라 CSR 활동이 결정	기업의 요구나 내부적 의사 결정에 따라 CSV 활동 결정
예산 편성	CSR 예산에 의해 제안	CSV 요구에 따라 기업 전체의 예산이 편성
국내의 예	전통시장 상인 ICT 교육	ICT를 통한 전통시장 활성화

〈표 12-1〉 CSR과 CSV 차이
자료: Porter and Kramer(2011) 재구성.

됨으로써 지속가능 경영이 가능하게 된다는 것이다(Porter and Kramer, 2011). CSV는 CSR과 차이점이 존재하는데, 포터와 크레이머(Porter and Kramer, 2011)는 CSR이 기업의 이미지 향상과 관련이 많고 사회의 근본적인 가치전달, 문제해결과는 관련이 없다 보니 기업이 장기적으로 이를 추구하기에는 한계가 있으며, 기업의 장기적 성과와도 관련이 없다고 지적했다. CSR과 CSV의 차이점은 〈표 12-1〉과 같다. 즉, CSR의 목적이 기업이 선행과 자선 활동을 하는 것이 목적이라면, CSV는 경제적 가치와 사회적 가치를 동시에 만족하며, 기업과 사회 공동체를 위한 가치를 창출하는 것이 목적이다. CSR이 일종의 자선 활동처럼 여겨지다 보니, 기업의 자발적 참여로 이루어지는 이윤 극대화와는 관련이 없는 행동인 반면, CSV는 이윤 극대화 및 경쟁 우위를 갖기 위한 필수 요건이다. 기업 내부의 예산이나 사업계획 시 CSR은 최고경영자의 선호나 외부의 요구에 의해 활동이 그때그때 결정되지만, CSV는 내부의 사업계획 수립부터 CSV에 대한 의사 결정을 하게 되며, 이에 따라 예산도 편성이 되는 점에서 차이가 있다. 예를 들면, SK 텔레콤의 경우 2000년대 초반 취약계층에 ICT 기술 교육 등의 활동을 진행했는데, 이것은 단순히 취약계층 또는 ICT 기술에 소외된 계층들에 교육을 진행하는 것으로 그쳐 이것이 사회가치 창출까지 연결되는 것은 미약했다. 이러

다양한 창작 생태계를 통한 CSV를 실천하는 CJ ENM

CJ ENM 은 신인 창작자를 발굴 육성하는 창작자 지원사업인 오펜(O'PEN)을 통해 CSV 활동을 하고 있다. CJ ENM은 서울 상암동에 창작자들을 위한 오펜 라운지를 마련해 신인 창작자들에게 창작 공간과 기회를 제공하고 있다. 특히, 오펜은 CJ 문화재단, 드라마 제작 자회사 스튜디오 드래곤과 함께 콘텐츠 기획개발, 제작, 편성 및 비즈니스 매칭까지 전 과정을 신인 창작자들에게 통합적으로 지원하고 있다. 이를 통해 신인 창작자들에게는 데뷔 기회를 주고, 미디어 업계에는 신인 창작자를 발굴할 수 있도록 지원해 사회에 건전한 문화 생태계를 조성하는 데 기여하고 있다. 오펜 소속 작가들은 케이블 TV, OTT 등에 성공적으로 데뷔해 활동을 하고 있다.

CJ ENM의 DIA TV는 1인 콘텐츠 크리에이터 창작 활동을 지원하는 활동으로 재능 있는 1인 콘텐츠 창작자들을 발굴해 콘텐츠 제작부터 사업화까지 지원하는 활동이다. 예를 들면, 이들에게 전용 스튜디오 제공, 동영상 제작 기법 및 노하우 전수, 저작권 관리 및 콘텐츠 유통 전략, 광고 및 마케팅 등의 기법을 알려주어 이들의 콘텐츠 가치 향상과 이를 소득으로 연결시켜 주고 있다.

이러한 오펜 및 DIA TV는 모두 CJ ENM이 가진 노하우를 공유함으로써, 작가들과 콘텐츠 크리에이터의 창작 생태계를 조성함으로써 사회적 가치를 실현하는 CSV 활동의 대표적인 예이다.

한 활동이 CSR 활동의 예이다. 반면 2012년부터 SK텔레콤이 진행한 '전통시장과의 동행'이라는 캠페인은 CSV의 좋은 예로, 이 프로젝트를 통해 SK텔레콤은 전통시장들 고객 데이터베이스 축적, ICT 활용 DB 마케팅, 스마트 배송 등의 서비스를 제공해 전통시장들을 활성화시켰다. 이들 전통시장 중 한 곳은 11번가에 입점해 성공을 거두기도 했다. 즉, 전통시장 상인들에게 단순 ICT 교육이 아니라, 전통시장의 활성화라는 사회적 가치를 제공하면서, 동시에 이를 통해 SK텔레콤의 이미지도 제고하며, 결국 이윤까지도 창출할 수 있어 CSV 활동의 대표적 예라 할 수 있다.

ESG(환경, 사회, 기업 지배 구조)

　지속가능 경영으로 가는 세 번째 수단은 ESG이다. ESG란 환경, 사회, 기업 지배 구조의 영어 알파벳 머리글자를 따서 만든 용어이다. ESG는 기업의 비재무적 성과를 측정하는 것으로 기업의 지속가능성을 생각할 때, 재무적인 것뿐 아니라, 비재무적 요소, 즉 환경, 사회, 기업 지배 구조와 같은 사회적으로 미치는 영향까지 보겠다는 것이다. ESG는 앞서 설명한 CSR이나 CSV와 전혀 다른 개념은 아니다. CSR, CSV, ESG 모두 지속가능 경영을 위한 수단이므로 이들 개념이 비슷하게 혼용되어 사용되는 경우도 많다. 그러나 2021년 이후 지속가능 경영을 언급하는 기업들 대부분은 CSR, CSV보다는 ESG를 언급하는 경우가 많다. 〈그림 12-3〉은 소셜네트워크 데이터 분석 기업인 바이브를 통해 "CSR", "지속가능 경영"과 "ESG"가 SNS(트위터, 페이스북, 인스타그램, 블로그)에 언급된 건수를 보여주고 있다. 먼저 CSR과 지속가능 경영은 2020년대 중반부터 미미하게 증가하다 2021년 3월 다소 증가하고 있으나 1000여 건 내외이다. 반면, ESG의 경우 2020년에는 중반까지는 언급량이 많지 않지만 2021년 1월 갑자기 급증하며, 2021년 3월 1만 2000건이 넘게 언급되고 있음을 알 수 있다. 즉, ESG는 CSR이나 지속가능 경영의 약 10배 가까운 언급을 보이고 있는 것이다. 이것은 ESG가 얼마나 최근에 관심이 있는 개념인지 알 수 있다.

　ESG는 새로운 개념이 아니다. 앞서 지속가능 경영의 개념에서 설명했듯이 오랜 세월동안 주주자본주의의 문제, 즉 기업의 수익성을 위해 환경을 파괴하는 환경문제, 주주뿐 아니라 기업의 이해관계자, 즉 직원, 협력사 등 공공의 이익에 부합하지 않는 행동을 하는 사회적 문제, 기업의 지배구조가 불투명하거나 책임 경영을 하지 않는 기업 지배 구조의 문제 등이 계속 지속되어 왔다. 그러나 최근에는 수익을 위해 무엇이든 하는 것이 단기적으로 기업에 이익이 될지 몰라도 장기적으로는 기업의 지속가능성을 위협한다는 인식이 생겨나면서, 결국 기업과 인류의 지속가능성을 위해 중요한 이슈인 환경, 사회, 그리고 기업 지배 구조

〈그림 12-3〉 2020년 6월~2021년 5월까지 국내 ESG 및 지속가능 경영 SNS 언급량
자료: 바이브 썸트렌드(www.some.co.kr)

가 중요하다는 인식이 퍼지고 있는 것이다.

처음으로 ESG 용어가 등장한 곳은 2006년 결성된 유엔 책임 투자 원칙UN PRI: UN Principles for Responsible Investment에서이다. PRI는 금융기관들이 투자를 할 때, 기업의 재무적 성과만 보지 말고, 기업의 비재무적인 성과까지 반영하는 투자, 즉 사회 책임 투자를 활성화시키기 위해 만들어진 원칙인 것이다. 즉, 금융기관들이 투자자들의 자금으로 재무적 성과뿐 아니라, 환경, 사회, 지배구조와 같은 비재무적 성과도 우수한 기업에 투자를 하는 것이 금융기관의 책임이라고 규정한 것이다. 이러한 UN PRI에 가입된 금융기관들은 2021년 6월 기준 4000개가 넘는 것으로 나타났다(www.unpri.org). 이 중 한국은 국민연금을 포함해 약 11개가 가입되어 있다. 모건스탠리, 블랙록 등 주요한 금융기관들이 사회책임투자를 강조하고 있다.

이처럼 2006년부터 ESG가 본격적으로 대두되었으나, 사회 전반으로 ESG가 크게 확산된 것은 2020년 1월 세계 최대 자산 운용사인 블랙록의 래리 핑크 회장이 향후 환경의 지속가능성을 투자의 최우선 순위로 삼겠다고 공표하면서부터이다. 이후 2021년 1월 우리나라 한국거래소에서는 2030년까지 모든 코스피 상

GRI

GRI(Global Report Initiatives)는 기업의 지속가능 경영보고서에 대한 가이드라인을 제시하는 국제기구이다. 세계적으로 지속가능성 보고서의 표준으로 이용되고 있다. 구체적으로 GRI에서 제시하는 기준을 보면, 경제, 환경, 사회 등 주제별 세부 지침과 보고서 원칙, 공통지표 등에 대한 일반적인 지침으로 이루어져 있다. 전 세계 1만 5000여 개가 넘는 조직이 GRI 가이드라인에 따라 지속가능 경영 보고서를 발간하고 있다.

장사의 ESG 정보를 포함한 지속가능 경영보고서 발간을 의무화했다.

ESG는 그렇다면 구체적으로 무엇일까. ESG를 평가하는 지표들을 살펴보면, ESG의 내용을 구체적으로 알 수 있다. 국내외에 여러 기관들이 ESG 평가지수를 개발했지만, 글로벌 기업과 금융기관이 가장 많이 사용하는 평가기준은 MSCI Morgan Stanley Capital International 의 ESG 등급이며, 국내의 가장 대표적인 ESG 평가기준은 한국기업지배구조원에서 만든 ESG 등급이다(〈표 12-2〉 참조). 두 기준 모두 ESG를 7개 등급으로 분류했다. MSCI 평가기준으로 가장 높은 등급을 받은 기업들의 대표적인 예가 테슬라, 마이크로소프트, 구글, 애플 등이다. 특히 마이크로소프트나 애플과 같은 ICT 기업들의 경우 탄소배출량이 적고 직원들의 고용 조건이 좋다 보니 ESG 점수가 높게 나타났다. 전국경제인연합회가 MSCI ESG 등급이 확인되는 한국, 미국, 일본의 기업들을 비교한 결과 A 등급 이상을 받은 기업의 수가 일본은 전체 87개 중 52개이며, 미국은 73개 중 31개, 한국은 50개 중 11개에 불과했다. 특히 한국의 경우 AAA 등급은 전혀 없었고, AA 등급을 받은 기업은 3개에 불과했다(≪투데이뉴스≫, 2021). 〈표 12-2〉의 한국기업지배구조원과 MSCI의 ESG 평가 요소의 세부 내역을 살펴보면, ESG에 속하는 요소들을 알 수 있다. ESG에 속하는 요소들을 정리해 보면 〈그림 12-4〉와 같다.

MSCI 평가 기준으로 ESG에 속하는 요소들은 다음과 같다. 환경(E)의 경우 가장 큰 요인으로 기후변화와 탄소 배출, 폐기물 관리, 재생에너지 사용 등이 들어

ESG 분야	한국기업지배구조원 ESG 등급 (S, A+, A, B+, B, C, D)	MSCI ESG 등급 (AAA, AA, A, BBB, BB, B, CCC)
환경	환경 경영 환경 성과 이해관계자 대응	기후변화(Climate Change) 천연자원(Natural Capital) 오염 및 낭비(Pollution & Waste) 친환경기회(Environmental Opportunities)
사회	근로자 협력사 및 경쟁사 소비자 지역사회	인적자본(Human Capital) 제조물책임법(Product Liability) 주주 항의(Stakeholder Opposition) 사회적 기회(Social Opportunities)
지배구조	주주권리보호 이사회 감사기구 공시 최고경영자(금융사만) 보수(금융사만) 위험관리(금융사만)	기업 지배 구조(Corporate Governance) 기업행태(Corporate Behavior)

〈표 12-2〉 대표적인 국내외 ESG 평가 지표 비교

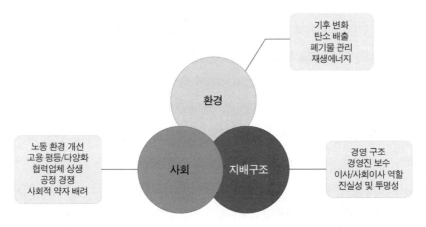

〈그림 12-4〉 ESG 의 구성 요소

간다. 예를 들면 MSCI에서 가장 높은 등급을 받은 마이크로소프트의 경우 '탄소 네거티브' 제도를 도입하고 있다. 이 제도는 기업 운영 과정에서 생긴 탄소 배출량보다 더 많은 탄소를 없애겠다는 것으로 세계 각국에 있는 데이터 센터와 건물에 재생에너지를 활용하고 있으며, 부서별로 탄소세를 도입해 가장 많은 배출

량을 낸 부서원들에게 일정 부분 비용을 지불하게 하고 있다. 애플 본사도 100% 재생에너지를 사용하고 있으며, 부품을 재활용해 채굴해야 할 자원의 양도 줄이고 있다. 예를 들면, 재활용 알루미늄을 활용해 아이패드 외장에 쓰고 있다. SK 텔레콤이 제공하는 T맵 네비게이션은 최적 경로를 제공함으로써 연료 사용을 절감시키고, 온실 가스 배출을 줄여주는 역할을 해 환경 경영을 추구하고 있으며, 넷플릭스는 2021년 3월, 2022년까지 탄소 배출을 0에 가깝게 하는 탄소 넷제로를 선언하기도 했다.

사회(S)의 경우 인적자원을 어떻게 관리하는지, 협력업체 등과의 상생 관계, 공정 경쟁, 제품/서비스 안전성, 사회적 약자에 대한 배려 등이 포함된다. ESG 중 사회 분야는 환경이나 지배 구조보다 더 넓은 요소들을 포함하고 있다. 예를 들면, 애플의 경우 인종차별 반대를 위해 1억 달러 규모를 투자해 소수 인종에게 교육, 인턴십, 멘토링을 제공하는 등 사회 공정성을 위해 노력하고 있다. LG 유플러스의 경우 협력사와 동반 성장을 위한 노력을 통한 사회적 가치를 실현하고 있는데, 대표적인 예로 코로나19로 어려움을 겪고 있는 중소 협력회사를 돕기 위해 납품 대금을 조기 결재해 주거나, 값싼 이자로 대출을 받을 수 있도록 도와주는 등의 활동이다.

마지막으로 기업 지배 구조(G)의 경우 경영 구조 및 경영진 보수, 이사 및 사회이사의 역할, 사업의 진실성 및 투명성 등이 포함된다. 특히, 지배 구조는 기업이 사업을 잘하고 있는지 외부에서 모니터링 하도록 하는 것을 중요하게 여긴다. 즉, 이사회 및 사외이사 등의 견제 시스템을 강조하고 있는데, 이러한 시스템에 문제가 있는 경우 오너 리스크로 연결될 수 있다. 분식회계로 유명한 엔론의 사례도 이사회 및 사외이사들이 감시를 소홀히 한 결과였고, 2008년 글로벌 금융위기를 초래했던 리먼 브라더스의 공격적인 투자도 견제 시스템이 제대로 작동하지 않아 일어난 사태이다. 여러 미디어 기업들은 윤리적 경영 활동을 위해 윤리 규범이나 윤리 경영 원칙들을 공포해 이의 실천을 위해 노력하고 있고, 건전한 기업 지배 구조를 위해서는 기업 지배 구조 헌장을 공포하는 등의 활동

ESG 분야	추진 전략	추진하고 있는 구체적인 실행 전략 예시
환경	환경 경영체계 환경영향 저감 친환경 데이터 서비스 친환경 서비스	환경 경영 전담 조직 신설 친환경 통근버스 에너지 고효율 서버 및 장치 활용 전기차 보급 활성화, 전자문서 사용
사회	카카오 크루 파트너 이용자 커뮤니티	일하는 방식 혁신과 웰빙 이모티콘 작가 저작권 보호 이용자 정보보호 정책 모든 사회구성원들이 긍정적 변화를 주도하는 "임팩트 메이커" 역할을 할 수 있도록 하는 활동
기업 지배 구조	기업 지배 구조 리스크 관리 윤리 경영	이사의 다양성 및 전문성 리스크를 정의하고 대응 활동 수립 윤리 규정 수립과 윤리 교육 실시

〈표 12-3〉 카카오의 ESG 경영 전략
자료: 카카오 ESG 보고서(2021년, https://www.kakaocorp.com/page/responsible/esg).

을 하고 있는 것이 대표적인 기업 지배 구조 개선 활동의 예이다. 실제 기업이 어떻게 ESG를 추진하고 있는지를 살펴보기 위해 2021년 1월에 ESG 위원회를 신설하고, ESG 경영을 선언한 카카오의 전략을 살펴보았다. ESG 분야에 대해 11개의 추진 전략을 수행하고 있는 것으로 나타났다(〈표 12-3 참조〉).

지속가능 경영과 기업 성과와의 연관성

이와 같은 지속가능 경영을 위한 노력들은 최근 ESG에 대한 관심으로 더욱 부각되고 있는 상황이다. 그렇다면, 실제로 지속가능 경영을 위해 ESG를 하는 기업들의 성과는 어떠할까? 주주자본주의를 주장하는 사람들은 ESG 경영을 하게 되면, 기업의 효율성을 저해하는 등 단기적 재무 성과 극대화와는 거리가 멀기 때문에, 주주의 부를 저해해 기업 가치가 하락할 수 있다고 주장한다. 한편, 이해관계자 자본주의를 옹호하는 연구자들은 단기적으로는 기업가치가 하락할 수 있으나, 장기적으로는 기업 이미지가 개선되며, 결국 이는 매출 증대 및 이해관계자(노사 관계, 협력사 관계 등) 만족도로 이어져 경영 성과에 긍정적인 영향을

ESG 채권

ESG 사업 목적으로 발행하는 채권이다. 친환경 등의 사업을 목적으로 하는 녹색채권과, 사회문제 해결을 통한 사회적 가치 창출을 목적으로 하는 사회적 채권으로 나누어진다. 국내 ESG 채권 발행 규모는 2020년 39조 3000억 원 규모이다. 미디어 기업 중에는 네이버 및 KT가 2021년 상반기 ESG 채권을 발행했다. 앞으로 ESG 경영에 대한 관심이 증가함에 따라 기업들의 ESG 채권 발행 규모도 증가될 것으로 보인다.

미친다고 주장하고 있다.

최근의 연구들은 기업의 ESG 경영과 실재 기업의 성과(기업의 총자산이익율, 기업의 주식수익률, Tobin Q)와의 연관성을 살펴보았다(오상희·이승태, 2019; 강원·정무권, 2020). 그 결과 ESG와 기업의 성과와는 정(+)의 관계가 있는 것으로 나타났다. 최근에는 ESG 경영의 단기와 장기 성과를 나누어 생각해야 한다는 주장도 나오고 있다(민재형·김범석, 2019). 즉, ESG 경영을 할 경우, 단기 성과인 주가수익률에는 부정적인 영향을 미쳤고, 이것은 재무 성과가 좋지 않은 기업은 말할 것도 없고, 재무성과가 좋은 기업도 부정적일 수 있는 것으로 나타났다. 그러나 장기 성과는 다를 수 있다. 즉, 재무 성과가 좋은 기업이 ESG 경영을 할 경우 장기적으로는 재무 성과뿐 아니라, 추가적인 기업 가치 상승으로 이어질 수 있다는 것이다. 그러나 재무 성과가 나쁜 기업의 경우 먼저 재무 성과 향상을 위한 노력을 하는 것이 우선순위일 것이다.

이러한 ESG 경영과 기업의 성과를 생각할 때, ESG 경영을 어떻게 측정할 것인가가 중요한 이슈이며, 기업의 성과 역시 재무적인 성과뿐 아니라 비재무적인 성과도 같이 고려해야 한다는 것을 명심해야 할 것이다. 예를 들면, ESG를 평가하는 기관의 지표에 따라 동일 기업을 평가했을 때 그 결과가 크게 차이가 나는 경우도 있다. 또한, ESG 공시를 함으로써, 시장에 기업의 투명성과 신뢰성을 높이는 효과가 나타나는 등의 비재무적 성과도 함께 고려해야 할 것이다.

ESG 워싱 및 그린 워싱

ESG에 대한 관심의 증가로 주요 그룹들이 ESG위원회를 설치하고 있다. 그러나 대부분 ESG위원회는 기존 이사회 및 사외이사가 구성하고 있어, 이름만 ESG위원회가 될 가능성에 우려의 목소리가 높다. 즉 ESG가 기업 전반의 활동에 영향을 미쳐야 하는데, 이사회 내에 ESG이사회를 다시 만드는 건 일종의 보여주기 식으로 ESG 워싱(ESG 위장)이 될 수 있기 때문이다. ESG 경영은 여러 가지 다양한 활동을 모두 포함하고 있기 때문에 기업이 자신에게 유리한 모습만 보여주려고 하는 유혹이 언제나 있기 마련이다. 이에 대해 먼저 기업의 자발적인 노력이 있어야 하고, 이를 독립성과 전문성을 가진 외부 ESG 평가기관에서 지속적으로 모니터링해야 할 것이다. 또한, ESG라고 말하고 있지만, 과거 사회 공헌 활동으로 진행했던 다양한 활동들을 ESG라고 이름만 바꾸어 주장하는 경우도 있다. ESG 경영을 위해 온실가스 감축은 노력하면서, 협력업체에 갑질을 하거나, 임직원들이 지역사회 가치 창출을 위해 노력하지만, 직원들을 억지로 동원한다면 이는 ESG 워싱에 가까울 것이다.

또 한 가지 살펴보아야 할 것은 기업들이 친환경/녹색 경영을 주장하고 있지만, 실제 행동은 그렇지 않은 경우가 많다(그린 워싱; 친환경 위장술). 예를 들면, 얼마 전 한 화장품 업체는 종이병을 쓴다고 홍보했으나, 종이를 열어 보면 안에는 플라스틱이 들어 있어 논란이 된 적이 있다. 그린 워싱에 대한 가이드를 제시한 테라 초이스에 따르면, 그린 워싱에는 일곱 가지가 있다고 한다. ① 상충 효과 감추기(일부 친환경적인 면만 강조하기), ② 증거 불충분(친환경인지 증거가 불충분), ③ 애매모호한 주장, ④ 관련성 없는 주장, ⑤ 거짓말(인증마크 도용), ⑥ 유해 상품 정당화 그리고 ⑦ 유사 이미지를 부착해 공인 마크로 위장하는 경우이다. 최근에는 ESG 펀드가 실제 일반 펀드와 편입 종목이 비슷하여 ESG 투자의 그린 워싱이 문제점으로 지적되기도 했다

자료: 테라초이스(https://www.ul.com/insights/sins-greenwashing)

미디어 기업의 지속가능 경영을 위한 미래 전략

2030년까지 코스피 상장사에 대해 지속가능 경영 공시가 의무화되고, 세계적으로도 지속가능 경영을 추구하는 기업에만 투자하도록 하는 요구가 거세지고

있다. 미디어 기업들도 이러한 흐름에 예외는 아닐 것이다. 현재는 빅테크 상장 기업들을 중심으로 지속가능 경영에 대한 관심과 투자가 늘고 있는 상황이지만, 앞으로는 순수 미디어 기업이나 비상장 미디어 기업에 대해서도 지속가능 경영에 대한 요구는 늘어날 것이다. 특히, 지속가능 경영의 수단들 중 ESG에 대한 관심이 크게 늘고 있다. 기업의 입장에서 볼 때, ESG 평가 항목이 다양한 영역에 걸쳐 넓게 분포되어 있고, 평가 항목들 중 일부는 당장 눈에 보이지 않는 활동들과 연결되는 경우가 많아 ESG에 투자하기는 쉽지 않은 상황이다. 또한 ESG를 평가하는 기관들이 많다 보니, 동일 기업이라도 ESG 평가에 대해 상반된 의견도 많은 상황이다. 그러나 지속가능 경영과 ESG에 대한 관심과 투자는 선택이 아닌 필수이다.

앞으로 미디어 기업들이 지속가능 경영을 위한 ESG 전략을 추구하는 경우, 지속가능 경영이 등장하게 된 배경과 과연 왜 ESG를 하는지에 대한 근본적인 목적을 생각해야 할 것이다. 즉, 이해관계자들과의 관계 및 소통을 통한 이해관계자들의 이익을 중시하며 이들과 더불어 성장하는 것이 중요한 목적임을 잊지 말아야 한다. 또한, ESG 평가 점수만 고려해 단기적인 활동에만 집중한다면, 결국 기업의 핵심 가치와 거리가 멀어져 착하지만 재정적으로 지속가능하지 않은 기업이 될 수 있다는 점을 명심해야 할 것이다.

소니의 지속가능 경영 전략

2020년 10월 ≪월스트리트저널≫은 지속가능한 세계 100대 기업을 발표했는데, 1위가 일본기업 소니(Sony)였다. 특히, 구체적으로 소니는 인적 자본 13위, 사회적 자본 20위, 환경 분야 74위, 혁신 분야는 7위를 달성했다(https://webreprints.djreprints.com/57697.html).
혁신 분야에서 특히 가장 높은 7위를 차지했는데, 이것은 아마도 소니가 전자기업에서 미디어 기업으로 변신하는 과정에서 보여준 혁신 전략 때문인 것으로 보인다. 2012년 소니는 소니케미컬, TV, PC, 배터리를 모두 매각하는 등 제조업을 정리한 후 꾸준히 게임, 음악, 영화, 금융에 투자했다. 그 결과 현재는 게임이 소니 매출의 31%를 차지하며, 영화와 음악 매출도 19%를 차지하는 등 미디어 기업으로 성장했으며, 지난 2020년 사상 최대의 매출, 순이익, 시가총액을 달성했다. 특히, 게임, 영화, 음악 등 미디어에서 플랫폼 기업으로 거듭나기 위해 다양한 노력을 하고 있는데, 게임시장의 구독 서비스인 플레이스테이션플러스라는 구독 모델을 도입해 게임 산업의 수익 안정화를 꾀하고 있으며, 영화와 음악의 경우도 EMI를 인수하고, 전문 스트리밍 서비스인 크런치롤을 인수하는 등 제조업에서 완벽하게 미디어 기업으로 변신했음을 알 수 있다.

특히, 이러한 혁신 분야뿐 아니라, 인적자본, 사회적 자본, 환경 분야에서도 앞서감으로써 지속가능 경영을 위한 노력을 하고 있음을 알 수 있다. 환경 분야의 경우 2020년까지 환경에 대한 영향을 제로로 만들기 위한 노력인 Road to Zero를 선언하고, Green Management 2025를 설정해 실행에 옮기고 있다(아래 그림 참조). 그 외에도 "For the next generation"이란 슬로건 아래 다양한 사회 공헌을 하고 있다. 예를 들면, 한국에서는 Eco Science School이라는 활동을 통해 청소년들에게 환경 및 과학 교육을 하고 있으며, 지역사회를 위한 공헌 활동 및 다양한 글로벌 문제(코로나19, 난민, 환경 보호 등)에 대해 관심을 가지고 활동을 하고 있음을 알 수 있다. 무엇보다 지속가능 경영을 위한 지배 구조, 윤리 경영, 인권 존중, 기술, 직원 근무환경, 환경, 사회봉사, 협력 업체와의 상생 등의 중요한 이슈들에 대해 지속가능 경영 보고서를 정기적으로 발간함으로써, 누구보다 ESG 경영과 지속가능 경영에 앞서나가고 있다.

소니의 그린 경영 2025

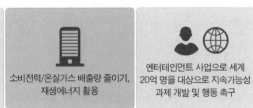
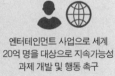

| 부품 공급업체/제조 위탁처에 오염을 줄이기 위한 노력을 요구 | 소비전력/온실가스 배출량 줄이기, 재생에너지 활용 | 엔터테인먼트 사업으로 세계 20억 명을 대상으로 지속가능성 과제 개발 및 행동 촉구 |

자료: 소니 홈페이지(https://www.sony.co.kr/handler/Common-Start?PageName=jsp/company/environment/environment_02_vision_01.jsp) 내용 재구성

SUMMARY

지속가능 경영이란 기업이 경영 활동을 미래에도 지속적으로 가능하게 하는 것을 말한다. 기업의 본연의 목적인 주주 이익 극대화뿐 아니라, 기업의 이해관계자(종업원, 협력사, 지역사회 등) 및 사회 전체의 이익이 중요하다는 이해관계자 자본주의 개념의 등장으로 이러한 지속가능 경영의 개념이 확산되고 있다. 지속가능 경영을 위한 기업의 다양한 노력들은 CSR, CSV를 거쳐 최근 ESG 경영으로 나타나고 있다. 빅테크 중심의 미디어 기업들은 이러한 지속가능 경영을 본격적으로 시작한 반면, 전통 미디어 기업이나 소규모 미디어 기업들은 CSR이나 CSV에 초점을 맞추고 있는 상황이다. 그러나 새로운 소비 계층의 등장 및 투자자들의 요구, 그리고 글로벌 경영 환경과 규제의 변화 등으로 앞으로 미디어 기업들에게 지속가능 경영은 필수적인 요건일 뿐 아니라 향후 생존 전략이 될 것이다.

생각해 볼 문제

1. 기업의 사회적 책임을 상대적으로 중시여기는 MZ 세대 및 알파 세대가 기업의 지속가능 경영 전략 수립에 어떤 영향을 미칠 것인가?
2. 디지털 전환(Digital Transformation)이 미디어 기업의 ESG에 어떤 영향을 미치는가?
3. 기업의 동일한 활동이 ESG에 긍정적이면서 부정적인 영향을 미치는 것은 어떤 것이 있으며, 이에 대해 어떻게 대응해야 할까? 예를 들면 AI를 활용하기 위해 많은 전기에너지가 소모되지만, AI로 인해 거래비용을 감소시켜 탄소 배출량을 줄일 수 있는 경우에 대해 기업은 어떻게 대응해야 할 것인가?
4. 미디어 기업의 지속가능 경영 노력이 기업의 성과에 장/단기적으로 어떤 영향을 주는가?
5. 환경(E), 사회(S), 기업 지배 구조(G) 중 상대적 중요도가 미디어 기업의 규모별, 국가별, 업종별로 어떻게 달라질 것인가?

참 고 문 헌

강원·정무권. 2020. 「ESG 활동의 효과와 기업의 재무적 특성」. ≪한국증권학회지≫, 49권 5호, 681~707쪽.
코틀러, 필립·낸시 리. 2007. 『CSR 마케팅』. 웅진씽크빅.
민재형·김범석. 2019. 「기업의 ESG 노력은 지속가능 경영의 당위적 명제인가? 기업의 재무상태에 따른 비재무적 책임 향상 노력의 차별적 효과」. ≪경영과학≫, 36권 1호, 17~35쪽.
오상희·이승태. 2019. 「ESG 평가요소와 기업가치의 관계에 관한 연구」. ≪전산회계연구≫, 17권 2호, 205~223쪽.

≪투데이뉴스≫. 2021.5.23. "전경련 "매출 100대 기업 ESG 평가, 일본·미국·한국 순"".

Bowen, Howard. R. 1953. *Social responsibilities of the businessman*. New York: Harper & Row.

Carroll, Arche B. 1991. "The Pyramid of Corporate Social Responsibility: Toward the Moral Management of Organizational Stakeholders." *Business Horizons*, Vol. 34, pp.39~48.

Friedman, Milton. 1970.9.13. "A Friedman doctrine—The Social Responsibility Of Business Is to Increase Its Profits." *New York Times*.

Porter, Michael. E., and Mark. R. Kramer. 2011. "Creating Shared Value." *Harvard Business Review*, Vol. 89, Issue 1/2, pp.62~77.

WCED(World Commission on Environment and Development). 1987. *Our common future*. Oxford: Oxford University Press.

찾아보기

Korea Media Management Association
한국미디어경영학회

한국미디어경영학회는 미디어 경영에 관련된 제반 학술연구와 교육 활동, 워크숍 등을 수행하고, 국내 및 해외 산학연 관련 기관과 협력, 교류하여 한국의 미디어 산업 발전과 진흥 그리고 미디어 산업 전문가들의 이익과 친목 도모에 기여함을 목적으로 2002년 9월에 설립되었습니다. 한국미디어경영학회는 미디어산업과 경영, 미디어정책 및 규제 등에 관한 연구 및 교육활동, 산학 연계기관 교류 및 국내외 전문 학술지 발간 등을 주요 업무로 수행하고 있습니다. 현재 13대 집행부에 이르기까지 한국미디어경영학회는 매년 두 차례 정기학술대회, 매월 조찬 세미나, 토크콘서트, 특별 세미나, 미디어 경영 아카데미 등의 행사를 주관하고 있으며, 한국연구재단 등재학술지 ≪정보사회와 미디어≫를 한국정보사회학회와 공동으로 발간하고 있습니다.

저자 소개

박주연

한국외국어대학교 미디어커뮤니케이션학부 교수이며, 2021-22년 한국미디어경영학회의 13대 학회장이다. 독일 베를린자유대학교에서 미디어커뮤니케이션학으로 석사 및 박사학위를 받고, 한국언론진흥재단 미디어연구위원으로 근무했다. 방송통신위원회의 방송 시장경쟁상황평가위원, 미디어다양성위원, 문화체육관광부 자문위원으로 활동했고, 국제방송교류재단 이사 및 사이버커뮤니케이션학회 부회장 등을 지냈다. 관심 분야는 미디어 산업 정책과 콘텐츠 영역이며 현재 미디어 산업론, 방송통신 산업 정책, 콘텐츠 리터러시 등을 가르치고 있으며 관련 분야에서 다수의 국내외 논문 게재 및 저술 활동을 하고 있다.

장병희

성균관대학교 미디어커뮤니케이션학과와 컬처앤테크놀로지융합전공 교수다. 연세대학교 신문방송학과를 졸업하고, 플로리다대학교에서 박사학위를 취득했다. 미디어/콘텐츠 경제학, 경영학, 마케팅, 융복합콘텐츠 이용 분야에서 주로 연구를 수행하고 있다. *International Journal on Media Management*, *Journal of Media Economics*, *International Journal of Arts Management*, *Journal of Broadcasting & Electronic Media* 등의 저널에 관련 논문을 게재했다. 한국미디어경영학회와 한국방송학회 등에서 이사로 활동했다.

이상우

연세대학교 정보대학원 교수다. 미디어·콘텐츠 산업론, 뉴미디어 세미나, 빅데이터 분석(Big data analytics), 통계 분석 등을 강의하고 있다. 연세대학교 화학과에서 학사와 석사학위를, 미시건 주립대학교 텔레커뮤니케이션학과에서 석사학위를, 인디애나 주립대학교에서 매스커뮤니케이션 박사학위를 받았다. 정보통신정책연구원에서 미디어 산업과 관련된 다양한 정책 수립에 기여했다. 한국방송학회 연구이사, 정보통신정책학회 총무이사, ≪사이버커뮤니케이션학보≫ 편집이사, 한국미디어경영학회 회장을 역임했다. 저서로는 『미디어 다양성』(2011, 공저), 『미디어 생태계』(2011, 공저), 『소셜미디어』(2012, 공저), 『스마트 생태계와 미디어 경영 2.0』(2014, 공저), 『인간, 초여결사회를 살다』(2015, 공저), 『유료 방송 산업의 경제학』(2016), 『디지털 미디어 시대의 미디어와 사회』(2017, 공저), 『인터넷 산업의 미래, 함께 묻고 답하다: 전문가 9인의 통찰』(2020, 공저) 등이 있고, *Journal of Media Economics*, *Technological Forecasting & Social Change*, *Computers in Human Behavior* 등의 저널에 다수의 논문을 게재했다.

이상원

경희대학교 미디어학과 교수이다. 연세대학교 행정학과를 졸업하고, 플로리다대학교에서 미디어경제학 전공으로 박사학위를 받았다. 현재 경희대학교 미디어커뮤니케이션대학원장, 한국미디어경영학회 부회장을 맡고 있다. ICT 및 미디어 산업정책, 미디어 경제경영학 및 디지털 콘텐츠 산업과 관련된 다양한 연구 활동을 진행하고 있으며, *Information Economics and Policy*, *Technological Forecasting and Social Change*, *Telematics and Informatics*, *Journalism and Mass Communication Quarterly*, *International Journal of Advertising* 등 다수의 국내외 학술지에 논문을 게재했다.

홍성철

경기대학교 미디어영상학과 교수이다. 영국 카디프대학교와 미국 인디애나 대학교에서 석사학위를 받았으며 인디애나대학교에서 박사학위를 받았다. 1997년부터 문화일보에서 사회부, 산업부, 국제부, 경제부 기자로 일했다. 저서로는 『유곽의 역사』(2007)와 『포르노그래피의 이해』(2015)가 있다. 논문으로는 "Do Cultural Values Matter? A Cross-Cultural Study of the Third-Person Effect and Support for the Regulation of Violent Video Games" (*Journal of Cross-Cultural Psychology*, 2015), "Determinants of sports coverage: Newsworthiness in US media coverage of foreign athletes during the London 2012 Olympic Games"(*Journalism*, 2020) 등이 있다. (hong21@kgu.ac.kr)

이문행

수원대학교 미디어커뮤니케이션학과 교수다. 성균관대학교 불어불문학과를 졸업하고, 파리 2대학에서 언론학 석사와 박사학위를 취득했다. SBS, 제일기획, CJ미디어를 거쳐 MGM Korea 대표이사를 역임했다. 미디어 기업, 방송경영, 콘텐츠 유통 관련 연구를 수행했다. 한국저작권위원회 위원, 한국방송학회, 한국미디어경영학회 이사로 활동하였다.

곽규태

순천향대학교 경영대학 글로벌문화산업학과 교수다. 연세대학교에서 경영학 박사학위를 받았다. 한국방송영상산업진흥원(KBI), 한국콘텐츠진흥원(KOCCA)에서 근무했고, 현재 한국미디어경영학회 이사로 활동하고 있다. 콘텐츠비즈니스, 미디어경영, 창의성·혁신과 관련한 연구를 진행하고 있으며, *Internet Research*, *Computers in Human Behavior*, *Technological Forecasting and Social Change*, *Telematics and Informatics*, *Telecommunications Policy* 등의 다양한 국내외 학술지에 논문을 발표했다.

김성철

현재 고려대학교 미디어학부 교수이며 고려대학교 연구기획위원회 사회단장, 4단계 BK21 미디어학과교육연구단 단장, 스마트미디어 서비스 연구센터(과기부 ITRC) 센터장, 지능정보기술과 사회문제 연구센터(연구재단 SSK 대형) 센터장, 국제학술지 *Digital Business* 편집위원장으로 활동 중이다. 서울대학교 경영학과를 졸업하고 서울대학교 대학원에서 경영학석사학위를, 미국 미시간 주립대학교에서 미디어 전공으로 석사학위와 박사학위를 취득했다. 민·관·학·연 경력을 다 보유했고 고려대학교 도서관장, 한국미디어경영학회 회장, 한국정보사회학회 회장을 역임했다. 정부근정포장을 받았고 고려대학교 석탑연구상을 4회, 석탑강의상을 12회 수상했다. 학제 간 융합연구를 통해 디지털 현장과 사회의 문제를 해결하는 학자가 되기 위해 그리고 학생들에게 영감을 주는 선생이 되기 위해 오늘도 어제보다 나아지려 애쓰고 있다.

정윤혁

현재 고려대학교 미디어학부 교수이다. 루이지애나 주립대학교에서 경영정보학 박사학위를 취득 후, 울산과학기술원 경영학부에 재직했다. 한국미디어경영학회 부회장, 한국정보사회학회 부회장, 한국경영정보학회 이사로 활동했다. 미디어 산업, 디지털 미디어, 정보 프라이버시, 가상세계 등을 연구하고 있으며, *Information & Management*, *Journal of Computer-Mediated Communication*, *New Media & Society* 등 국내외 저명 학술지에 논문을 게재했다.

모정훈

연세대학교 산업공학과 교수다. 서울대학교 산업공학과를 졸업하고, 캘리포니아대학교 버클리에서 EECS 석사, IEOR 박사학위를 취득했다. AT&T Bell연구소와 실리콘 밸리 벤처 기업에 근무했다. 관심 분야는 경영과학, 미디어와 기술, 빅데이터/인공지능, 게임이론 등이다. 경영과학회와 미디어 경영학회 부회장으로 활동했다.

김민기

카이스트 경영대학 퀀트마케팅 분야 부교수다. 서울대학교 경제학과를 졸업하고, 미국 시카고대학교에서 경제학 석사, 박사학위를 취득했다. 빅데이터 기반 애널리틱스와 인공지능 활용, 디지털 마케팅 전략 도출과 관련된 연구를 주로 수행하고 있다. *Journal of Marketing Research*, *Journal of Consumer Research*, *Quantitative Marketing & Economics*, *International Journal of Research in Marketing* 등 국내외 저널에 27편의 논문을 게재했다. 현재 한국경영학회, 정보통신정책학회등에서 편집위원, 미디어경영학회, 마케팅학회, 데이터법정책학회에서 이사로 활동하고 있으며, 문체부 여론집중도조사위원, 행정안전부 공공데이터 제공 운영 실태평가 위원, 과학기술정보통신부 온라인 플랫폼 정책포럼 위원, KOBACO 공익광고협의회 위원으로 참여하고 있다.

송지희

서울시립대학교 경영대학 교수다. 고려대학교 경제학과를 졸업하고, 동대학원에서 경영학 석사(세부전공: 재무관리)를 취득했으며, 미국 조지아대학교에서 마케팅 박사학위를 취득했다. 뉴미디어 마케팅, 인터렉티브 마케팅, Martech 분야에서 주로 연구를 수행하고 있다. *Journal of Marketing*, *Marketing Letters*, *Journal of Business Research*, *International Journal of Advertising* 등의 저널에 관련 논문을 게재했다. 현재 *Asia Marketing Journal* 편집위원장, 정보통신정책학회 총무이사, 한국 미디어경영학회 이사를 맡고 있으며, 한국마케팅학회, 한국소비문화학회, 한국창업학회 이사를 역임했다.

한울아카데미 2339

미디어 경영론 5.0

지은이 **박주연·장병희·이상우·이상원·홍성철·이문행·곽규태·김성철·정윤혁·모정훈·김민기·송지희**
펴낸이 **김종수** | 펴낸곳 **한울엠플러스(주)** | 편집책임 **조수임**

초판 1쇄 인쇄 **2021년 11월 15일** | 초판 1쇄 발행 **2021년 12월 10일**

주소 **10881 경기도 파주시 광인사길 153 한울시소빌딩 3층** | 전화 **031-955-0655** | 팩스 **031-955-0656**
홈페이지 **www.hanulmplus.kr** | 등록번호 **제406-2015-000143호**

Printed in Korea.
ISBN 978-89-460-7339-5 93320(양장)
　　　978-89-460-8138-3 93320(무선)

* 책값은 겉표지에 표시되어 있습니다.
* 무선 제본 책을 교재로 사용하시려면 본사로 연락해 주시기 바랍니다.